国家社科基金
后期资助项目

死刑证据控制的
理论与实践

The Theory and Practice of Death Penalty's
Control of Evidence

吕泽华 著

中国社会科学出版社

图书在版编目(CIP)数据

死刑证据控制的理论与实践 / 吕泽华著 . —北京:中国社会科学出版社,2018.11
ISBN 978-7-5203-3208-8

Ⅰ.①死… Ⅱ.①吕… Ⅲ.①死刑-司法制度-研究-中国 Ⅳ.①D924.124

中国版本图书馆 CIP 数据核字(2018)第 220841 号

出 版 人	赵剑英
责任编辑	许　琳
责任校对	王　龙
责任印制	王　超

出　　版	中国社会科学出版社
社　　址	北京鼓楼西大街甲 158 号
邮　　编	100720
网　　址	http://www.csspw.cn
发 行 部	010-84083685
门 市 部	010-84029450
经　　销	新华书店及其他书店

印刷装订	北京君升印刷有限公司
版　　次	2018 年 11 月第 1 版
印　　次	2018 年 11 月第 1 次印刷

开　　本	710×1000　1/16
印　　张	18.25
插　　页	2
字　　数	318 千字
定　　价	85.00 元

凡购买中国社会科学出版社图书,如有质量问题请与本社营销中心联系调换
电话:010-84083683
版权所有　侵权必究

国家社科基金后期资助项目
出 版 说 明

　　后期资助项目是国家社科基金设立的一类重要项目，旨在鼓励广大社科研究者潜心治学，支持基础研究多出优秀成果。它是经过严格评审，从接近完成的科研成果中遴选立项的。为扩大后期资助项目的影响，更好地推动学术发展，促进成果转化，全国哲学社会科学工作办公室按照"统一设计、统一标识、统一版式、形成系列"的总体要求，组织出版国家社科基金后期资助项目成果。

全国哲学社会科学工作办公室

序 言 一

早在 1247 年（南宋淳祐七年），"大宋提刑官"宋慈先生在《洗冤集录》的"卷首语"中就曾讲道，"狱事莫重于大辟，大辟莫重于初情，初情莫重于检验"。他又说，"狱情之失，多起于发端之差，定验之误"。一千多年之后，此话仍然可以得到验证。

1987 年 4 月 27 日，有人在湖南省麻阳县锦江河中发现一具已被肢解的女尸。警方通过失踪人排查、家人辨认和血型鉴定，确认死者是贵州来当地广场旅馆打工并失踪一个月的石小荣。警方根据凶手肢解尸体的手法，把当地屠夫滕兴善作为犯罪嫌疑人。1987 年 12 月 6 日，侦查人员将滕兴善收容审查。几个月的"审查"之后，滕兴善终于"认罪"。1988 年 12 月 13 日，怀化地区中级人民法院判处滕兴善死刑。1989 年 1 月 19 日，湖南省高级人民法院做出终审裁定：驳回上诉，维持原判。1 月 28 日，滕兴善被执行枪决。后来，人们得知"被害人"石小荣还活着。她当年被拐卖到山东，于 1993 年回到贵州老家。2005 年 10 月 25 日，湖南省高级人民法院依照审判监督程序对滕兴善故意杀人案做出再审判决，宣告滕兴善无罪。

死刑是人类历史上最古老的刑罚手段。杀人偿命，这自古以来就是天经地义的事情。作为剥夺人的生命权的刑罚，死刑具有最严厉的惩罚性、最有效的遏止性和最强大的威慑性。但是，死刑与人类社会的文明发展背道而驰，不符合日渐强盛的人道主义潮流。20 世纪中期以来，世界上许多国家都相继废除了死刑。一些没有废除死刑的国家也严格限制死刑的适用。

在中国，死刑的存废是一个很有争议的问题。即使在法律学者中间，也是有人主张保留，有人主张废除。就中国的文化传统和现实国情而言，要在短期内废除死刑显然难以得到民众的支持，而保留死刑就是一种相对合理的选择。但是，严格限制死刑的适用，少用和慎用死刑，这应当是中国死刑制度顺应国际人道主义潮流的基本趋势。于是，越来越多的学者赞同渐进式或分阶段废除死刑的观点。一方面，立法要逐渐减少可以判处死刑的罪名；另一方面，司法要坚持"少杀慎杀"的刑事政策，逐渐减少死刑的适用。

2001年5月11日，我在北京参加了以"死刑"为主题的"中国—欧盟人权对话"，并作为中方专家在会上作了"死刑与民意"的发言。当时，我不赞成中国废除死刑，主要理由是中国的绝大多数民众都不赞成废除死刑。为了准备发言，我还在中国人民大学法学院的课堂上进行了一次关于中国应否废除死刑的问卷调查，不赞同废除死刑的学生占87%，赞同废除死刑的学生占13%。

2013年4月25日，我应邀到法国驻华大使馆参加"死刑问题论坛"，并作了"刑事错案与死刑"的主题发言。我认为，当下中国还无法立即废除死刑，但是我们应该努力促进死刑的废除，应该让更多的同胞认识到死刑的弊端。由于我国的刑事司法中存在着可能导致错判的误区，我们不能保证所有死刑判决都是正确无误的。诚然，滕兴善案只是一个冤杀的个案，但我们不敢说这是在过去三十年中发生的唯一冤杀案，也不敢说今后不会再发生这样的冤杀案。因此，中国应该废除死刑。2013年10月12日，为了纪念"世界反对死刑日"（10月10日），我又在中国人民大学法学院的课堂上进行了一次关于中国应否废除死刑的问卷调查，不赞同废除死刑的学生占40%，赞同现在废除死刑的学生占16%，赞成通过渐进的方式在20年内废除死刑的学生占44%。

为了保障死刑适用的公正性和准确性，我国的法律在"两审终审"的原则基础上，就死刑案件规定了专门的复核程序。根据《刑事诉讼法》的有关规定，判处死刑缓期两年执行的案件由高级人民法院核准；判处死刑立即执行的案件由最高人民法院核准。无论被告人是否提出上诉，判处死刑的案件都应自动进入复核程序。1983年，为了"从重从快"打击严重危害社会秩序的刑事犯罪，最高人民法院把杀人、强奸、抢劫、爆炸以及其他严重危害公共安全和社会治安等案件的死刑核准权下放给了高级人民法院。这种做法在一定程度上放松了死刑案件的复查和管控。由于各省市自治区的高级人民法院一般是死刑案件的二审法院，所以核准权的下放就使得死刑案件的二审与复核变成同一个法院的职权，本来为严格控制死刑适用而设置的死刑复核程序就变得徒有虚名了。滕兴善冤案就是在当时的社会历史背景下酿成的。该案披露之后不久，最高人民法院就决定收回上述案件的死刑核准权。

在尚未废除死刑的今天，我们必须加强对死刑适用的控制，而从审查认定证据的角度加强司法机关对死刑的控制，是防止冤杀案件发生的有效路径。这也正是本书的特有价值。

吕泽华博士在"死刑的证据控制"的主题下，以DNA等科学证据为视角，探讨了死刑案件的证据规则、证明责任、证明标准等问题，提出了一些颇有新意的理论观点，例如证据图景理论、沉没证据理论、证据人文理论等。对于证据制度的完善，他也提出了一些自己的主张，包括创建DNA检材强制鉴定规则，创建证明标准分层设置制度，创建多元化证明责任制度等。

总之，这是一部既有理论价值也有实用价值的学术专著，颇值一读。

何家弘
2013年10月写于北京世纪城痴醒斋

序 言 二

2010年7月，吕泽华从中国人民大学顺利获得法学博士学位后，进入北京师范大学刑事法律科学研究院做博士后研究。吕泽华博士以"死刑的证据控制"作为其博士后研究的选题，经过不懈努力，终于完成博士后研究报告，并以全优的成绩顺利通过出站答辩。出站后，吕泽华对其博士后研究报告几经锤炼，形成该书稿，作为其博士后合作导师，首先表示祝贺。

谈及死刑，不能不提到贝卡利亚及其名著《论犯罪与刑罚》，在该书中贝卡利亚发出了对"在一个组织优良的社会里，死刑是真的有益和公正"的质疑，倡导限制和废除死刑。由此掀起了死刑存废的法制改革运动，波及世界各国。紧随人权与法治发展步伐，我国逐步推进死刑改革运动。"保留死刑但坚持少杀、慎杀，反对多杀、错杀"是我国现阶段的基本死刑政策。在部分保留死刑的前提下，从证据角度研究死刑的控制问题，能很好地贯彻少杀、慎杀的目的，可以更好地防止错杀、多杀问题。

正如当代著名的物理学家史蒂芬·霍金所言："哲学跟不上科学，特别是物理学现代发展的步伐。"而法学亦难以跟上哲学的发展。自然科学领域中的先进理论思想往往能够带来哲学认识论的巨变，进而引发法学思想的变革。吕泽华博士凭借其理工科的学识背景，通过引介"依赖模型的实在论""可择历史理论""不确定原理"三项最新自然科学理论跨越式地推进法学犯罪事实观的思想更新，创造性地提出了"证据图景理论"以推动证据法学基础理论的全新构建。依据证据图景理论，过去事实是由证据组成的事实图景模型，事实图景模型只要能合理说明其证明意义、符合逻辑判断规则、满足法定事实特征与本质，就可以判断这些证据构成的事实图景是最符合真实的模型。证据图景理论是一种功利主义的事实证明理论，切合司法实践中诉讼各方在事实认知上的冲突镜像，推动事实证明的可接受性理论观点。不能说该学说有多高的理论创新性，但在自然科学与社会科学的理论融合上，吕泽华博士进行了有益探索，架起了一座桥梁。证据图景理论观点在当前法律真实观和客观真实观的辩驳中提供了新的理论视角,可为诉讼事实观理论提供新的理论注解。

基于 DNA 高科技手段的诉讼应用价值日益凸显,为确保死刑适用的准确性,防止司法裁判错误发生的可能,吕泽华博士创造性地提出了 DNA 检材强制鉴定规则。同时,吕泽华博士也冷静地看到了 DNA 鉴定意见发生错误与偏差的可能,提出了 DNA 鉴定意见司法适用的审慎意见。

在我看来,以上两个方面为证据法学学科的发展提供了全新的理论视角,也为证据法学的知识体系增加了新的内容,给我留下的印象也最深刻,特向读者重点推介。

此外,本书在死刑案件的证据规则、证明标准、证明责任等方面都有理论创新,比如死刑案件证明标准分层设计和积极、消极分类构建,证明责任中引入证据协力义务,以及对死刑证据控制的实证调研分析等,也都值得细细品读。

毋庸讳言,本书的某些观点也有不成熟之处,比如口供必要性规则的确立就有争议,在刑事诉讼法确立"对一切案件的判处都要重证据,重调查研究,不轻信口供。只有被告人供述,没有其他证据的,不能认定被告人有罪和处以刑罚;没有被告人供述,证据确实、充分的,可以认定被告人有罪和处以刑罚"等规则的背景下,死刑案件要求必须有口供是否合理,值得商榷。吕泽华博士为强调该规则的合理性,提出了例外的替代性方法,比如心理咨询、律师帮助、亲属工作、精神病鉴定等,但其合理性也还有待进一步的论证。

然而,瑕不掩瑜,本书仍不失为一部优秀著作。欣闻即将付梓,在接到吕泽华博士作序之邀后,虽时在韩国,仍迅速提笔完成。祝愿吕泽华博士今后在学术之路上,继续努力钻研,百尺竿头,更进一步!

刘广三
2013 年 8 月 29 日于韩国

目 录

导言 …………………………………………………………（1）
 一 国内外研究现状 …………………………………………（1）
 二 研究意义 …………………………………………………（2）
 三 研究内容 …………………………………………………（3）
 四 创新之处 …………………………………………………（5）
 五 研究方法 …………………………………………………（6）

第一章 改革开放以来我国死刑证据控制的历史演进 ………（8）
 第一节 改革开放以来我国死刑证据控制的阶段划分 ………（9）
  一 混沌阶段（1979—2005 年）……………………………（9）
  二 过渡阶段（2006—2009 年）……………………………（10）
  三 独立阶段（2010—2012 年）……………………………（11）
  四 探索阶段（2013 年至今）………………………………（13）
 第二节 死刑证据控制在我国兴起的原因 …………………（14）
  一 死刑控制的必要性与紧迫性 …………………………（14）
  二 死刑实体控制与程序控制力所不及 …………………（17）
  三 证据意识的增强与证据法学的发展 …………………（21）
 第三节 我国死刑证据控制改革的前瞻 ……………………（23）
  一 司法机关继续发挥引领作用 …………………………（23）
  二 立法机关应适时介入 …………………………………（24）
  三 学界应继续发挥智识作用 ……………………………（24）

第二章 死刑控制的证据理论 …………………………………（27）
 第一节 证据图景理论 ………………………………………（27）
  一 自然科学中的"历史实在论" …………………………（27）

二　证据图景理论 …………………………………………（31）
　　三　证据图景理论对死刑案件的思想引领 ………………（33）
第二节　沉没证据理论 ……………………………………………（34）
　　一　沉没证据理论的衍生 …………………………………（34）
　　二　沉没证据理论的基本要求 ……………………………（35）
第三节　证据完整性理论 …………………………………………（36）
　　一　证据完整性理论的基本内涵 …………………………（36）
　　二　我国证据法律体系的不足和完善 ……………………（37）
第四节　证据人文理论 ……………………………………………（38）
　　一　证据法中的人格尊严保护 ……………………………（39）
　　二　证据法中的人伦亲情保护 ……………………………（40）
　　三　证据法中的人之常情保护 ……………………………（41）

第三章　死刑控制的证据原则 …………………………………（43）
第一节　证据法治原则 ……………………………………………（43）
　　一　法治到证据法治 ………………………………………（43）
　　二　证据法治原则 …………………………………………（44）
　　三　我国证据法治现状分析 ………………………………（44）
　　四　我国证据法治的推进 …………………………………（45）
第二节　证据为本原则 ……………………………………………（46）
　　一　"证据裁判"抑或"证据为本" ………………………（46）
　　二　死刑控制中的证据为本原则 …………………………（47）
　　三　我国证据立法的不足与完善 …………………………（48）
第三节　综合取证原则 ……………………………………………（49）
　　一　何谓"综合取证"原则 ………………………………（49）
　　二　死刑案件证明对象的广延性 …………………………（49）
　　三　取证环节的重要性 ……………………………………（49）
　　四　综合取证原则的要求 …………………………………（50）
第四节　强制证明原则 ……………………………………………（51）
　　一　何谓"强制证明"原则 ………………………………（51）
　　二　我国立法现状及其发展完善 …………………………（52）
第五节　证明程序法定原则 ………………………………………（53）
　　一　程序法定原则的基本精神 ……………………………（53）
　　二　死刑证据控制之程序法定原则 ………………………（53）

三　我国立法现状及其发展完善 …………………………（54）
　第六节　定罪量刑证明程序分离原则 ……………………………（55）
　　一　我国量刑程序改革中的问题 …………………………（55）
　　二　死刑量刑程序的独立性 ………………………………（55）
　　三　定罪与量刑证明程序分离设计 ………………………（56）
　第七节　印证原则 …………………………………………………（57）
　　一　印证原则确立的合理性 ………………………………（57）
　　二　印证证明方式存在的合理性 …………………………（58）
　　三　印证原则的立法体现 …………………………………（59）
　　四　印证原则在我国证据运用实践中的不足与完善 ……（62）

第四章　死刑控制的证据规则 …………………………………（63）
　第一节　证据规则体系 ……………………………………………（64）
　　一　证据资格规则体系 ……………………………………（64）
　　二　证据力规则体系 ………………………………………（75）
　第二节　证明规则体系 ……………………………………………（83）
　　一　取证规则体系 …………………………………………（84）
　　二　其他证明规则 …………………………………………（90）
　第三节　应当创设的规则 …………………………………………（97）
　　一　DNA 证据强制鉴定规则 ………………………………（97）
　　二　口供必要性规则 ………………………………………（102）

第五章　死刑控制的证明责任 …………………………………（105）
　第一节　传统证明责任分配理论面临的挑战及更新 ……………（105）
　　一　我国刑事证明责任分配体系的基本内容和特点 ……（106）
　　二　我国刑事证明责任分配体系面临的挑战 ……………（113）
　　三　我国刑事证明责任分配体系的更新 …………………（116）
　第二节　死刑控制证明责任分配应当引入新理论 ………………（120）
　　一　理论更新的必要性 ……………………………………（120）
　　二　证据协力义务理论及对死刑案件的意义 ……………（122）
　第三节　死刑案件证明责任的分配及证据协力义务的制度
　　　　　保障 ……………………………………………………（126）
　　一　死刑案件证明责任的分配体系 ………………………（126）
　　二　死刑案件证据协力义务制度及保障机制 ……………（131）

第六章　死刑控制的证明标准 ……………………………（138）
第一节　有关死刑案件证明标准的主要观点 ……………（139）
　　一　死刑案件与普通刑事案件采行相同的证明标准 …（139）
　　二　死刑案件采行最高的证明标准 ………………………（139）
　　三　死刑案件采行较高的证明标准 ………………………（141）
　　四　死刑案件证明标准研究的无为与转向 ………………（141）
第二节　死刑案件证明标准研究的反思 …………………（142）
　　一　证明标准的研究与设计问题不应被回避 ……………（143）
　　二　定罪标准应统一 ………………………………………（143）
　　三　量刑标准应分层 ………………………………………（144）
第三节　死刑案件证明标准的分类建构 …………………（146）
　　一　死刑案件定罪的证明标准 ……………………………（146）
　　二　死刑案件量刑的证明标准 ……………………………（146）

第七章　我国死刑案件证据规范中的若干问题及对策 …（149）
第一节　我国死刑案件证据运用中规范与适用问题 ……（149）
　　一　关于"合理说明或解释"问题 ………………………（150）
　　二　关于通过特殊侦查措施获取证据的审查问题 ………（152）
　　三　关于证人出庭作证及保护问题 ………………………（153）
　　四　关于自首、立功等证据的审查判断问题 ……………（155）
　　五　关于通过录音录像获取口供的问题 …………………（155）
　　六　关于辩护律师获取证据问题 …………………………（157）
　　七　关于证据补强问题 ……………………………………（161）
　　八　关于 DNA 鉴定问题 …………………………………（162）
第二节　死刑案件证据规范与适用问题的原因分析 ………（163）
　　一　立法理念 ………………………………………………（163）
　　二　立法经验 ………………………………………………（164）
　　三　立法技术 ………………………………………………（164）
第三节　死刑案件证据规范的完善设想 …………………（166）
　　一　合理界定"合理解释或说明" ………………………（166）
　　二　完善法庭质证与听取意见 ……………………………（166）
　　三　充实证人出庭作证及保护制度 ………………………（166）
　　四　完善录音录像制度 ……………………………………（167）
　　五　调整辩护律师获取证据制度 …………………………（167）

六　拓展补强证据规则 …………………………………………（169）
　　七　确立 DNA 强制鉴定制度 …………………………………（169）
　第四节　死刑案件诉讼体制的障碍及克服 ………………………（170）
　　一　死刑复核程序的诉讼化改造问题 …………………………（171）
　　二　定罪与量刑程序分离问题 …………………………………（174）
　　三　办理死刑案件的专门机构设置与人员配备问题 …………（176）
　　四　死刑案件辩护律师的准入问题 ……………………………（176）

第八章　死刑控制的证据调研实务 ……………………………（179）
　第一节　证据资格与死刑的证据控制 ……………………………（179）
　　一　证据真实性 …………………………………………………（182）
　　二　证据关联性 …………………………………………………（185）
　　三　证据合法性 …………………………………………………（188）
　第二节　证明对象与死刑的证据控制 ……………………………（190）
　　一　主要事实和相关事实的一般证明 …………………………（190）
　　二　主要事实和相关事实的分类证明 …………………………（191）
　　三　定罪、量刑事实的证明 ……………………………………（195）
　第三节　证明环节与死刑的证据控制 ……………………………（197）
　　一　取证环节 ……………………………………………………（197）
　　二　保管链环节 …………………………………………………（198）
　　三　质证、认证环节 ……………………………………………（199）
　第四节　死刑复核处理与死刑的证据控制 ………………………（201）
　　一　死刑复核处理方式统计分析 ………………………………（201）
　　二　问题分析与完善建议 ………………………………………（204）

第九章　我国死刑冤案的证据问题实证分析 …………………（212）
　第一节　死刑冤案的概念界定 ……………………………………（212）
　　一　"冤""假""错"案的学界争鸣 …………………………（212）
　　二　死刑冤案研究的本质所在 …………………………………（216）
　第二节　死刑冤案中呈现出的证据问题百态 ……………………（220）
　　一　影响事实判断准确的证据真实性表征 ……………………（221）
　　二　影响事实判断准确的证据关联性表征 ……………………（229）
　　三　影响事实判断准确的全面性表征 …………………………（232）
　第三节　学界有关我国冤假错案的成因分析综述梳理 …………（233）

一　产生事实认定错误的直接原因 …………………（235）
　　二　促使事实认定错误的间接原因 …………………（242）
第四节　我国死刑冤案证据问题反思 ……………………（249）
　　一　真凶再现、亡者归来——死刑冤案纠错并非主动为
　　　　之，而是被动展开 …………………………………（249）
　　二　死刑冤案证据问题具有普遍性而非特殊性 ………（251）
　　三　研究立场是否足够客观与中立，偏颇求疵研究是否
　　　　合理 …………………………………………………（251）
　　四　苛求司法证明中的每一个证据都是"纯真"是否现
　　　　实与可行 ……………………………………………（252）
　　五　过分归罪证据收集工作，突出强调证明标准设置与
　　　　运行错误是否合理 …………………………………（253）
第五节　死刑冤错案件的证据控制方略 …………………（254）
　　一　完善证据规则体系 …………………………………（254）
　　二　构建死刑案件证据收集指引规范 …………………（255）
　　三　完善而充分的证据开示制度 ………………………（256）
　　四　搭建充分、切实的质证程序制度 …………………（257）
　　五　构建司法证明充分而完备的辩护制度 ……………（258）
　　六　构建"疑罪从无""疑刑为轻"的
　　　　定案裁判原则 ………………………………………（260）

结语 ……………………………………………………………（263）

参考文献 ………………………………………………………（265）

后记 ……………………………………………………………（274）

导　言

一　国内外研究现状

在发达的证据立法背景与人权保护运动的推动下，国外有关死刑证据控制的研究已有长足的进展。学者们广泛运用社会学、人类学、物理学、化学、生物学、心理学等多学科知识，灵活运用历史研究、比较研究、规范研究、实证研究等方法在死刑案件的证据规则、证明责任、证明标准、证明程序等方面取得了一定的研究成果。在国内，受国际上废除死刑浪潮的影响，特别是人权入宪以来，死刑及其适用程序的改革可谓紧锣密鼓。死刑的控制问题也成为近年来刑事法学界，乃至整个法学界关注的焦点。已有研究在死刑的废止路径、死刑罪名的合理限度、死刑案件程序的规范化与合理化等方面形成了一定的研究成果。然而，这些成果基本局限于实体与程序二元划分的框架，有关证据问题的研究基本都是程序研究的副产品，非常薄弱。2010年5月30日最高人民法院、最高人民检察院、公安部、国家安全部和司法部联合发布了《关于办理死刑案件审查判断证据若干问题的规定》和《关于办理刑事案件排除非法证据若干问题的规定》（以下简称两高三部的两个《证据规定》），掀起了有关死刑案件证据问题的讨论热潮，有些学者由此开始关注死刑案件的证明标准、非法证据排除规则、证据补强规则、证据印证规则等问题，并初步形成了一定的研究成果。

毋庸讳言，目前我国有关死刑证据控制问题的研究仍存在以下四个方面的问题。

一是研究视野局限。已有研究基本局限于死刑案件的证明标准、非法证据排除规则、证据补强规则、证据印证规则等少数几项议题，对死刑案件证据控制的总体把握不够，研究缺乏整体性、系统性。

二是理论研究薄弱。已有成果偏重于对策研究，对于死刑证据控制的理论依据、价值、功能、基本原则等基础理论问题缺乏系统深入的研究。

理论内涵有待充实，理论层次有待提高，理论体系有待完善。薄弱的证据理论研究直接阻碍了司法实践中对死刑证据控制思想的统一认识。

三是实证研究不足。这表现在，一方面已有研究多采用规范研究的方法，对既有规范进行逻辑思辨，进而发现问题并提出完善建议，相比之下，实证调查不够；另一方面，已经展开的实证研究，由于受死刑案件信息保密、实证方法运用技术不高等主客观因素影响，实效性不足，影响了研究成果的应用性与可操作性。

四是创新研究不够。已有成果基本以现有适用普通刑事案件的证据制度为蓝本进行研讨，对于死刑证据控制制度的特殊性研究不够，鲜有创新与突破。这种保守式的研究直接影响了死刑证据控制制度的开创性发展与实质性进步。

基于上述问题，对死刑的证据控制进行全面、系统、深入的研究十分必要与紧迫。

二 研究意义

死刑的限制与废止已经成为不可遏制的国际潮流，全面废止死刑或者采取措施严格限制死刑的适用已经成为世界上大多数国家的选择。目前，我国全面废除死刑的条件还不成熟，但基于死刑的恶害，我国采行了"限制死刑，坚持少杀、慎杀"的基本刑事政策。近年来，死刑二审程序公开审理、死刑核准权统一收归最高人民法院等有关死刑案件程序的改革以及死刑罪名的不断减少，表明我国决策层已经从程序与实体两个方面持续推进死刑政策的实施。2010年两高三部的两个《证据规定》的颁行是死刑案件证据制度，乃至刑事诉讼证据制度的破冰之举，在我国证据法学发展史上具有里程碑意义，并且也必将迎来证据法学研究的新热潮。在此背景下，从证据角度研究死刑的控制问题，无疑具有重要的理论意义和实践意义。具体而言，本课题的研究具有以下理论与实践意义。

1. 充实深化证据法学的基础理论。死刑案件不同于普通刑事案件的特殊性决定了死刑案件证据理论的特殊性。本书所创建的包括理论依据、政策来源、价值与功能、基本原则等内容的死刑证据控制的理论体系，为证据法学基础理论的发展作出了增量性贡献，对于充实与深化证据法学的基础理论乃至促进我国证据法学学科建设都具有重要意义。

2. 完善证据法律制度。对策研究是本书的重要方法与目的。本书一方面通过反思以《办理死刑案件证据规定》为核心的法律规范，对其中存在的规范不够细化、执行性不强等问题提出完善建议；另一方面，还创建了某些死刑案件的特殊证据制度，比如DNA检材强制鉴定规则、证明标准分层设置制度、多元化证明责任制度、证据图景理论等。这些研究必将为推动我国证据法制度的完善提供智力支持。

3. 缓解死刑案件证据运用实践中的问题。死刑的证据控制既是理论课题，更是实践课题。本书针对我国死刑案件证据运用实践中因迷信DNA证据、证明标准过高、证明责任分配模糊、程序不规范等所导致的证明不能、证明有误，从而酿成错案等问题进行分析，并提出完善对策，对于缓解我国死刑案件证据运用实践中的问题具有积极作用。

4. 推动司法改革的进程。死刑问题是我国司法改革的重要组成部分。通过证据控制死刑主要能从两方面推动司法改革的进程：一方面，通过开创死刑控制的第三个维度，为我国死刑的司法改革提供了新的视角；另一方面，通过在死刑证据制度方面的完善与突破，推动量刑证据，乃至整个证据制度改革的进程。

三 研究内容

本书主要包括以下九个方面的内容。

1. 改革开放以来我国死刑证据控制的历史演进。通过梳理改革开放以来我国死刑证据立法、司法发展的脉络，分析我国死刑证据控制的特点，探寻未来改革的推进路径。将我国死刑的证据控制划分为三个历史阶段：一是混沌阶段；二是过渡阶段；三是独立阶段。未来我国死刑证据控制的发展是司法机关将继续在死刑证据控制的改革中发挥引领作用；立法机关应该适时介入，有所作为；学界将继续发挥其智力支持作用，并应当深度介入改革实践。

2. 死刑控制的证据理论。在传统证据法学理论基础上，紧跟科学发展的脚步、融合自然科学和社会科学的前沿理论成果，创设死刑案件证据控制的新理论。一是根据依赖模型的实在论、可择历史理论、不确定性原理等自然科学的"历史实在论"思想创设证据图景理论；二是根据经济学中的沉没成本理论创设沉没证据理论；三是根据自然科学的系统论创设证据完整性理论；四是根据伦理学中的人文理论创设证据人文理论。

3. 死刑控制的基本证据原则。创设死刑控制的证据原则，为立法、司法提供基本的指导规范，保障死刑的证据控制能够全面、准确、具体地实现。这些基本原则主要包括：证据法治原则、证据为本原则、综合取证原则、强制证明原则、证明程序法定原则、定罪量刑证明程序分离原则、印证原则等。

4. 死刑控制的证据规则。以我国现行证据立法、司法解释的规定为基础，结合国内外有关证据立法与理论研究的进展情况，针对死刑案件的特殊性，研究死刑控制的证据规则。从证据与证明两个方面重构证据规则分类体系，突出死刑案件在证据规则适用上的特殊之处。在新证据规则体系中，除了传统的关联性规则、非法证据排除规则、品格证据规则、原始证据优先规则、传闻证据规则以外，还将确立证据保管链规则、DNA检材强制鉴定规则、口供必要性规则、无证裁判规则等特色证据规则。通过这些研究，不仅会对我国证据规则体系进行比较全面细致的梳理、总结乃至重构，而且会为死刑的证据控制提供更加坚实的规则保障，达到控制死刑的目的。

5. 死刑控制的证明责任。透析英美法系和大陆法系证明责任发展的基本内容和脉络，发现规律，探寻发展趋势。据此，针对死刑案件证明对象多元（定罪、量刑、程序等）、主体多元（国家专门机关、当事人、其他诉讼参与人、案外人）的特点，构建死刑案件证明责任分配的多元化理论。分析死刑案件证明对象的不同类型，依据诉讼模式、主体、对象、证明难易、价值取向等因素，确定死刑案件的证明责任分配体系：一般原则，定罪实行以无罪推定为理论基础的责任分配制度，量刑则引入"谁主张、谁举证"责任分配体系；特殊原则重点在量刑、非法证据排除规则、程序事实方面予以突破。此外，为拓宽死刑量刑证据信息的来源渠道，应构建死刑案件证明中的证据协力义务，确立案外人的证明负担与义务。

6. 死刑控制的证明标准。此部分是学界研究的热点话题，学界的研究已形成了同一论、分层论与放弃论等观点。本书在对这些观点进行总结和反思的基础上，依据无罪推定、有利于被告人等基本刑事法原理，对于死刑案件的定罪与量刑证明标准进行分类建构。关于定罪证明标准，可从定罪积极规范的证明标准与定罪消极规范的证明标准两方面分别设计，前者为"案件事实清楚，证据确实、充分"；后者可构建"合理可信"的标准。关于量刑证明标准，也可从积极规范与消极规范两个方面分别建构，前者为"案件事实清楚、证据确实、充分"；后者则应适度降低，适用"优势证明"标准。

7. 死刑控制的证明程序。以《办理死刑案件证据规定》的规范为依据，探析死刑控制证明程序的现状与问题，重点突出"解释与说明"、特殊侦查取证、证人出庭、录音录像、辩护律师取证等问题。从立法理念、立法技术、立法经验三个方面探析原因，进而提出我国死刑控制证明程序应从界定合理解释或说明、法庭质证与听取意见、证人保护、录音录像制度、辩护律师获取证据制度等方面予以完善。为保障死刑案件证明程序完善的理想能够成为现实，还应解决与死刑案件有关的诉讼体制的障碍，主要包括死刑复核程序的诉讼化改造、定罪与量刑程序分离、死刑案件辩护律师的准入等。

8. 死刑控制的证据调研实务。从司法实务中发现问题，做到死刑证据控制的有的放矢。通过访谈、参与司法实务、查阅相关资料、专家座谈等方式获取相关材料，对死刑证据控制问题进行以点带面、以管窥豹式的研究。从证据资格、司法证明、诉讼阶段三个方面对死刑案件证据问题进行了数据统计与问题分析，并提出了浅知拙见，供学界和司法实务部门参考。

9. 我国死刑冤案的证据问题实证分析。"无过而受罪，世谓之冤"，从死刑冤案中可以更加深刻、集中地揭示我国司法实务中的证据问题。通过"冤""假""错"案的学界争鸣，提出诉讼认知视野下缺乏证据支撑的有罪认定才是"冤案"的本质，更应成为本研究的对象。从影响事实判断准确的证据真实性表征、关联性表征、全面性表征三个方面揭示死刑冤案中呈现出的证据问题"百态"，并对学界的冤案成因分析进行了由表及里的综述梳理；进而从"真凶再现、亡者归来"的冤案发现方式、死刑冤案证据问题发现的"事后诸葛现象"，以及苛求每一个证据"纯真"的现实与可行等方面对死刑冤案证据问题研究进行反思；最后从完善证据规则体系、构建死刑案件证据收集指引规范，搭建充分、切实的质证程序制度，构建司法证明充分而完备的辩护制度等方面提出了死刑证据控制的基本方略。

四 创新之处

（一）死刑的证据视角新颖

本书冲破实体、程序二元划分的传统桎梏，独辟蹊径，从证据角度全面、系统、深入地研究死刑的控制问题，提高了证据在死刑控制中的地位，这是本课题研究视角的创新。

（二）创设死刑的证据控制理论

1. 证据图景理论。依据不同的证据组合可以在人的头脑中形成不同的事实模型，不能说哪种模型更能反映事实的真实面目，因为真实是发生在过去的事实，不可重现。但这些不同的证据组合事实模型，只要能合理说明其证明意义、符合逻辑判断规则、满足法定事实特征与本质，就可以判断这些证据构成的事实图景是真实准确的。证据图景理论是一种功利主义的事实证明理论，切合司法实践中诉讼各方在事实认知上的冲突镜像，推动事实证明的可接受性理论观点。

2. 沉没证据理论。沉没证据理论认为，审前程序收集到的证据，会因为合法性和关联性上的瑕疵以及证据图景的不同组合需要、人或自然因素的污染等因素导致不能全部应用于司法证明，但为了保证死刑案件的准确性和死刑适用的慎重性，仍应广泛地收集证据，为此而耗费的证据是沉没证据。依据沉没证据理论，可能在个案中，浪费了大量的证据资源，但从死刑司法证明的整体看，会有助于推动一个国家死刑司法证明的准确性，死刑适用的合理可接受性，获取更加可观的证据利益和司法收益。

3. 证据人文理论。本书从死刑案件证据运用中的证人特殊保护、证人拒绝作证、法律援助等特殊制度中提炼出证据人文理论，主张在死刑的证据控制中注入社会伦理关怀、弱势群体利益保障等人文理念。

（三）创建死刑证据控制的新制度

本书对死刑案件的证据规则、证明标准、证明责任、证明程序等问题进行全面研究，在原始创新、集成创新、消化再吸收创新三个创新层面都有所建树。其中代表性的制度创新主要包括：

1. 创建DNA检材强制鉴定规则。DNA证据作为当代科技证据的突出代表，以其高精度的准确概率在查明事实真相、纠正司法裁判错误等方面发挥着关键性的作用。为保证死刑案件定罪、量刑的准确性，对有DNA检材的案件，必须进行DNA鉴定，以确保死刑司法证明的强度，对有检材而不鉴定的案件，被告人不能判死刑。

2. 创建证明标准分层设置制度。依据无罪推定、有利于被告人等基本刑事法原理，对于死刑案件的定罪与量刑证明标准从积极与消极两方面进行分类建构。

3. 创建多元化证明责任制度。根据死刑量刑的特殊性，为拓展死刑案件证据信息的来源，创建了包括国家专门机关、当事人、其他诉讼参与人、社会公众等在内的多元证明责任分配制度，重构死刑案件证明责任分配体系。

五　研究方法

为确保本研究的成效，采用了以下研究方法。

1. 历史研究方法。追溯我国死刑证据控制立法、实践的历史演进脉络，从中总结特点，提炼规律，把握发展趋势。

2. 逻辑思辨方法。对所收集到的文献资料，进行全面的分析、归纳与总结，对既有思想、理论、观点等进行反思，从中提炼、升华出新的思想理论，用于分析、解决司法实践中的问题。

3. 比较研究方法。通过历史演进的比较、中外研究成果的比较、同一主题不同观点的比较等不同的比较维度，在死刑案件证据理论发展方向、证据规则的具体构建、证明标准的破与立等方面产生出新的思想、新的认识。

4. 实证研究方法。通过发放调查问卷、走访司法部门办案人员等方法，调查、收集死刑案件证据适用中的问题，利用理论研究成果进行分析与研究，指引司法实践的发展。

5. 定量统计方法。适当借助证据定量分析方法，对各种资讯材料进行分析、总结，找出其中的规律和特点，从而为死刑案件证据控制提供量化依据。

6. 跨学科研究方法。借助哲学、社会学、政治学、经济学、心理学、历史学、生物学、物理学等不同学科的理论研究成果与前沿思想动态，为死刑证据控制的理论、制度体系提供新的智识支持。

第一章　改革开放以来我国死刑证据控制的历史演进

"以史为鉴，可以知兴衰。"从死刑证据控制的角度对我国证据制度进行历史探源，可以把握我国证据制度历史发展的脉搏，探究其历史进步性与历史局限性，明确当下与未来我国证据制度的发展路径。由于新中国法律制度的重建，证据法立法发展的裹足不前，从改革开放以来的证据法律制度与理论为研究起点，比较符合我国法律繁荣与发展的实际现状。又因为证据学向证据法学的历史转变，乃至现今司法证明在证据法学研究中的回归，证据法学呈现学科概念不明（比如先后出现证据学、证据法学、证明法学、证据科学、大证据学等概念），学科范畴不定（比如，狭义证据法学倡导限制真实发现功能的证据资格规则研究，而新证据法学思潮则倡导司法证明在证据法学研究中的重要性），甚至学科地位未立（现在仍属于诉讼法学科），尤其是单独突出死刑的证据立法的发展更是近五年的事情，因而，从三十多年的证据法学历史回顾已基本可展示出我国证据法学发展的丰富面貌。

《关于办理死刑案件审查判断证据若干问题的规定》（以下简称《办理死刑案件证据规定》）颁布实施已近五年。由于受立法体例的局限，2012年刑事诉讼法及有关司法解释对于《办理死刑案件证据规定》的吸收与修正有限，总体上并未有突破《办理死刑案件证据规定》的框架。内蒙古"呼格吉勒图案"真凶的出现与再审程序的启动引发了业内外人士对死刑证据控制新的关注。在因证据问题引发的死刑冤案时有发生的时代，反思我国死刑案件证据控制的历史发展，分析其原因，并对其未来的推进展开思考，无疑具有重要的现实意义。

第一节　改革开放以来我国死刑证据控制的阶段划分

我国死刑证据控制是以刑事诉讼法律规范为依托,伴随着刑事诉讼法律规范的发展而逐步发展的,体现出较大程度的步调一致性。然而,死刑案件证据控制的发展历程又不是完全与刑事诉讼法制,甚至证据法制的发展阶段完全吻合,而是有其相对独立的发展轨迹。① 沿着改革开放以来我国死刑案件证据法制的历史演进轨迹,笔者将我国死刑证据控制大致划分为以下四个发展阶段。

一　混沌阶段（1979—2005年）

1978年改革开放政策确立后,在建立和不断完善社会主义市场经济体制,积极稳妥地推进政治体制改革的同时,法制建设也迎来了一个繁荣发展的新时期。邓小平指出:"为了保障人民民主,必须加强法制……应该集中力量制定刑法、民法、诉讼法和其他各种必要的法律……"② 在这一背景下,中华人民共和国成立后的第一部刑事诉讼法于1979年诞生了,

---

① 改革开放以来,刑事诉讼法制的发展通常以1979年《刑事诉讼法》、1996年《刑事诉讼法》这两部刑事诉讼法典为标志进行阶段划分的。参见陈光中主编《刑事诉讼法》,北京大学出版社、高等教育出版社2009年版。

改革开放以来,我国证据法治的发展通常被划分为以下三个阶段:第一个阶段是加强法制,证据法恢复重建（1978—1995年）,其特点体现为:一是证据法在我国社会主义法律体系中的地位初步确立;二是司法解释和其他法规对证据制度发挥了补充作用;三是证据法教材科研开始起步;第二个阶段是依法治国,证据制度初步形成（1996—2000年）,其特点体现为:一是庭审制度改革拓展证据法发展空间;二是加入国际公约对证据制度建设具有深远影响;三是证据制度的完善成为民事审判方式改革的中心议题;四是司法鉴定制度不断完善;五是证据法研究呈现"百家争鸣"局面;第三个阶段是司法公正呼唤证据法治快速发展（2001年至今）,其特点体现为:一是证据立法及立法研究一波三折;二是重大错案证据问题成为社会关注焦点;三是证据法学教学、科研和学科建设迅速发展;四是证据法学基础理论研究取得进展;五是证据科学研究的跨学科发展趋势。参见张保生、常林主编《中国证据法治发展报告（1978—2008）》,中国政法大学出版社2011年版,第1—26页;张保生、常林主编《中国证据法治发展报告（2009）》,中国政法大学出版社2011年版,序言;张保生、常林主编《中国证据法治发展报告（2010）》,中国政法大学出版社2011年版,序言。

② 《邓小平文选》（第2卷）,人民出版社1994年版,第146页。

但其因承袭苏联法制证据制度而具有很强的超职权诉讼程序的特点，追求实事求是、客观真实证明标准要求，证据法律规范极其薄弱。经过1996年刑事诉讼法的修正，直到2006年《最高人民法院、最高人民检察院关于死刑第二审案件开庭审理若干问题的规定（试行）》出台，死刑案件程序改革的大幕才徐徐拉开，但是证据制度规范仍然甚是薄弱，更遑论死刑案件的证据制度了。因此，这一阶段，我国死刑证据控制基本处于混沌阶段，具有以下两个突出特点。

一是死刑的证据规范与普通刑事案件相同。1979年、1996年《刑事诉讼法》以及相关司法解释中均未对死刑案件的证据规范作出区别于普通刑事案件的规定，死刑案件适用普通刑事案件的证据规范。虽然，死刑复核程序被作为死刑案件的特殊程序在立法中确立下来，但在立法与司法解释中，死刑复核程序章节中，仅涉及死刑与死缓的核准主体、处理等诉讼程序问题，并无证据制度方面的相关规定。

二是刑事证据规范存在于刑事诉讼法律规范中。无论是立法层面还是司法解释层面，均未见独立的刑事证据规范文件。也就是说，证据立法模式采行了附属于诉讼法以及司法解释的形式。

二 过渡阶段（2006—2009年）

鉴于我国死刑案件数量庞大，质量堪忧的状况，为减少死刑案件数量，提高死刑案件质量，贯彻严格限制死刑，坚持"少杀、慎杀"的刑事政策，在中央层面，自2006—2010年，我国持续进行了死刑案件程序的司法改革。这一改革是以下五个规范性文件为载体而展开的：《最高人民法院、最高人民检察院关于死刑第二审案件开庭审理若干问题的规定（试行）》（2006年8月28日最高人民法院审判委员会第1398次会议通过、2006年9月11日最高人民检察院第十届检察委员会第60次会议通过、2006年9月25日起施行）、《最高人民法院关于统一行使死刑案件核准权有关问题的决定》（2006年12月13日，最高人民法院审判委员会第1409次会议通过、自2007年1月1日起施行）、《最高人民法院关于复核死刑案件若干问题的规定》（2007年1月22日，最高人民法院审判委员会第1414次会议通过、自2007年2月28日起施行）、《最高人民法院、最高人民检察院、公安部、司法部关于进一步严格依法办案确保办理死刑案件质量的意见》（2007年3月9日，最高人民法院、最高人民检察院、公安部、司法部联合下发）、《最高人民法院、司法部关于充分保障律师依法履行辩护职责确保死刑案件办理质量的若干规定》（2008年5月21

日，最高人民法院、司法部联合出台）。这些规范性文件在内容上涉及从死刑案件的侦查至执行的所有诉讼程序，是对死刑案件程序的全面改革，从而使得我国死刑案件程序得以从普通刑事案件程序中分离出来。以此为背景，我国死刑案件的证据控制也进入了一个新的发展阶段。这一阶段，我国死刑证据控制突出体现为以下两个特点。

一是死刑证据规范散见于单行的死刑案件程序规范中。具体而言，死刑证据规范是通过司法解释进行制度完善的，具有较强的实用性、指导性、低位阶性。上述死刑案件程序改革的规范性文件中，除《最高人民法院关于统一行使死刑案件核准权有关问题的决定》《最高人民法院关于复核死刑案件若干问题的规定》之外，都包含有证据制度方面的内容。这些证据规范涉及证人出庭作证、侦查阶段证据的收集、保全和固定、起诉标准、非法证据排除、辩护律师获取证据规范等多项内容。

二是死刑证据规范从普通刑事案件证据规范中独立出来。依托于上述死刑案件程序的规范性文件，死刑案件的证据规范开始独立于普通刑事案件的程序规范，同时，也开始与普通刑事案件证据规范实现了一定的分离，也就是说，上述死刑案件程序规范性文件中有关证据的规范，突破了1996年刑事诉讼法的证据规范，实现了死刑案件证据规范与普通刑事案件证据规范的相对分离。比如，关于证人出庭作证问题，1996年刑事诉讼法并未规定证人出庭作证的条件，而根据《最高人民法院、最高人民检察院、公安部、司法部关于进一步严格依法办案确保办理死刑案件质量的意见》第32条规定："人民法院应当通知下列情形的被害人、证人、鉴定人出庭作证：（一）人民检察院、被告人及其辩护人对被害人陈述、证人证言、鉴定结论有异议，该被害人陈述、证人证言、鉴定结论对定罪量刑有重大影响的；（二）人民法院认为其他应当出庭作证的。经人民法院依法通知，被害人、证人、鉴定人应当出庭作证；不出庭作证的被害人、证人、鉴定人的书面陈述、书面证言、鉴定结论经质证无法确认的，不能作为定案的根据。"

三　独立阶段（2010—2012年）

自2006年死刑案件程序改革以来，各地公、检、法机关和广大刑事辩护律师严格依照法定程序和标准办案，侦查、起诉和刑事审判案件质量总体是好的。但是因制度不完善，执法标准不统一和办案人员素质参差不齐，也不断出现一些不容忽视的案件质量问题。为了能从源头和基础工作上切实把好事实关、证据关，根据中央关于深化司法体制和工作机制改革的总体部署,最高人民法院会同最高人民检察院、公安部、国家安全部和司法部总结近年来司法实践经验,特别是办理死刑案件的实际,针对办案中存在的证据收集、审查、判断和非法证据排除尚有不尽规范、不尽严格、不尽统一的问题,经过充分调研,广泛征求各方面意见,于2010年5月联合发布了《办理死刑案件证据规定》,自2010年7月1日起施行。[①]其颁布标志着我国死刑案件证据法制进入了独立发展的新阶段。这一阶段,我国死刑证据控制突出体现为以下两个特点。

一是死刑案件证据规范从刑事诉讼程序规范中独立出来。也就是说死刑案件证据法律规范采行了单行立法的方式。从刑事诉讼法规范中脱离出来,实现了单独的立法。《办理死刑案件证据规定》是我国第一个有关死刑案件证据制度的规范性文件,虽然其位阶相对低了些,是司法解释,但自此以后,我国死刑案件证据控制得以脱离刑事诉讼程序规范而具有了专门的、独立的规范依据。该《规定》主要包括以下三部分内容:第一部分主要规定了证据裁判原则、程序法定原则、证据质证原则及死刑案件的证明对象、证明标准等内容,特别强调了对死刑案件应当实行最为严格的证据要求。第二部分规定了证据的分类审查与认定,除了法定的七种证据,还规定了实践中存在的其他证据材料如电子证据、辨认笔录等的审查与认定。第三部分主要规定了对证据的综合认证,包括如何运用间接证据定案,如何补正和调查核实存疑证据以及如何严格把握死刑案件的量刑证据等。

二是死刑案件证据规范从普通案件证据规范中独立出来。也就是说,在传统证据法律规范附属于程序规范的立法模式下,两高三部的《办理死刑案件证据规定》实现了死刑案件的证据法律规范与普通刑事案件证据法律规范的分离。《办理死刑案件证据规定》从基本原则、证据规则、证明标准以及审查判断的方式、方法等方面确立了不同于普通刑事案件的死刑案件证据运用的特殊规范。比如创设了"认定案件事实,必须以证据为根据"的证据裁判原则,"经过当庭出示、辨认、质证等法庭调查程序查证属实的证据,才能作为定罪量刑的根据"的质证原则,"证人的猜测性、评论性、推断性的证言,不能作为证据使用,但根据一般生活经验判断符合事实的除外"的意见证据规则等。这些证据规范都是1996年刑事诉讼法所未予规定的,也即普通刑事案件证据运用过程中所未适用的证据规范。

[①] 参见《确保办理的每一起案件都经得起法律和历史的检验——最高人民法院等五部门就两个〈规定〉答记者问》,载张军主编《刑事证据规则理解与适用》,法律出版社2010年版,第20—30页。

四 探索阶段（2013年至今）

我国现行刑事诉讼法于 1979 年制定，1996 年第八届全国人大四次会议进行了修正。经过 16 年的司法实践，总体上是科学的、合理的。随着我国经济社会的快速发展，犯罪形势发生新的变化，日益体现出智能性、高科技性、有组织性、跨国性等特点，死刑犯罪形式也出现了新的变化，比如恐怖主义犯罪、暴力颠覆国家政权、有组织的抢劫杀人犯罪、航空犯罪等。1997 年党的十五大提出"依法治国、建设社会主义法治国家"的目标，国家民主与法制建设迅速推进。2004 年"尊重与保障人权"正式写入了宪法，见证了我国人权的重大进步。如何在刑事诉讼活动中体现出人权保障的思想，有效保障诉讼参与人的诉讼权利，尤其是犯罪嫌疑人、被告人人权问题成为 2012 年《刑事诉讼法修正案》考虑的重要课题。"坚持从我国国情出发，循序渐进地推进我国刑事诉讼制度的完善……坚持统筹处理好惩治犯罪与保障人权的关系，既要有利于保证准确及时地查明犯罪事实，正确应用法律，惩罚犯罪分子，又要保障无罪的人不受刑事追究，尊重和保障人权，保护公民的诉讼权利和其他合法权利；坚持着力解决在惩治犯罪和维护司法公正方面存在的突出问题，着力解决司法实践中的突出问题的同时，注意发挥法律的引导作用，为刑事诉讼活动提供明确的法律规范。"[①] 2012 年《刑事诉讼法》进行了全面的修订，既强化了惩罚犯罪的措施，比如技术侦查措施适用的法定化，传唤、拘传时间的延长等，更加强了人权保障的立法举措，比如辩护权利更完善的维护、逮捕措施条件的具体化、强化检察监督职能等。其中，证据制度上的立法完善是其中的亮点之一。

2012 年《刑事诉讼法修正案》将两高三部的两个《证据规定》的内容进行了立法固定：证据概念更加科学；证据种类进行了修订[②]和增加；非法证据的内涵、排除程序进行了细化完善；证人、鉴定人出庭作证制度进行了务实性规范；证明标准实现了主观与客观的有机统一。证据立法上的充实与完善，不仅是人权保障、诉讼公正的需要，也是我国证据法制建

---

① http://news.ifeng.com/mainland/special/xingshisusongfa/content-3/detail_2012_03/08/13052952_0.shtml，《王兆国作关于刑事诉讼法修正案草案的说明》，来源：中国网，2012 年 3 月 8 日 10：06。

② "鉴定结论"修改为"鉴定意见"，"物证、书证"分列为两个证据种类，新增电子数据证据种类形式，形成了八类证据种类。

设的重大进步。

两个《证据规定》的立法化,提升了死刑案件证据规则体系的立法位阶,必将在推动我国证据法制的同时,进一步推进死刑案件证据法制的完善,死刑证据控制进入新的探索阶段:首先,死刑量刑证明规则体系需要进一步探索、研究。目前,学界普遍观点都主张量刑证明适用自由证明,量刑证据资格规则无限制,以利于最大限度地获取量刑信息,量刑证明标准采行"优势证明"等观点,①都是有待商榷的。因为,量刑公正必须建立在量刑情节准确的基础上,如何保证量刑情节证明的公正和准确,其量刑证明的理论体系如何构建绝不是简单地采取"漠视"或"自由证明"方式所能解决。其次,近些年揭露出来的死刑案件冤假错案问题与证据的错误适用有很大的关系,如何从呼格吉勒图案、聂树斌案等死刑冤假错案中总结证据问题,进而完善我国证据立法是迫在眉睫的工作。最后,在立法确认了两高三部《关于办理死刑案件证据规定》基本内容的情况下,如何针对死刑案件,开展针对性的证据法律制度研究,从学理和实践上实现新的突破,既是我国死刑限制适用政策的需要,更是证据法理论体系进一步发展的突破口。

第二节　死刑证据控制在我国兴起的原因

死刑证据控制在我国的兴起有其时代原因。在国际与国内双方面的压力下,死刑控制的必要性与紧迫性不容忽视。死刑的实体控制与程序控制的不足,为死刑证据控制的产生提供了契机与空间。证据意识的增强与证据法学的发展则为死刑证据控制的发展提供了有力支持。

一　死刑控制的必要性与紧迫性

我国的死刑控制面临国际与国内两方面的压力。

1. 国际方面

当人类文明发展到一定阶段,人们对于自身价值进行探求时,逐渐发现了死刑存在的不合理性。在刑罚史上,当今法制发达国家基本沿循着从古代生命刑为中心,到近代的自由刑为中心,再到现代的自由刑与财产

---

① 参见李玉萍《量刑事实证明初论》,《证据科学》2009年第17卷(第1期);闵春雷《论量刑证明》,《吉林大学社会科学学报》2011年1月第51卷(第1期)等。

刑、资格刑并重，并逐步向财产刑、资格刑为中心过渡的路径而嬗变的。这一过程同时也是死刑限制、废止的过程。正如有学者所言："死刑的演进就是一部从死刑占据刑罚体系的中心位置到死刑在刑罚体系中的地位每况愈下，乃至面临着被逐出刑罚体系的厄运的历史。"①

从 20 世纪 60 年代开始至今的半个多世纪，在世界范围内死刑废止运动可谓如火如荼。到 20 世纪 60 年代，即在贝卡利亚系统提出废止死刑主张近 200 年之后，全世界仅有 25 个国家废止了死刑，其中 11 个国家系彻底废止，14 个国家系废止和平时期的普通犯罪死刑。但此后 30 多年中，又有 52 个国家废止了所有犯罪的死刑。进入 21 世纪，死刑的废止运动更是持续快速推进。截至 2000 年 10 月，在全世界范围内，彻底废止死刑的国家达 78 个，事实上废止死刑的国家大约为 37 个，仅对普通犯罪废止死刑的国家有 10 个，而保留死刑的国家为 71 个。② 截至 2004 年 10 月，世界上有 81 个国家和地区废除了所有犯罪的死刑，12 个国家废除了普通犯罪的死刑（军事犯罪和战时犯罪除外）。③ 而截至 2007 年 5 月，世界上已有 89 个国家与地区在法律上明确废除了所有罪行的死刑；9 个国家与地区废除了普通犯罪的死刑，仅保留军事犯罪或者战时犯罪的死刑；至少 42 个国家和地区在实践中事实上废除了死刑（即过去 10 年内没有执行过死刑，并且确信不再执行死刑或者已经向国际社会承诺不再执行死刑）；仅有 56 个国家和地区在法律上对一般犯罪还规定有死刑，并且在过去 10 年实施过死刑。④ 在 2007 年 12 月 18 日的联合国大会上，104 个国家代表投票通过全球暂缓死刑。在各国代表中，有 104 个支持暂缓死刑、54 国反对、29 国弃权。该议案要求各国尊重国际对死刑的标准并暂缓死刑。⑤ 截至 2009 年 4 月 30 日，世界上超过三分之二的国家已经在法律上或事实上废止了死刑。废止所有犯罪死刑的国家多达 92 个，废止普通犯罪死刑的国家为 10 个，事实上废止死刑的国家为 36 个（以过去 10 年未执行一例死刑为标准），在法律上或事实上废止死刑的国家已多达 138 个，而在

---

① 陈兴良：《刑法适用总论》（下卷），法律出版社 1999 年版，第 130 页。
② 赵秉志：《论全球化时代的中国死刑制度改革——面临的挑战与对策》，《吉林大学社会科学学报》2010 年第 2 期。
③ 参见 Amnesty international：Facts and figures on the death penalty，www. amnesty. org。
④ 参见［英］罗杰·胡德《当今世界死刑的地位与使用问题的发展》，载《死刑改革的全球考察及对亚洲经验的借鉴——中欧死刑项目启动学术座谈会》论文集，2007 年 6 月 20—21 日。
⑤ 《联合国大会决议暂缓全球死刑》，http：//www. sina. com. cn，2007 年 12 月 21 日。

法律上保留死刑并在实践中适用死刑的国家现在仅为 59 个。2009 年 11 月 19 日，俄罗斯联邦宪法法院宣布，延长死刑暂缓执行期直至俄罗斯联邦会议批准废止死刑。与此同时，该宪法法院在一份声明中说："俄罗斯联邦宪法法院认可，在 2010 年后不再使用死刑。"①

在我国，死刑人数历来被作为国家绝密信息不予公开，最高人民法院院长每年向全国人民代表大会所作的报告，通常只是公布一个五年刑期以上的罪犯人数，而不涉及死刑的具体人数。不公布死刑人数者可能主要是担心我国死刑数量太大，可能为国际舆论提供批评的口实。② 然而，我国刑法规定的可适用死刑的罪名太多，判处的死刑案件过多却早已不是什么秘密。早在 2000 年，联合国经济及社会理事会秘书长的第六个五年报告所提供的资料就显示"中国无论是刑法上所规定的死刑罪名还是实际适用死刑的数量，都居于保留死刑的国家之首"。③ 创立于 1961 年监察各国人权状况的国际性非政府组织——"大赦国际"（Amnesty International，简称 AI），近年来连年对外发布我国执行死刑的人数数据：2008 年《死刑与执行报告》估计中国每年被处决人数平均达到 7000—8000 人，超过全球其他地区的总和。2009 年《死刑与执行报告》称中国 2008 年最少执行了 1700 余起死刑，占全球的 72%。2010 年《死刑与执行报告》估计中国去年执行死刑的人数"多达上千人"，称中国是全球死刑执行人数最多的国家，可能超过其他国家的总和。④ 在这种情况下，我们所面临的国际压力可想而知。

2. 国内方面

在国内，死刑控制的必要性与迫切性可以从以下两个方面展开论证：一是构建社会主义和谐社会的要求。当前我国正处于社会转型期，伴随着经济的快速增长、利益的日益分化和社会的急剧变迁，社会纠纷大量涌现，社会矛盾不断激化。2003 年，我国的人均国内生产总值首次突破 1000 美元，在这样一个发展阶段，可能出现两种结果：一种是进入"黄金发展时期"，经济社会协调发展；另一种是进入

---

① 赵秉志、袁彬：《俄罗斯废止死刑及其启示》，《法制日报》2009 年 12 月 2 日。
② 陈光中：《公布死刑人数利弊考》，《南方周末》2009 年 12 月 17 日。
③ United Nations, "Capital punishment and implementation of safeguards guaranteeing protection of the rights those facing death penalty: Report of the Secretary-General", para60 and Table2, E/2000/3.
④ www.amnesty.ch/ 2011-7-24.

"矛盾凸显时期",经济社会徘徊不前,甚至出现社会动荡和倒退现象,进入21世纪,中共十六大和十六届三中全会、四中全会,从全面建设小康社会、开创中国特色社会主义事业新局面的全局出发,明确提出构建社会主义和谐社会的战略任务与目标,其总体上是指一种和睦、融洽并且各阶层齐心协力的社会状态,包含民主法治、公平正义、诚信友爱、充满活力、安定有序、人与自然和谐相处等六大特征。而作为"国家状态下的制度及合法的谋杀"①,是一场国家同一个公民的战争,因为,它认为消灭这个公民是必要的和有益的。② 因此,死刑的大量适用显然会成为社会和谐的破坏性因素,因而控制死刑的适用成为和谐社会建设中必须虑及的重要因素之一。二是人权入宪的要求。2004年3月14日,第十届全国人民代表大会第二次会议通过了宪法修正案,首次将"国家尊重和保障人权"写入宪法,从而将"人权"由政治概念提升为法律概念,将尊重和保障人权的主体由党和政府提升为"国家",使尊重和保障人权由党和政府的意志上升为人民和国家的意志,由党和政府执政行政的政治理念和价值上升为国家建设和发展的政治理念和价值,由党和政府文件的政策性规定上升为国家根本大法的一项原则。从宪法上宣告和确认人权,仅仅是尊重和保障人权的第一步。更为重要的是,要将宪法原则加以落实,在现实中切实做到尊重和保障人权。在诸多人权中,生命权是最基本、最原始的权利,享有生命权是人享有其他各项权利和自由的前提,因为生命是个人承担社会权利和义务的物质载体,丧失了生命就丧失了成为法律上的主体的资格。③ 死刑则是剥夺犯罪人生命的极刑,死刑的过多适用必然会与人权保障的本意发生冲突,因而死刑的控制成为人权保障中必须重视的重要环节。

二 死刑实体控制与程序控制力所不及

关于死刑的控制方法,通常认为主要有两种,即刑事实体法的控制与刑事程序法的控制。④

---

① [法]德里达:《全球化与死刑》,转引自张宁《考论死刑》,载赵汀阳《年度学术2004》,中国人民大学出版社2004年版。
② [意]贝卡利亚:《论犯罪与刑罚》,黄风译,中国大百科全书出版社1995年版,第45页。
③ 参见李步云主编《人权法学》,高等教育出版社2005年版,第122—123页。
④ 王敏远:《论死刑的程序控制》,载陈泽宪主编《死刑案件的辩护》,中国社会科学出版社2006年版,第240页。

通过刑事实体法对死刑予以控制的方法，即通过刑法规定的修改，减少可适用死刑的犯罪的种类，或对适用死刑增加各种各样的限制条件等。这是我国一直以来比较重视的方法，也是具有立竿见影效果的方法。然而，正如有学者所言，"刑事实体法控制死刑固然可以立杆见效，迅速达到减少甚至彻底消除死刑的效果，然而，应当看到，在我国对死刑的功能尚普遍存有信任的前提下，别说废除死刑了。即使是从刑法的具体规定中减少适用死刑，也是十分困难的，并且，必将只是逐渐进行的长期过程"。① 虽然早在1988年全国人大常委会《关于修改刑法的初步设想》中就曾指出，我国刑法同世界各国刑法相比，死刑较多，死刑条文所占比例偏高，因此，今后对死刑应尽量不再增加，并适当减少一些死刑。② 但到1997年《刑法修正案》出台时，立法机关认为，"考虑目前社会治安的形势严峻，经济犯罪的情况严重，还不具备减少死刑的条件。因此这次修订，对现行法律规定的死刑，原则上不减少也不增加"。③ 事实也是如此，尽管修订后的1997年《刑法》在总则中，通过修改死刑适用的基本条件，缩小了死刑适用对象的范围，放宽了死缓减为无期徒刑或者有期徒刑的条件，严格了死缓犯执行死刑的条件，实现了对未成年人不适用死刑，提高了死缓减为无期徒刑或者有期徒刑的可能，将死缓实际执行死刑的数量降低，从而可以大大缩小死刑的实际适用范围；④ 在分则中，则通过削减死刑罪名与调整死刑罪名的

---

① 王敏远：《论死刑的程序控制》，载陈泽宪主编《死刑案件的辩护》，中国社会科学出版社2006年版，第240页。

② 参见高铭暄、赵秉志《新中国刑法立法文献资料总览》，中国人民公安大学出版社1998年版，第2106页。

③ 王汉斌：《关于〈中华人民共和国刑法（修订草案）〉的说明》，1997年3月6日。

④ 修订的1997年《刑法》对死刑问题较为慎重，对原来的死刑规定做了一些修改。刑法总则中的修改主要体现在以下几个方面：(1) 修改了死刑适用基本条件的规定，将1979年《刑法》的"罪大恶极"修改为"罪行极其严重"。(2) 缩小了死刑适用对象的范围，删除了1979年《刑法》"已满十六岁不满十八岁的，如果所犯罪行特别严重，可以判处死刑缓期二年执行"的规定，将不满十八周岁的犯罪人完全排除在死刑适用范围之外。(3) 放宽了死缓减为无期徒刑或者有期徒刑的条件、严格了死缓犯执行死刑的条件：将死缓减刑条件由1979年《刑法》的确有悔改或者确有悔改并有立功表现降低为没有故意犯罪，将死缓期满立即执行死刑的条件由抗拒改造情节恶劣、查证属实修改为故意犯罪。

适用条件减少死刑的适用。① 这些努力使得1997年《刑法》中的死刑罪名是68个，占罪名总数的15%，较之以往的22%与31%，无疑是历史最低的。但是，1997年《刑法》中的死刑罪名分散在除渎职罪之外的其他9章犯罪中，死刑类罪名高达90%，这说明，1997年《刑法》依然是一部高死刑率的法典。至于死刑罪名的个数，尽管从数量上看比原有的80个有所下降，但是1997年《刑法》的实质性死刑罪名与已有的死刑罪名相比并没有大的变化。而2011年2月25日第十一届全国人民代表大会常务委员会第十九次会议通过的《刑法修正案（八）》取消的近年来较少适用或基本未适用过的13个经济性非暴力犯罪的死刑，② 这些罪名仅占死刑罪名总数的19.1%。如若2014年10月27日提请十二届全国人大常委会十一次会议审议《中华人民共和国刑法修正案（九）（草案）》得以通过，再减少9个死刑罪名，那么我国涉死刑罪名依然有46个。③ 死刑罪名数相比其他国家而言，仍是较高的。

通过刑事程序法控制死刑的方法，主要是指设置特殊的诉讼方式、方法、步骤、原则等审慎死刑的适用。由于相比较刑事实体法控制而言，刑事诉讼程序对死刑的控制效果并不能立即得以直接地显现，因而长期以来并未得到充分重视。比如1996年《刑事诉讼法》在死刑案件程序方面未有建树即是明证。随着对死刑程序控制研究的深入，有些学者逐渐发掘出

---

① 1997年《刑法》分则中，一方面削减了盗运珍贵文物罪、流氓罪、破坏武器装备军事设施罪等少数几个死刑罪名；另一方面主要是调整了死刑罪名适用死刑的条件。这体现在两点：（1）提高了某些犯罪的死刑适用标准，如故意伤害罪、贪污罪、受贿罪。（2）进一步明确了某些犯罪判处死刑的标准，如盗窃罪、抢劫罪、强奸罪。另外，还将掠夺、残害战区无辜居民罪的犯罪构成修改为仅限于战时，并且在死刑的量刑幅度内增加了十年以上有期徒刑作为死刑的选择刑种。对死刑罪名死刑适用条件的修改，在客观上可以缩小死刑的实际适用范围。

② 具体包括：走私文物罪，走私贵重金属罪，走私珍贵动物、珍贵动物制品罪，走私普通货物、物品罪，票据诈骗罪，金融凭证诈骗罪，信用证诈骗罪，虚开增值税专用发票、用于骗取出口退税、抵扣税款发票罪，伪造、出售伪造的增值税专用发票罪，盗窃罪，传授犯罪方法罪，盗掘古文化遗址、古墓葬罪，盗掘古人类化石、古脊椎动物化石罪。

③ 这9个罪名分别是：走私武器弹药罪、走私核材料罪、走私假币罪、伪造货币罪、集资诈骗罪；两个社会管理秩序方面的犯罪，即组织卖淫罪、强迫卖淫罪；两个军人违反职责罪，即阻碍执行军事职务罪、战时造谣惑众罪。

2014年10月27日，《中华人民共和国刑法修正案（九）草案》首次提请十二届全国人大常委会第十一次会议审议。中国人大网在网站上公布草案及说明并向社会征集意见，此次征求意见的时间从2014年11月4日到12月3日。

通过刑事程序法控制死刑有着比通过实体法控制死刑的优势：一是在我国对死刑的功能尚普遍存有信任的前提下，死刑难以废除。即使从刑法的具体规定中逐步减少死刑罪名，也是越来越困难的。并且，废除死刑必将是逐渐进行的长期过程。从这个意义上来说，在目前，通过刑事实体法控制死刑，其影响力是短暂的。而程序控制则不同，其对控制死刑的影响力是持续的。通过死刑控制程序的反复不断适用，可以持续传导、普及慎用、少用死刑的基本理念，为最终实现废除死刑的目的，发挥长效的引导作用。二是在刑法仍然保留死刑的前提下，只有通过对死刑的程序控制，才能切实有效地在现实中实现慎用、少用死刑的目的。三是在我国的现实情况下，如何通过刑事实体法控制死刑尚是个有争议的问题，但对死刑的程序控制，其正当性则是无可争辩的。[①] 可以说，在这一思想的影响与推动下，从2006年至2009年，在最高司法机关的主导下，死刑案件程序从死刑二审开庭审理入手，持续进行了一系列的改革，逐步涉及从侦查到执行的各个程序环节。这些改革举措不能不说是我国死刑改革运动中具有转型意义的，也确实取得了一定的成效。近年来，不少地方判处死刑缓期二年执行的比例，已经接近甚至超过判处死刑立即执行。[②] 从实践中看，死刑核准制度的改革不仅在死刑适用范围、适用条件、适用罪名、适用数量等方面都得到了严格控制的良好效果，而且还取得了故意杀人、绑架、抢劫、重伤等死刑案件的数量逐年下降的效果。[③] 2012年《刑事诉讼法》及其司法解释中有关死刑案件程序的规定对这些内容并未有大的超越。

从实体与程序的关系而言，虽然法律程序具有一定的独立价值，然而，程序毕竟要与实体发生关联，才能从实质意义上最大限度地发挥作用，而证据恰恰是关联程序与实体的媒介，也是程序与实体的融合点。无论是刑法中有关死刑罪名、刑罚的规定，还是死刑诉讼程序都需要通过刑事证据的证明来发挥功效。比如，可以适用死刑的具体罪名，其犯罪构成的基本要素就是证明的基本对象，只有证明充分了才能实现死刑的合法适用；诉讼程序的进行，实质上就是以证据为基础要素、以证明为纲进行的

[①] 王敏远：《论死刑的程序控制》，载陈泽宪主编《死刑案件的辩护》，中国社会科学出版社2006年版，第240页。

[②] 参见《死刑复核权上收"盘点"专访最高法副院长姜兴长大法官》，www.lawbook.com.cn/fzdt/ newshtml/fzjd/20070904111011.htm。

[③] 《最高法：死刑案件数量逐年下降》，http://www.chinadaily.com.cn/china/201011/26/content_ 11611950.htm。

诉讼活动，通过证据与证明活动实现保障人权、追求公正的价值与目的。因此，在基本完成了死刑案件实体、程序改革后，司法实践中有关死刑控制的问题并未得以真正解决，集中体现为"办理死刑案件的实际中存在的证据收集、审查、判断和非法证据排除尚有不尽规范、不尽严格、不尽统一的问题"①。因此，2010年5月最高人民法院、最高人民检察院、公安部、国家安全部和司法部联合发布了《关于办理死刑案件审查判断证据若干问题的规定》（简称《办理死刑案件证据规定》）和《关于办理刑事案件排除非法证据若干问题的规定》（以下简称《非法证据排除规定》），标志着死刑的证据控制成为我国死刑控制改革中的一个崭新的关注点与增长点。这样，死刑的司法适用通过实体控制、程序控制和证据控制构成了稳定的鼎足控制之势。

三 证据意识的增强与证据法学的发展

证据意识的增强与证据学科的发展是死刑证据控制在我国得以兴起的重要条件。

一方面，证据意识的增强促使人们开始关注证据问题。近年来见诸媒体的一系列由于刑讯逼供、证人不出庭、鉴定错误等证据问题而导致的冤错案件，尤其是死刑案件冤假错案或者争议案件激发了人们的证据意识。② 人们逐渐意识到，证据因素可能通过以下几个方式影响诉讼公正。

一是影响程序公正，但不影响实体公正，比如非法取得的物证，在程序上是违法的，但可能因其证明力未受影响而被采纳；二是影响程序公正，进而影响实体公正，比如刑讯逼供获取的口供，在程序上是违法的，因此也往往导致虚假供述，从而酿成错案；三是程序合法，但影响实体公正，比如在鉴定主体、程序合法的情形下，也可能产生错误的鉴定结果，从而导致错误裁判。由此也促使人们开始关注证据在死刑适用中的重要作用，期冀开辟一条不同于实体与程序控制方法死刑的证据控制路径。

---

① 参见《确保办理的每一起案件都经得起法律和历史的检验——最高人民法院等五部门就两个〈规定〉答记者问》，载张军主编《刑事证据规则理解与适用》，法律出版社2010年版，第20—30页。
② 这些案件如杜培武案、佘祥林案、邱兴华案、黄静案、李庄案以及真相至今扑朔迷离的聂树彬案等。

另一方面，证据学科的发展为死刑证据控制的兴起提供了有效的智力支持。死刑证据控制实践的发展离不开学术研究的支持，而证据学科的发展使得这种支持成为可能。虽然我国尚未有独立的证据法，但是这并不影响证据法学科的蓬勃发展。改革开放以来，我国的证据法学科在以下几个方面取得了较大的进展。

一是队伍建设。21世纪以前，可以说我国基本没有专门的证据法学者，从事证据法研究的基本是诉讼法学者或者侦查学者、鉴定学者，可以称为专门研究者的可能仅是中国人民大学的何家弘教授。21世纪以后，一些政法院校开始着手培养证据法人才，比较突出的是中国人民大学、中国政法大学。中国政法大学在2003年开始将证据法学作为诉讼法学的一个研究方向招生，2006年7月在国务院学位办备案增设证据法学，与诉讼法学并列的二级学科硕士点和博士点，其中硕士点下设证据法学、物证技术学、法医学三个研究方向，博士点下设证据法学和法庭科学两个研究方向；2007年招收第一届证据法学硕士、博士研究生。此后，其他高校与科研院所也纷纷在其招生目录中增设证据法方向，或者设立证据法硕士或者博士点。① 这样，学院派的证据法学者队伍得以逐渐形成壮大。

二是科研机构。目前有些高校已经成立了专门的证据法学研究机构，比如中国人民大学2005年成立了中国人民大学证据学研究所，这是我国首家专门从事证据科学（含证据法学、证据调查学、物质技术学）研究的学术机构。2005年国内唯一的证据科学教育部重点实验室（中国政法大学）被批准立项建设，2006年中国政法大学证据科学研究院正式成立，下设证据法学和法庭科学两个研究所。② 2005年北京师范大学成立了我国首家刑事法律科学研究院，下设证据法学研究所。

三是交流平台。有关证据法的交流平台主要体现为学术会议、专门网站、刊物等，证据法的学术会议大致可分为定期论坛与非定期研讨会两类。前者中比较著名的是自2003年12月起，中国人民大学法学院与德恒律师事务所合作举办的"德恒证据学论坛"，至今已成功举办83期；还有自2006年起，中国政法大学证据科学研究院每年春秋举办"证据科学论坛月"，2004年、2006年相继在北京人民警察学院举办的首届与第二届DNA证据国际研讨会，2007年中国政法大学主办的首届证据理论与科

---

① 张保生、常林主编：《中国证据法治发展报告（1978—2008）》，中国政法大学出版社2011年版，第19页。

② 同上。

学国际研讨会等。后者中比较著名的包括 2000 年中国政法大学举办的中美证据法研讨会，2002 年的刑事证据法国际研讨会，2007 年中国政法大学与郑州市中级人民法院联合主办的全国言词证据的分析认证与司法应用研讨会。专业网站中有代表性的主要是中国人民大学证据法学研究所创办的"中国证据学网""中国物证技术学网"，中国政法大学证据科学研究院创办的"中国证据科学网"。刊物中比较著名的是中国证据法学研究院创办的《证据科学》杂志、中国人民大学证据法学研究所创办的《证据法论坛》等。

四是科研成果。改革开放至 20 世纪 90 年代之前，证据法学的研究成果以教材为主，而且数量不多。自 20 世纪 90 年代以来，证据法学的研究进入了一个空前繁荣的时期，科研成果以教材、专著、论文等形式大量涌现，这些成果开始运用哲学、社会学等社会科学，乃至生物学、物理学、化学等自然科学的研究方法对于证据立法、理论、实践等问题开展广泛与深入地探索，从而在研究内容与方法上摆脱了"注释法学"的桎梏，朝向"理论法学""实践法学"的新阶段进发。

第三节　我国死刑证据控制改革的前瞻

死刑的证据控制已经成为我国死刑控制法律体系中的新兴之维，其兴起的脉络中隐含了其未来发展的必然性因素，这些必然性因素应当是我们推进死刑证据控制改革应当意识到的。

一　司法机关继续发挥引领作用

司法机关将在死刑证据控制的改革中继续发挥引领作用。如前述，在死刑证据控制发展的三个阶段中具有关键意义的过渡与独立两个阶段，都是由司法机关引领与主导的。这似乎与我国的政治体制与立法主义的法律传统格格不入，似乎是立法机关，而非司法机关应当发挥这一作用。然而这一现象在我国的现实情况下，具有必然性与合理性。一方面，司法机关具备引领与主导改革的有利条件：一是改革方案的应对性强。司法机关作为法律的实施者最了解实践状况，因而其倡导的改革能够最直接地应对实践中的需求，体现出较强的现实性与应对性。二是改革方案的可实施性强。司法机关具备丰富的实践经验，因而其设计的改革方案可操作性强，容易付诸实践，实施性强。三是效果好。实践表明，司法机关所引导的改革的成功率比较高。另一方面，相比较而言，虽然立法机关完全可以通过颁布法律来推动一项改革措施的实施。但是，法律的颁布是一回事，它能否得到切实的贯彻和执行却是另一回事。经验表明，立法机关由于理性能力的过高估计、法律移植的热衷，对不同国家机关利益的协调和权衡的过分关注，立法技术的不成熟等原因，导致近 20 年来立法机关通过的法律明显滞后于社会的转型和发展，司法实践中存在的问题堆积如山。[1] 由于立法机关的建设不是一蹴而就的，将需要一个长期的过程，因而可以预计，司法机关仍将在未来死刑证据控制的改革中发挥引领作用。

二 立法机关应适时介入

虽然立法机关似乎在死刑证据控制的司法改革中一时难以发挥主导作用，然而，在司法机关推动的改革中毕竟存在诸多突破立法内容的规定，这些改革虽然具有一定的现实必要性，可以满足一定的功利需求，但从长远来看，对法律尊严与法治理念的维护都不是理想之计。因而立法机关在死刑证据控制的改革中虽然不能发挥主导作用，但也不能自甘缺席，而应当适时介入，并有所作为。这一方面可以在一定程度上减小司法改革违法司法的负面效应，另一方面也可以促进立法机关在立法内容、立法技术等知识与经验水平上的提升。在笔者看来，立法机关介入死刑证据控制的方式至少可以有以下两种：一是与司法机关联合发布改革方案，未来立法机关可以适当参与司法机关有关死刑证据控制改革的调研、讨论过程，争取发言权，并与司法机关共同发布某些改革方案。这在我国还未曾尝试。二是事后认可司法机关的改革方案。对于某些立法机关未能事前、事终参与的改革，或者已经参与的改革，及时关注与收集其实施效果的信息，适时将其纳入立法规划。但应当指出的是，2012 年《刑事诉讼法》对于《办理死刑案件证据规定》内容的吸收并不全面；限于立法体例，对其问题的弥补也比较局限。

三 学界应继续发挥智识作用

学界将继续发挥其智力支持作用，并应当深度介入改革实践。虽然，有学者对于法学研究的整体状况不甚乐观，认为"中国法学在超越了法律知识的普及与传播，大体完成了'注释法学'的理论建构之后，正依

---

[1] 陈瑞华：《制度变革中的立法推动主义——以律师法实施问题为范例的分析》，《政法论坛》2010 年第 1 期。

循着知识——文化法学的发展进路逐步行进,在丰满中国法学学术羽毛的同时,却使法学与法治实践渐次偏离,具体表现在:法学研究的主题缺少对中国现实问题的应有关注、法学研究的语境远离中国社会的实际场景、法学研究中潜含着法学人刻意疏离法治实践的姿态"。① 但是,毋庸置疑的是,在死刑证据控制这一问题上,学者的贡献是不能抹杀的。《办理死刑案件证据规定》中的诸多内容比如证据裁判原则、程序法定原则、意见证据规则、原始证据优先规则、死刑案件的证明标准等,都没有超越学界既有研究成果中的内容。在两个《证据规定》出台之前,最高人民法院的项目组就征求了法学专家们的意见,因而出台后得到了刑事诉讼法学界的一致肯定。② 在 2012 年《刑事诉讼法》出台之前,就《办理死刑案件证据规定》实施中暴露出的问题,学者们也纷纷建言,希望能够在立法中予以弥补。③ 2012 年《刑事诉讼法》出台之后,学者们对死刑案件证据问题的研究与贡献仍然没有停止。④ 因而,学者们在今后死刑证据控制的改革中必将继续承担智库之重任。为更加有效地发挥其智力支持作用,学者们还应更加积极主动地参与到死刑证据控制的改革实践中,比如联系司法机关开展改革试点、到有关部门直接挂职等。此外,学者们还应积极发挥司法机关与立法机关的桥梁纽带作用,总结、提炼死刑控制中有关证据方面的实践经验,加以提炼,形成调研资料、专家建议与论证稿等,供立法机关立法参考。

2014 年 10 月,党的十八届四中全会作出了《关于全面推进依法治国若干问题的决定》,我国的法治建设迎来了史无前例的大好时期。为了稳步推进我国法治建设,推动我国人权事业发展,在死刑实体控

---

① 顾培东:《也论中国法学向何处去》,《中国法学》2009 年第 1 期。
② 《法学专家谈两证据新规:排除非法证据提高办案质量》,news.xinhuanet.com/legal/2010-05/31。
③ 如党建军、杨立新《死刑案件适用补强证据规则若干理论问题研究》,《政法论坛》2011 年第 5 期;邓立军《突破与局限:特殊侦查措施所获证据材料适用研究——以〈关于办理死刑案件审查判断证据若干问题的规定〉第 35 条中心》,《证据科学》2011 年第 6 期;何邦武、李珍苹《结论如何"唯一"?——基于〈办理死刑案件证据规定〉》的演绎》,《中国刑事法杂志》2012 年第 3 期;吕泽华《死刑案件证明标准研究的反思与分类建构》,《学术交流》2012 年第 6 期;等等。
④ 如陈兴良《忻元龙绑架案:死刑案件的证据认定——高检指导性案例的个案研究》,《法学评论》2014 年第 5 期;陈云龙《探索审查模式改革 确保死刑案件质量——以客观性证据为核心的死刑案件审查模式探索为例》,《人民检察》2013 年第 5 期;钟文华、李毅磊《死刑案件证据标准把握及审查攻略》,《中国检察官》2013 年第 9 期;等等。

制和程序控制之外，死刑的证据控制亟待有更大的作为。回顾我国死刑证据法制的发展历程，可以清晰地感受到死刑证据立法发展的迅猛势头。虽然2010年《办理死刑案件证据规定》的出台开创了死刑案件证据制度的单行立法模式，并被2012年《刑事诉讼法》有所吸收与发展，但还需要法律界及法学界继续共同推进。此时，呼格吉勒图式死刑冤案的再度曝光，无疑将极大地反促我国死刑证据立法的发展。在我国法治建设快速发展的机遇期，我国的死刑证据控制立法必将迎来晨光破晓、羽化成蝶的历史大时代。

第二章 死刑控制的证据理论

通过证据控制死刑是死刑控制的第三条路径。基于我国证据立法的不足，以死刑案件为先导，构建体系完整的证据法律理论、制度和法律规范，能够大大推进我国的证据理论与立法。本章通过死刑证据控制基础理论研究，为我国死刑证据控制提供理论指导。

我国传统证据法学构建了以认识论、价值论和方法论为核心的证据法学基础理论体系，[1] 这些理论也将会是死刑案件证据控制的基本指导思想。紧跟科学发展的脚步，融合相关学科的最新理论成果，创建新理论是证据法学理论推进的智识之源，借此彰显证据法学的时代魅力，丰富证据法学理论体系，夯实死刑证据控制的理论基础。

第一节 证据图景理论

"哲学跟不上科学，特别是物理学现代发展的步伐。"[2] 而法学亦难以跟上哲学的发展脚步。自然科学领域中的先进理论思想往往能够带来哲学认识论的巨变，进而引发法学思想的变革。此处通过引介"依赖模型的实在论""可择历史理论""不确定原理"三项最新自然科学理论跨越式地推进法学犯罪事实观的思想更新，推动证据法学基础理论的全新构建。

一 自然科学中的"历史实在论"

"依赖模型的实在论""可择历史理论""不确定原理"是自然科学领域在观察事物、认识世界上的三个新理论。"依赖模型的实在论"对传

---

[1] 参见何家弘、刘品新《证据法学》，法律出版社2004年版。
[2] [英] 史蒂芬·霍金、列纳德·蒙洛迪诺：《大设计》，吴忠超译，湖南科学技术出版社2011年版，第3页。

统哲学"客观实在论"观点进行了新的修正,认为客观存在历史或事实作为真实判断上的无意义,历史实在不是直接的,而是由我们人脑的解释结构塑造的透射镜建立起来的心理图像或模型。"可择历史理论"揭示了历史事实发生的多样性与概率取决于观测数据的质和量。"不确定性原理"进一步论证了历史事实发生的运动性,具体时间节点的历史事实的不确定性。三个理论构成了自然科学中的"历史实在论",引介于此,希冀为社会科学真实观提供新的注解。

1. 依赖模型的实在论

"经典科学是基于这样的信念:存在一个真实的外部世界,其性质是确定的,并与感知它们的观测者无关。"[1] 因此,传统哲学构建了物质论的实在观。物质是第一性的,认识是第二性的,物质是不以人的意志为转移的客观存在。以此,构建了一个摆脱主观认识的客观实在,这是实在论的观点。与实在论的观点相对,还有一种"反实在论"的观点。"反实在论者相信经验知识和理论知识彼此不同。他们一向争论道,观察和实验是有意义的,而理论只不过是有用的工具,并体现任何作为被观察现象的基础的更深刻真理。一些反实在论者甚至要将科学限制于可被观察的东西。因为这个原因,19世纪时的许多人基于我们永远看不见原子而拒绝原子的概念。乔治·贝克莱(1685—1753年)甚至如此极端,他断言除了精神及其思想,没有任何东西存在。"[2] 霍金和蒙洛迪诺诘问了"实在"的传统概念,认为"实在不过是一套自洽的和观测对应的图景、模型或者理论。霍金将其称为'依赖模型的实在论'。如果两种图景满足同样的条件,你就不能讲哪种更实在些,你觉得哪种更方便就用哪种"[3]。依据该理论,自在之物是多余的,是没有意义的。"按照依赖模型的实在论,去问一个模型是否真实是无意义的,只有是否与观测相符才有意义。"[4] 依赖模型的实在论使科学和哲学中的许多长期争论的问题成为伪问题。依据依赖模型的实在论,"不存在与图像或理论无关的实在概念。相反的,我们将要采用成为依赖模型的实在论观点:一个物理理论和世界图像是一个模型(通常具有数学性质)以及一组将这个模型的元素和观测相连接的

---

[1] [英]史蒂芬·霍金、列纳德·蒙洛迪诺:《大设计》,吴忠超译,湖南科学技术出版社2011年版,第38页。
[2] 同上。
[3] 同上书,译者序。
[4] 同上书,第37页。

规则的思想。这提供了一个用以解释现代科学的框架。"① 因为，所谓哲学上的客观实在的主观外部世界都要进入到主观认识领域，通过现代认知能力和条件进行展开，我们只能在我们的维度空间，利用我们的心理，感知描述世界。我们获得关于外部世界的模型如果符合了观测的条件，满足了外部世界的表征，就说明这个模型是合理的，是实在的。在司法领域，关于真实与存在的关系问题，传统理论靠的是哲学。主观符合客观，追求案件事实的客观真实一直统治着我国司法证明观，形成了"客观真实"的证明标准认识。但哲学跟不上科学，特别是现代物理学的发展给事实和实在提供了新的理解："我们在科学中制造模型，然而我们在日常生活中也制造模型。依赖模型的实在论不仅适用于科学模型，还适用于我们所有人为了解释并理解日常世界而创造的有意识和下意识的心理模型。"② 因为，"我们的认识——因而我们理论以其为基础的观测——不是直接的，而是由一种类似透镜之物——我们人脑的解释结构塑造的"。③ 依赖模型的实在论认为"事物仅是我们通过事物散射来的光建立的一个心理图像或模型"。④ 因此，我们对外界事物的认知不是事物本身，而是事物展示的特征在我们头脑中的模型塑造，用一种我们人类认知特点形成的认知模型来展示。

2. 可择历史理论

费恩曼将量子理论运用于宇宙历史的研究，提出"一个系统不仅具有一个历史，而且具有每种可能的历史"。⑤ 根据量子物理，"不管我们得到多少信息，也不管我们计算能力有多强，因为物理过程的结果不能无疑地被确定，所以不能无疑地被预言。相反的，在系统给定的初始状态下，自然通过一个根本不确定的过程来确定它的未来状态。换言之，即便在最简单的情形下，自然也不会要求任何过程或者实验的结果。更确切地说，它允许几个不同的可能结果，每一种结果具有确定的实现的可能性。用爱因斯坦的话说，仿佛上帝以投骰子来决定每一个物理过程的结果。这个思想使爱因斯坦苦恼，因此尽管他是量子物理的创始人之一，后来却成为其

---

① [英] 史蒂芬·霍金、列纳德·蒙洛迪诺：《大设计》，吴忠超译，湖南科学技术出版社2011年版，第35页。
② 同上书，第38页。
③ 同上。
④ 同上。
⑤ 同上书，第4页。

批评者。量子物理似乎会削弱自然受定律制约的观念，但事实并非如此。它反而引导我们去接受决定论的新形式：给定系统在某一瞬间的态，自然定律确定各种将来和过去的概率，而非肯定地确定将来和过去。"① 此即费恩曼创设的可择历史的量子理论，按照此种观点，"宇宙并非仅具有单独的存在或历史，而是每种可能的宇宙版本在所谓量子叠加中同时存在"②。这个观念对我们"过去"的概念有重要的含义。在牛顿理论中，过去被假定是作为明确的事件系列而存在。如果你看到去年在意大利买的花瓶摔碎在地上，而你的学步小童羞怯地站立于旁，你可回溯导致灾祸的事件：小小指头松开，花瓶落下并撞在地上粉碎成千百片。事实上，给定关于此刻的完全数据，牛顿定律允许人们计算出过去的完整图像。这和我们只管理解是一致的，不管痛苦还是快乐，世界有一明确的过去……量子物理告诉我们，不管我们现在多么彻底地进行观测，（不被观测的）过去，正如将来一样是不确定的，只能作为可能性的谱而存在。根据量子物理，宇宙并没有一个单独的过去，或者单独的历史。过去没有确定的形状，这一事实意味着你现在对一个系统进行的观测影响它的过去。在社会科学的司法证明领域，当下的证据收集与观测程度以及现时形成的认知规律会直接影响主观认识领域不确定过去的历史形态，体现出观测数据——证据收集的重要性，也体现出认知结构的事件后效应——后来认知规律影响过去事实的重塑。

3. 不确定性原理

量子物理同时告诉我们"任何东西都不能位于一个明确的点，否则的话，动量的不确定性就会是无限的（位置为 L，动量为 M。A＝LM。A 为系统的所有可能性。当 L 为零时，则 M 为无限大，所以，任何物体不能明确为一个点，即位置为零）。事实上，根据量子物理，在宇宙中任何地方都有找到任何粒子的某个概率……由此，如果你把一个量子巴基球踢飞，不管你有多大技巧和知识都不允许你预先说它将准确地落在何处。但如果你多次重复该实验，你获得的资料就反映出在不同地方找到球的概率，而实验者已经证实这种实验结果和理论预言相一致"③。此为量子理论中的不确定性理论，是由威纳·海森伯在 1926 年表述的不确定性原理。

---

① ［英］史蒂芬·霍金、列纳德·蒙洛迪诺：《大设计》，吴忠超译，湖南科学技术出版社 2011 年版，第 61 页。
② 同上书，第 49 页。
③ 同上书，第 62 页。

"不确定性原理告诉我们，我们同时测量某些相关数据的能力是有限的，比如在测量一个粒子的位置和速度时就是这样……你把速度测量得越精确，你就只能把位置测量得越不精确。"[1] 推演到司法证明领域，以主观心态的司法证明为例：犯罪主体会有多种主观的状态，在不同的时间、地点、环境、情势下会有不同的主观心理和思想。在犯罪发生的那一刻越是准确，则心理的判断越是模糊，你无法明确某种主观心理是绝对确定的，因为这是人的内心世界。只能通过之前、之后、诉讼中的言语、思想来推测，主观心理的判断具有了后来诉讼活动的创造性。你无法确知某种主观状态的确定性，而你只能说某种主观心理发生的可能性，即概率。因此，犯罪心理的变化具有不确定性和多种历史可能性。

二　证据图景理论

自然科学上的依赖模型实在论、可择历史理论、不确定性原理为我们研究司法领域的过去犯罪历史问题提供了新的启示：一起犯罪事件就是一段过去的历史，其具有多种发生的可能性，并在观察、分析中创造新的历史。我们需要从每种可能的历史中，去发现最有说服力的一个历史。犯罪历史的真实面貌不是真正有意义的，并不是"实在"的，而只有进入认识领域由主观心理形成的历史模型才是"实在"的。这一犯罪历史因观察到的信息多少、观察的角度、认知的头脑、逻辑推理的关系等而形成不同的犯罪历史图景模型，并因观察者的作用而创造"新"的犯罪历史图景。在众多的可能的历史图景中，依据现有认识能力和认知条件、揭示的犯罪历史的特征等，那些最符合犯罪历史特征的，能和观察信息最相符的，逻辑推理最严谨、最合理的，最符合犯罪构成要件要求的犯罪历史图景，才是可信的并可接受的。犯罪历史图景，需要通过证据来拼接、镶嵌，不同的证据组合、不同的证据信息解读会形成不同的犯罪历史图景。这些可择的犯罪历史图景即是"实在"的，具有不同的发生概率。但犯罪历史事实的确定性取决于谁的图景更能说服裁判者，更能符合认识规律，更能展示犯罪留存发现的信息特征，甚至更符合一些价值选择。这就是"证据图景理论"。

依据该理论，过去的历史犹如"水中月""镜中花"，不仅具有单独的存在或历史，而且同时存在每种可能的历史，历史在发现中创造、在求

---

[1] ［英］史蒂芬·霍金、列纳德·蒙洛迪诺：《大设计》，吴忠超译，湖南科学技术出版社2011年版，第59—60页。

证中变形，历史因此具有了可择性和不确定性。所谓真实历史的客观实在性已经没有实际意义，因为，不进入认识领域中的所谓过去历史没有任何实际价值。只有进入认识领域的历史才是真正的"实在"，才是判断的对象和标准。有关犯罪历史的证据图景，会因不同的认识主体、不同的证据组合形成不同的犯罪历史图景，并相互干涉、影响，甚至创造。无论何种证据图景只要符合证据信息反映的犯罪历史特征，符合经验、常识、逻辑、推理的判断，或者符合犯罪构成要求，更合理可接受，那么这些不同的证据图景历史可能都是"实在"的、合理的。因此，犯罪历史不是静态的、明确的、客观的、实在的，而是在认识中发现的、创造的、揭示的、组合的，具有多种的可能性，并因其创设历史的逻辑可能性不同而具有不同的发生概率，追求那种百分之百绝对确定的概率是不符合认识规律的。这些就是证据图景的"真实观"。

现代的诉讼认知能力，依据的是证据、经验、常识、逻辑、分析与判断的心理活动，并借助科学技术进行证据信息的发掘，推演证据信息及其组合反映的历史特征，进而发现、创造犯罪历史图景。在这一个过程中，证据是基础的，证据为本的原则成为证据图景理论的应有之意。只有更多地发现犯罪证据，充分地挖掘犯罪证据的信息内容，才能为证据历史图景提供更多的历史特征，也才能组合成更加贴切的犯罪历史过程。我们会发现，这是一个证据图景不断丰富、多样和犯罪历史不断发现、重塑相互交织的过程。推动其发展的基础材料就是"证据"。因此证据的充分发掘、证据信息的充分发现是证据图景丰富、多样发展的基础和前提。

证据图景会因不同的认识主体、认识角度、逻辑分析能力、占有信息量而形成不同的证据图景历史模型。这些不同模型的相互干涉、碰撞会影响不同历史图景的最终走向，这对推动证据图景的丰富、完善，更符合情理、逻辑、历史有巨大的推动作用。因此，构建多主体认识，尤其是对立主体的证据图景认识制度非常关键。这需要控、辩双方，侦、控、审三方乃至新闻媒体、社会大众的多重参与，推动不同证据图景的丰富、干涉与完善。为保证多样证据图景的有效形成，需要证据信息的充分共享、交流与沟通，为证据图景多样性的形成奠定共同的历史信息特征。同时，不同利益取向、价值选择会影响到不同认识主体的证据信息的选择、组合，进而影响不同证据图景的重塑，这样形成的多重证据历史图景，才能全景地展示多种历史发生的可能性，求得可接受历史图景的最终选择。当然，不同认识主体的诉讼权利、证据获取权利应该得到更多的保障，这样才能为其证据信息的获取、共享提供全力保障，才能为其证据图景的构建提供最大的可能性，也才能在诉讼认识活动中重塑最可接受的犯罪历史图景。

三　证据图景理论对死刑案件的思想引领

证据图景理论构建了新的诉讼认识理论。不再纠缠于主观是否符合客观的符合论的认识论观点，证据图景理论提出了诉讼历史事实的不确定性、可选择性、可塑性、创造性的观点，让诉讼历史事实有了更多的真实可能性。不同于运用不以人的意志为转移的客观历史实在性检验主观认识的准确性所带来的符合论检验判断上不可知性、外在性、虚无性，证据图景理论转而关注于主体主观认识上真实判断的最大可能性，强调以证据为基础进行诉讼历史事实的多样组合性及其发生的概率性，让真实判断回归到现实、当下的人类认知水准和道德理性。不同于辩证唯物主义真理标准的单一性、统一性的认识，对诉讼真实判断的结论唯一性的观点，证据图景理论强调多方主体诉讼历史事实判断的多元性与碰撞性，不以客观的"真"来衡量诉讼认知的准确性，而以主观的经验、逻辑、科学、常识、概率统计等当下认知水准与认知方法检验、权衡主观认知真实"可接受性"的概率性。

依据自然科学领域的"依赖模型的实在论""可择历史理论""不确定原理"所确立的"历史实在论"的认识论原理，证据图景理论在诉讼认知领域的引入将不仅带来诉讼认识观念、认知方法上的革新，更带来对死刑案件诉讼认识上的全新指引。

首先，死刑是刑罚中最为严厉的刑罚，涉及生命的剥夺。死刑适用是未来的，并将会是确定的，但犯罪历史的认知却是过去的，具有多种历史可能性的。这种过去犯罪历史的证据图景的多样性可能，历史的不可重现性，只能现实重塑与创造的特点，说明了死刑案件犯罪历史事实并不具有完全的确定的真理性、准确性，因此构建在死刑案件诉讼认识基础上的死刑适用应该慎之又慎。

其次，依据证据图景理论，死刑案件诉讼历史真实多样图景，离不开利益主体、诉讼职能主体的多样参与，才能实现死刑案件历史事实重塑的多角度性、历史面相展开的多面性，实现诉讼历史真实多向性的回归，更充分地解开诉讼历史的真实面纱。因此，被害方、辩护方、检控方、审判方的多元诉讼历史真实的多向度碰撞，才更符合历史真实的不确定性原理和可择性的原理。

再次，证据图景理论以证据为历史事实的揭示与判断的基础，强调证据收集的广泛性、充分性与丰富性，为多向度诉讼历史重构搭建认识基础——亦即证据裁判原则的精神反映。因此，在证据图景理论指引下的证据资格属性、诉讼真实司法证明等都将呈现更加系统、全面、多样的可能。

最后，为实现证据图景指引下诉讼真实发现，需要价值选择与认知保障。具体来说，对死刑案件，应该有更多的认知主体的参与，并应建立充分的诉讼权利保障，获取足够丰富、全面的证据信息，并对量刑的可能性提供最广泛、认真的讨论。这样，才能确保证据图景构建的丰富性、多种逻辑可能性，重塑历史的可信性，确保死刑适用的可接受性。此外，司法裁判的共识性，融合价值需要的裁判观，也需要更多的介入，确保过去历史的现代证据图景重塑符合逻辑规律、价值需求、时代特征和犯罪历史特征的综合需要。

证据图景理论为死刑案件历史事实的认知与判断提供了全新的理念，并在本书后续的证据裁判原则、证明责任主体多元参与、DNA 鉴定证据强制适用等具体原则、规则、制度构建中得到了回应。证据图景理论也为死刑冤假错案的纠正提供了理论指引，摒弃旧有的"确有错误"的纠错标准，构建"真实有可能错误"则"疑罪从无"的纠错机制。亦即，不以是否发现客观真实为判断是否纠错的标准，而以当下认识是否存在错误的可能性作为纠错的条件。近些年，司法纠正的"呼格吉勒图案""聂树斌案"等冤假错案即是明证。

第二节 沉没证据理论

西方法谚云"不要为打翻的牛奶哭泣"，司法证明活动中，必要的成本损耗是不可避免的。死刑证据控制理论中应当引入"沉没成本"理论，实现死刑证据体系的迅速发展与整体提升。

一 沉没证据理论的衍生

在经济学和商业决策领域，会用到"沉没成本"（Sunk Cost）理论（或称沉淀成本或既定成本）概念，代指已经付出且不可收回的成本。比如，买一张电影票，不可退票，无论你去不去看电影，买电影票的成本都无法收回了。引申到证据领域，提出"沉没证据理论"，主张在司法证明领域，审前程序收集到的证据，会因为证据上的瑕疵以及证据图景的不同组合需要、人或自然因素的污染等因素导致收集到的证据材料不能全部应用于司法证明，但为了保证死刑案件的准确性，死刑适用的慎重性，仍应广泛地收集证据材料，为此而耗费的证据是沉没证据。依据沉没证据理论，可能在个案中，浪费了大量的证据资源，但从死刑司法证明的整体看，会有助于推动一个国家死刑司法证明的准确性，死刑适用合理的可接受性，获取更加可观的证据利益和司法收益。当然，沉没证据理论并不认为非法证据或者不具有证据资格的材料属于证据，这些非证据材料不是真正的沉没证据。也就是说，沉没证据首先是证据、是法定证据，只是这些证据因主客观因素导致不能最终采纳为司法证明的根据，比如因诉讼终止等因素，停止了诉讼证明活动，则前期付出的证据成本就是沉没的。这些证据成本损耗是司法证明所必需的，不能因其有可能不被司法证明所用，而陷入"沉没成本谬误"的非理智行为中，即认为前期证据成本过大，最终司法证明不可预测性则降低证据成本消耗，导致最终司法证明的证明标准不达。

二　沉没证据理论的基本要求

依据"沉没证据"理论，要遵从以下基本要求：一是证据收集的最大化，尽一切可能收集全面、客观的证据，为司法证明提供最大的证据资本；二是证据收集的合法性，乃至司法证明的合法性，确保证据成本不浪费在非法行为之中；三是司法证明的成效不以证据成本的损耗来计算，摒弃单个案件司法证明的成本收益不平衡的观念，树立整体司法证明成本收益平衡观念；四是以死刑案件为先导，为确保定罪、量刑信息的最大化，需要拓展证据资格的广泛范围，在合法前提下，尽可能地投入司法成本确保信息来源的准确性，保证司法证明的信息充足、裁判的可接受性。对此，我国刑事诉讼司法证明应完善以下四个方面。

第一，应建立死刑量刑证明程序和量刑证据规则、规范体系，确保死刑量刑的司法证明更加全面、细致和准确，实现司法证明的裁判共识，最大化裁判的可接受程度。

第二，规范证据属性、证据种类，明晰量刑证据与定罪证据的异同，突出其各自的本质属性和特点，吸收更多的证据信息。

第三，拓展死刑案件证明领域、丰富其证明责任分配体系，引入证据协力义务，让更多的主体参与到死刑司法证明之中，求取司法证明信息的最大化。

第四，确立多层次、细化、具体的证明标准体系，针对不同的证明对象、证明责任特点、证明主体能力等确立不同的证明标准要求，以利于权利保障和诉讼的平等。

第三节 证据完整性理论

亚里士多德曾说过:"整体大于部分之和。"美籍奥地利人、理论生物学家L. V. 贝塔朗菲创立了涵盖系统科学、系统技术和系统哲学的广义系统论思想。系统论的思想一直为证据法学界所推崇,按照系统论的思想,构建完备的证据法规范体系是符合我国当前证据法学发展的当务之计。因此,证据完整性的理论理应成为我国死刑案件证据控制的必要理论。

一 证据完整性理论的基本内涵

按照系统论的观点,系统功效的发挥需要有完整的组织架构和合理的系统结构构造,这样,才能发挥出整体大于个别组合的效果,实现"1+1>2"的系统价值。系统的功效首先是系统要素的完备以及系统基本组织机构的存在,无此,则结构论无从谈起。引申到我国的刑事诉讼司法证明活动,依据当前事实认定的基础性理论——证据裁判原则,一国完善的司法证明应由完备的证据立法、司法体系来实现。只有证据理论与法律体系完备了,证据司法证明的要素才算充足了。基于此,进行完善的证据司法运行体系构建,才能实现司法证明的最优效果。笔者依据我国证据发展程度,从系统论思想中抽出其要素完整性的理论,构建了我国证据完整性理论。按照该理论要求,一国司法证明领域,需要构建完整的证据要素体系,形成比较完备的司法证明结构,这是完善的证据法律制度的基础。在此之上,才是证据法律体系的结构构造,即司法贯彻、运行的良性机制运作。因为,我国证据立法的现状使然,我国现在还处于通过不断丰富、完善证据立法制度,进而推进证据法律制度结构运行合理的进路。因此,首要的是完备证据基本构成要素,让司法证明活动、证据裁判原则在制度因素完备的前提下有效组合与优化配置。

按照证据完整性理论,从证据基本要素角度看,需要对证据的法定种类、证据的基本理论与原则、证据规则、证明标准、证明责任、证明程序等方面进行基本要素的完备;从证据法律制度的发展进程看,需要立法完善证据制度基本内容,司法解释跟进,推进证据基本制度内容的具体化,尤其是贯彻与实施规范,最后,通过司法运行机制来检讨和完善证据法律制度，最终形成一国合理的证据法律系统，最大限度地发挥证据证明功效。

二　我国证据法律体系的不足和完善

从我国证据法律制度发展情况看，立法、司法上都取得了比较大的进步，当然仍有很多的不足与完善空间，有很多工作需要做，离证据完整性理论的基本要求还有差距。首先，从立法角度看，进入21世纪，我国证据立法取得了比较大的进步，尤其是2010年的两个《证据规定》，以及2012年《刑事诉讼法》，在基本原则、证据审查判断规则、证明责任、证明标准等方面都确立了规范，极大地推进了我国证据立法的进步。司法领域，在我国刑事诉讼证据立法比较薄弱之时，我国各地司法机关进行了各具特色的证据立法实践，积累了比较丰富的司法实践经验，为我国证据法律制度的完善做了重要的铺垫。当然，因证据法律立法规范的缺失，这些体现司法实践经验的证据法律制度，渐渐形成了证据司法实践的"潜规则"[①]，主导着地方司法证明的活动。这些都表明我国证据完整性还有不足，更遑论证据系统论制度构建了。

因此，依据证据完整性理论，我国的证据法律制度无论在立法上还是在司法上，尤其在证据法律基本制度方面都需要进一步完善，才能真正实现我国"证据为本""证据裁判"的司法证明体系要求。首先，证据概念、证据种类上进一步开放，探析证据的基本属性，明晰法定证据的基本要素要求，比如测谎结论、警犬辨认、品格证据等证据资格问题。其次，在证据的理论、原则上需要进一步丰富，比如证据人文关怀思想、沉没证据理论的引入，相互印证证据原则等都需要立法跟进。再次，证据规则上，在引进完善非法证据排除等规则的基础上，还需要在庭审质证规则、证据保管规则、死刑案件DNA鉴定必要性规则等证据规则体系上进一步完善。最后，在证明责任、证明标准、证明程序等方面也需要结合诉讼发展程度、案件的特殊性要求、程序运行的规范性等方面进行立法完善。当然，立法与司法解释的跟进，对证据立法的完善化、具体化以及实施上都有重要的辅助作用。在证据司法制度构建上，既需要对立法精神的正确理解，形成统一的司法证据、证明思想观念，也需要完善证据司法实践的运行机制研究与实践，尤其需要注意的，是要对传统的证据观念和证据潜规则进行研究、提升与改造，推进我国证据法律制度的完备化。

[①] 房保国：《刑事证据潜规则研究》，知识产权出版社2011年版。

第四节　证据人文理论

伦理观是处理人与人之间关系时应当遵循的基本道德原则，包括人道、公正、自由、平等、秩序等基本价值理念。[①] 纵观法制发展历史，儒家礼教与法律不断地分分合合。这些法与时代的主流人文思想的结合，体现了法治很强的时代精神和社会理念。法治发展到今日，已经不再是单一的政治统治的需要，更多地体现了公平、正义、平等、和谐、伦理的思想，体现出促进社会的法治文明的基本要义。现如今，刑事证据法也面临着惩罚犯罪、保障人权等多重价值选择，如何使冷酷、严苛的刑事证据法体现出人文关怀的道德温情，在刑事证据法中体现人道伦理、人性尊严、人伦亲情，树立诚信、公正的证据人文理念，体现和谐、文明的人文精神，是证据法成为"善法"之治，证据法文明化的重要内容。爱因斯坦曾说过："社会的健康状态取决于组成它的个人的独立性，也完全像取决于他们密切的社会一样。有人这样正确的说过：希腊—欧洲—美洲文化，尤其是它在那个结束中世纪欧洲停滞状态的意大利文艺复兴时的百花盛开，真正的基础就在于个人的解放和个人的比较独立。"[②] 按照人文精神的实质——以人为本，追求自由、平等、独立的人文追求，塑造、发展、弘扬和谐、善良、尊严、亲情的人文精神，是法律制度、证据制度发展的基本方向。

死刑案件作为刑事案件中的特殊案件，如何确保死刑司法适用的文明化，体现人类伦理、道德的基本规范，成了死刑证据控制的重要内容。为此，我国证据法律制度的发展应以死刑案件为先导，在传统认识论、价值论、方法论的证据理论基础上，积极地引入人文精神，使得死刑证据控制体现更多的人性尊严、人伦亲情和人性关怀，推动证据法律制度的文明化进程，促进社会的和谐与稳定。

按照人文精神的要求，刑事证据法的人文精神，需要在死刑证据立法与司法中，讲求以人为本和人文关怀，以维护人的最高价值和尊严为宗旨，尊重人格尊严、人伦亲情和人之常情等道德情感的原则和理念。证据人文理念是人道伦理观与人本法律观的有机统一。在法律制度层面主要体

---

① 刘根菊：《刑事司法创新论》，北京大学出版社2006年版，第14页。
② 赵中立、许良英：《纪念爱因斯坦译文集》，上海科学技术出版社1979年版。

现为对人性尊严、人伦亲情和人之常情的尊重与保护。

一 证据法中的人格尊严保护

尊严作为人之本性之一，不可因司法受到人性尊严的贬损和侵犯，这是人性尊严不可侵犯，人获得尊重的内在力量，是人性良知自我反省和救赎的内化力量，更是人性尊严的道德权利。[①]因此，在我国证据的收集、审查判断和司法运用过程中要贯彻和体现人格尊严的尊重和保护。我国刑事证据法中对人格尊严的保护主要体现在以下几个方面：（1）禁止刑讯和以精神折磨、威胁、引诱、欺骗等不人道的方法获取嫌疑人、被告人的供述、被害人陈述以及证人证言，2012年刑事诉讼法确立了"反对强迫自证其罪"的公约权利，构建了非法言词证据排除规则，并扩展到实务证据；（2）加强对未成年的保护，讯问、询问未成年人，应当通知法定代理人或者教师、未成年人保护组织等到场，犯罪记录封存制度等；（3）强调对女性的特殊保护和尊重，在检查、搜查妇女的身体时应由医师或者女性工作人员来进行；（4）禁止一切足以造成危险、侮辱人格或者有伤风化的侦查实验行为以及不公开审理、特殊侦查措施取得证据材料信息保密等。

尽管我国证据立法已经在人格尊严方面取得了比较大的进展，但仍有需要进一步完善之处：（1）加强对老年人人格尊严的保护，禁止歧视、侮辱、虐待老年人，让其人格尊严得到人类社会最后的尊重。注意对老年人隐私权利的保护，禁止司法外扩大适用，为老年人尊严、体面的人生增加进一步的保障。（2）规范人身检查和生物样本采集的规范。2012年《刑事诉讼法》确立人身检查和生物样本采集的侦查权力，在强化侦查取证的方式、对象上有重大进步，但同时也带来了对被采样人人格尊严、身体健康和隐私权侵犯的可能。对此，需要侦查取证进行统一规范，明确规定生物采集的种类、范围、适用条件、基本原则、批准程序、权利救济以及对隐私权、人格尊严的保护规则，禁止使用损害人体健康和尊严的方式采集样本。[②]确有必要的，采行价值衡量、比例原则进行具体把握。（3）规范技术侦查措施的施行。2012年《刑事诉讼法》丰富了侦查取证的权力，将监听、电子监控、秘拍密录等技术侦查措施，以及卧底、诱惑侦查等秘密侦查措施以及涉毒案件的控制下交付措施予以了合法化。在丰富取

---

① 参见宋志军《刑事证据法中的人道伦理》，《政法论坛》2008年第26卷第1期。

② 宋志军：《我国刑事人身检查制度探析》，《政法学刊》2007年第2期。

证手段、强化证据收集能力的情况下，也带来了隐私保护、人格尊严的保护问题。目前，刑事诉讼法仅对技术侦查措施适用的范围、对象、时间以及获取的证据材料信息保密等进行了规范，但对具体的审批程序规范还不足，有待司法解释进一步丰富。其中，不仅应构建隐私信息的保密制度，而且应完善隐私侵犯的惩戒措施，以利于隐私权的人格尊严的充分保障。

二　证据法中的人伦亲情保护

"家庭和谐是社会和谐的有机组成部分，而人伦亲情是维系家庭和谐的重要纽带。刑事证据法要实现维护家庭和谐与社会和谐的目标，就要确立人伦亲情伦理观，加强对人伦亲情的维护。"[①]当前，国家倡导社会和谐、家庭和谐，而只有维护人伦亲情才能有助于家庭、社会关系的稳定，只有社会最小单位的家庭和谐才能促成整个社会的人际关系和谐。其实，我国古代的亲隐原则就是人伦亲情伦理观的重要表现。亲隐是我国传统伦理与法律相结合的一条重要原则，体现了国家对维护社会秩序和维系家庭人伦亲情关系之间冲突的价值选择。亲属容隐，维护了"亲慈""子孝""兄友弟恭""夫妇忠诚"等基本人伦之理，有效地保护了骨肉之恩、夫妻之情、同胞之谊不因相互揭发指证犯罪而受到伤害，完全符合情理。[②]

与我国传统的亲隐原则相比，我国的法律制度却非常注重真实的发现，甚至为了社会的稳定和政治的安宁，不惜以破坏人伦亲情为代价，比如一贯倡导的"大义灭亲"，伪证罪、包庇罪的法律规范，以及证据立法上的"任何知道案件情况的人都有作证义务"的规定等，极大地破坏了我国传统的人伦亲情美德，抛弃了中国传统法律文化中的亲隐观，不能不说是我国法律制度发展上的一大"倒退"。因此，有学者主张"我们应当摒弃伦理和法律两极对立的思维方式，注意两者的结合，做到维护伦理而不违法，遵守法律而又维护伦理，从而使伦理、法律在尖锐的矛盾冲突中得以两全"。[③] 这种法律与伦理的辩证统一关系理解，为近年来证据法学的研究提供了新的观念。学者们开始吸收借鉴国外证据法律制度，在"亲属拒绝作证""证人豁免权"等证据伦理法律制度上作出了重要贡献。尤其是2012年《刑事诉讼法》立法，在强制出庭的人员中规定了"被告人的配偶、父母、子女除外"的规定，可以说在维护家庭和睦关系上迈

---

① 宋志军:《刑事证据法中的人道伦理》,《政法论坛》2008年第26卷第1期。
② 同上。
③ 张国均:《亲属容隐的合法性与合理性》,《伦理学研究》2005年第2期。

出了重要一步。但这还只是人伦亲情保护上的一小步，还需要进一步学习借鉴西方法治发达国家的证据立法经验，更需要深入挖掘我国传统亲隐制度的伦理价值与文化内涵，充实我国的证据法律制度的伦理观。相比较而言，我们更应该从中国传统伦理观念和亲情文化中去寻找人伦亲情的理论支点，而不是从西方的法律制度中去寻求依据。因为，中西方的伦理观念、文化背景以及法律传统都存在很大的差异，完全以西方的观念和理论作为我国证据立法的依据和理论基础是不适当的。"亲属容隐，是中华法系的成果和精神之一，也是现代法治国家的立法原则之一，以其贯通古今中外的精神对中国法治有积极的启发意义而值得借鉴，同时又是中国法制近现代化进程中丢掉的传统之一。"[1] 在我国证据法律制度的构建中，需要在关注亲属拒绝作证特权规则时，以人伦亲情伦理观为指导，深入研究我国传统与现代家庭伦理的精髓，使免证权人的范围、免证事项、例外规定和权利救济等制度切实符合传统伦理与现实国情。

三　证据法中的人之常情保护

"法律面对的是生活在现实中的人，人都有正常利益需求和趋利避害的本性，法律不能脱离现实而拔高对公民的道德要求，更不能超越现实、超越人性来制定法律，否则，将造成法律难以执行。科学的刑事证据立法应充分体现对人之常情的理解和尊重。"[2] 证据法中体现人之常情的尊重和保护，就是不能以法律的义务性要求破坏人之社会的常情、常理。比如，安全、经济、保密、和解等社会常情要求应该得到保证，否则，司法证明的活动就是一种沉重的负担，司法的社会可接受性就会大打折扣。

我国证据法律制度经过数十年的发展，如今已经在人之常情领域有了重大的突破。2012 年《刑事诉讼法》对证人、鉴定人、被害人的人身保护以及证人出庭的经济补偿，工作待遇都进行了立法规范[3]；同时，在刑事和解[4]、刑事调解以及国家秘密、商业秘密、个人隐私、职业秘密的保护上都有了立法规范；一定程度上体现了我国证据立法在人情关系、经济

---

[1] 范忠信：《中西法文化的暗合与差异》，中国政法大学出版社 2001 年版，第 74 页。
[2] 宋志军：《刑事证据法中的人道伦理》，《政法论坛》2008 年第 26 卷第 1 期。
[3] 《中华人民共和国刑事诉讼法》（根据 2012 年 3 月 14 日第十一届全国人民代表大会第五次会议《关于修改〈中华人民共和国刑事诉讼法〉的决定》第二次修正，2013 年 1 月 1 日起施行）第 62、63 条。
[4] 2012 年 3 月 14 日第十一届全国人民代表大会第五次会议通过的《关于修改〈中华人民共和国刑事诉讼法〉的决定》第五编特别程序的第二章，第 277 条至第 279 条。

考虑、安全顾虑、职业信赖关系、秘密保护上的关注。

  在看到人之常情证据立法上的进步之外，我们还需要看到不足和面临的难题。比如，人之常情与传统证据法律观的冲突问题，刑事和解与司法裁判的关系问题——是维护司法的权威性还是尊重个体意愿的人之常情。当然，人之常情已经成为证据法律制度的重要理念，更主要的是人之常情观念的进一步落实。比如，证人特免权制度中，还应进一步立法维护医患关系等职业秘密；建立允许当事人在一定程度上就证据能力、证据方法、证明对象等事项达成合意证明的证据契约制度以及深化证据拒绝作证的保护范围；等等。

第三章 死刑控制的证据原则

基本原则是法律规范构建的脊梁,是基本法律制度、具体法律规范构建的直接指导思想。就证据法而言,"证据法的基本原则,又称为证据原则,是指制定与证据有关的法律规定时应该确立的原则和在司法实践中运用证据证明案件事实时应该遵守的原则"。① 就特殊的死刑案件的证据控制而言,基本原则的确立是非常重要的,既是死刑控制的基本思想在证据制度上的体现,也是构建死刑证据规则的直接指导准则。通过确立死刑控制的证据原则,可以为死刑证据控制的立法、司法提供基本的指导规范,有助于死刑证据控制思想全面、准确、具体的实现。

第一节 证据法治原则

法律是治国之重器,法治是国家治理体系和治理能力的重要依托。党的十一届四中全会提出全面推进依法治国的战略决定,标志着我国法治建设进入了关键期与全面发展的战略期。

一 法治到证据法治

法治有两种表述一是"法律治国(rule of law)",二是"依法治国"(rule by law)。这两种表述涵盖了法治的基本内容——"已成立的法律获得普遍的服从,而大家所服从的法律又应该本身是制定良好的法律。"② 据此,法治是有别于人治的治国理念,通过制定良好的法律,治理国家,维护社会的稳定与发展。

"法治以司法制度为基础,司法以证据制度为基础。"因此,"证据是

---

① 何家弘、刘品新:《证据法学》,法律出版社2004年版,第三章引言。
② [古希腊]亚里士多德:《政治学》,吴寿彭译,商务印书馆1965年版,第199页。

法治的基石，是实现司法公正的基础"[①]。证据法治是法治的基本内涵之一。按照法治的精神要义，法治主要有两项基本功能：一是限制公权力；二是维护人权。在死刑证据控制中，证据法治的基本要义也是如此：通过立法，制定科学、合理、公正的证据法律制度，实现追诉死刑的公权行为得以文明、公正地行使，进而维护被追诉者的人权，尤其是生命权益的保障。

二 证据法治原则

为达到"限制、控制死刑"的刑事政策，既需要合理规范追诉死刑的公权力，也需要切实保障被告人等的人权。要通过证据控制死刑，则证据法律制度的构建需要贯彻法治精神。按照法治精神，构建证据法律制度，即证据法治原则。

在死刑证据控制中，证据法治原则的基本内容有：一是立法构建死刑控制的证据法律规范，合理规范死刑追诉权、审判权的行为，实现死刑证据控制有法可依的目的，这是证据法治原则的前提条件，是法治原则的存在基础。二是证据立法必须制定反映法治文明进步要求的证据法律规范，也就是证据法律必须是善法、良法。比如，证据立法必须体现惩罚犯罪与保障人权对立统一的关系，必须体现实体正义、程序正义的基本要求，必须规范、限制公权行为，实现各种权利、价值的合理平衡。三是构建证据法律规范的司法运行制度，确保死刑证据控制的法律规范得以有效施行，这是证据法治的基本保障。正所谓"徒法不能自行"，没有良好的司法做保障，再好的立法都将成为一纸废文。在死刑证据控制中，依据证据法治精神，应建立证据法律制度运行的证明程序规范，科学合理的权责分工以及违法、失职的程序制裁、证据禁止制度；等等。

三 我国证据法治现状分析

就我国证据立法而言，离证据法治的基本要求还有很大的差距。一是证据立法不够完善。1996年《刑事诉讼法》只有8条证据规定，虽然最高人民检察院、最高人民法院的司法解释充实了一些证据法内容，但仍然无法掩盖证据立法不足的缺陷，造成司法实践中，无法可依，自由裁量性大。直接的后果就是，"近3年来，每年因事实、证据问题不核准的案

[①] 张保生、常林：《中国证据法治发展报告》，中国政法大学出版社2011年版，前言。

件，均超过全部不核准案件的 30%"①。随着 2010 年《办理死刑案件证据规定》和《非法证据排除规定》两个司法解释的出台，可以说我们证据法律规范得到了极大的充实与完善。但这些新的证据法规范，仍有很多的缺陷，比如说过多强调定罪证据问题，忽视了死刑量刑证据问题，而死刑量刑才是死刑案件的特殊之处、关键所在。2012 年新修订的《刑事诉讼法》在一定程度上丰富了我国的证据立法，从原来的 8 条增加到 16 条，但其中对死刑的证明问题并没有做突出立法规范，而在量刑证明规范上仍显得立法规范阙如。二是证据立法位阶低。就 2010 年新颁行的两个《证据规定》而言，其法律性质也就是司法解释，还没有上升为国家的基本法律。在司法实践中应用的证据法基本都是以司法解释和地方性证据规则为准，造成各地证据规定"百花齐放"的状态。② 三是立法模式没有真正确立，既有遵循英美统一证据规则的立法模式倡导，也有尊重诉讼类型、司法实践现状的分别立法模式设想，还有诉讼法内构建与诉讼法外单独构建以及地方实践立法先行再国家统一立法总结的不同主张。③ 这些都体现出我国证据法治的立法精神没有得到真正的贯彻落实，这又何谈证据法治的司法精神呢。

四　我国证据法治的推进

我国亟须在证据立法上做足功夫，以切实体现证据法治在死刑案件证据控制上的功能。首要的就是证据立法。首先，应对立法模式尽快做出选择，无论是单行立法模式，还是混合立法模式，都各有其利弊。无论何种模式选择，证据立法完善是关键目的所在。其次，提高证据立法的位阶，恢复其基本法律规范的法律定位。再次，构建体系完善的证据法律规范。从立法目的、法律原则、法律制度、法律规则等方面进行全面的立法。当然，立法更关键的是要立善法、良法，证据法律体系要反映人类文明进步程度、我国国情与实践的基本要求。比如，证据立法应体现人权保障思想，体现对死刑的严格控制目的，体现证据裁判的基本精髓等。立法完善

---

① 《把好事实、证据关，提高死刑案件质量——最高人民法院刑三庭副庭长吕广伦就〈办理死刑案件证据规定〉和〈非法证据排除规定〉答记者问》，《中国审判》2010 年第 7 期。
② 参见房保国《刑事证据规则实证研究》，中国人民大学出版社 2010 年版，第二章。
③ 参见中国人民大学法学院组编《2006—2007 年度中国法学研究报告》，中国人民大学出版社 2009 年版；中国人民大学法学院组编《2008 年度中国法学研究报告》，中国人民大学出版社 2010 年版。

是证据法治的前提与基础,之后才是证据司法问题,从目前来看,我国应双管齐下,既要完善立法,又要严格司法;既要理论研究,又要司法实践,相辅相成共同推进我国证据法治的建设。刑事证据法的建设是我国社会主义法治建设的重要组成部分,按照社会主义"依法治国"的基本方略,推进我国的刑事证据法制建设,构建现代、科学、文明的刑事证据法律制度;反之通过构建适应我国国情,并反映法治理念发展方向的现代刑事证据制度,也会有力地推进我国社会主义法治建设。

第二节 证据为本原则

法谚云:"在法庭上,只有证据,没有事实。"证据乃司法裁判之事实根据,是司法公正之基石。因此,构建证据为本原则将是死刑案件证据控制的基本要义。

一 "证据裁判"抑或"证据为本"

诉讼文明发展到现在,证据裁判原则已经成为诉讼活动的一个基本准则。关于证据裁判原则,学界有两种不同的表述,一是"证据裁判"① 原则;二是"证据为本"② 原则。"依据证据认定事实的原则"③ 即为证据裁判原则(也称证据裁判主义)——"刑事裁判,应凭证据,即采所谓证据裁判主义,故无证据之裁判,或仅凭裁判官理想推测之词,为其裁判基础者,均与证据裁判主义有违"④。"所谓证据为本,就是说在司法活动中认定案件事实必须以证据为本源,司法证明活动必须以证据为基石。换言之,司法裁判必须建立在证据的基础之上,因此又称为'证据裁判主义'。"⑤ 两种不同的表述表达了同一个核心的观念,那就是司法裁判应以证据为根据,而不是"以事实为根据",更不是以"神的意旨"或者统治阶级的"法定意志"为根据。因此,学界普遍认为"证据为本"原则即为"证据裁判"原则。但两种表述的功能、观念还是有一定差别的。证

---

① 参见陈卫东主编《刑事诉讼基础理论十四讲》,中国法制出版社2011年版,第340页。
② 参见何家弘、刘品新《证据法学》,法律出版社2004年版,第79页。
③ [日] 田口守一:《刑事诉讼法》,平成17年(2005)第4版,第335页。
④ 陈朴生:《刑事证据法》,台北三民书局1984年版,第13页。
⑤ 何家弘、刘品新:《证据法学》,法律出版社2004年版,第79页。

据裁判原则是以裁判活动为中心构建的证据原则体系，体现出诉讼活动的"审判中心论"思想，以裁判的根据——证据为核心，衍生出证据资格要求、证明程序规范、裁判理性公正等证据法律体系。而证据为本原则，则是以司法活动中的证据为核心，强调证据在事实认定上的本源和基础性地位，不以"审判为中心"而是以整个司法证明程序中的证据、证明规范的文明构建为切入点，推动整个证据法律体系的建设。更具体地说，证据为本更加强调证据的取证环节、举证、质证活动，因为这是能保证证据裁判原则得以落实的根本。从我国死刑案件中的证据问题来看，更多的不是审判中的证据问题，而是侦查取证中的问题，比如刑讯逼供，缺失鉴定核实，重要客观证据没有提取、没有鉴定，缺乏笔录记载、没有辨认、指认的证据印证核实以及证据保管不力等。① 因此，笔者更倾向于以"证据为本"原则为死刑控制的证据原则。

二 死刑控制中的证据为本原则

按照"证据为本"原则的要求，对死刑的证据控制应当做好以下几点：一是确立依据证据进行事实裁判的理性认识，这是证据裁判原则的实质内涵②。也就是说司法裁判，应"以证据为根据，以法律为准绳"③，运用理性和良知进行司法裁决。这是证据为本原则的核心理念，体现出司法裁判观念上的重大转变——由"以事实为根据"转变为"以证据为根据"，即司法裁判应以证据所构成的法律事实为根据，而不是以"客观事实""主观事实"为根据。唯此，方能在死刑案件中，更加准确、客观地进行裁判，用证据说话，彻底贯彻无罪推定思想、摒弃"疑罪从轻"的错误做法。

二是构建证据资格规范体系，确保裁判的依据客观、真实、合法，这是证据为本原则的基础。"据以定案的证据必须是有证据能力或可采性的证据。"④ 为此，在死刑证据控制上，应规范各种形式证据的法定资格，确立不同类型非法证据的法律后果，严格证据的资格审查程序与方法。

---

① 参见张军主编《刑事证据规则理解与适用》，法律出版社2010年版。
② 李静：《证据裁判原则初论——以刑事诉讼为视角》，中国人民公安大学出版社2008年版，第19页。
③ 参见何家弘《"事实"断想》，《证据法学论坛》（第1卷），中国检察出版社2000年版，第5页。
④ 何家弘、刘品新：《证据法学》，法律出版社2004年版，第79页。

三是确立司法证明的程序规范,尤其是证据的庭审调查程序规范,确保"用于定案的证据必须是在法庭上查证属实的证据"①。庭审证据调查程序是最后的证据审查环节,非常关键,因此是证据为本原则特别关注的一个证明环节,应作为司法证明程序规范的关键环节。但是,证据的发现、固定、提取、保管、审查等取证环节也不容忽视,这是基础性环节、前提性环节。死刑案件的证据问题,更多的是取证环节上的问题,质证审查中发现的证据问题,也多是取证环节上的问题。如果取证环节的问题得以妥善解决,则举证、质证、认证环节就能更有效、更准确地运行,司法公正的目的也才能更好地实现。

三　我国证据立法的不足与完善

两高三部的两个《证据规定》的出台以及2012年《刑事诉讼法》的通过,有力地推动与贯彻了死刑案件证据为本原则。一是丰富了证据的法定形式,确立了新型的证据种类——电子数据,也恢复了鉴定意见这一更为科学、准确的表述形式。二是确立不同证据形式的审查、判断规则,确保了证据资格的合理规范。三是确立了非法证据排除程序规范,既保证了证据资格的严格规范,又促进了司法证明合理、合法性。四是确立了证人、鉴定人以及警察、专家证人的出庭作证制度,使得庭审质证程序更加完善。五是完善了司法证明标准要求,并细化了"证据确实、充分"②的标准要求,有利于证明标准的统一认识与把握。但是严格按照证据为本原则的要求,审视这些法律规范仍有很多的不足:一是证据裁判观念仍有待尽快扭转。比如《办理死刑案件证据规定》第2条虽然立法确立了证据裁判原则的基本思想,但高层司法机关的主体认识仍是坚持"以事实为根据"的裁判理念。③ 二是证据规范更多的是突出庭审证明程序,而忽视了审前程序的证明规范。三是庭审证明程序仍有不足,如对质质证规则仍不完善;警察出庭作证情形仅限于非法证据排除的情形;死刑量刑程序证据规范还没有真正确立,并没有真正把握死刑证据控制的关键问题等。

---

① 何家弘、刘品新:《证据法学》,法律出版社2004年版,第79页。
② 《中华人民共和国刑事诉讼法》(根据2012年3月14日第十一届全国人民代表大会第五次会议《关于修改〈中华人民共和国刑事诉讼法〉的决定》第二次修正,2013年1月1日起施行)第53条2款规定:"证据确实、充分,应当符合以下条件:(一)定罪量刑的事实都有证据证明;(二)据以定案的证据均经法定程序查证属实;(三)综合全案证据,对所认定的事实已排除合理怀疑。"
③ 张军主编:《刑事证据规则理念与适用》,法律出版社2010年版,第44—45页。

第三节 综合取证原则

按照证据完整性理论、沉没成本理论,为获取最终的事实本真,必然要有全面、细致与充分的证据资讯做支撑,因而,取证环节的"综合取证原则"成为司法证明的前提与基础保障。

一 何谓"综合取证"原则

所谓"综合取证"原则,是指取证不仅要全面,而且取证工作要细致、充分,要充分认识到取证环节的重要性。按照该项原则要求:一是司法证明对象要全面;二是司法证明环节要突出取证环节的重要性。

二 死刑案件证明对象的广延性

按照我国现行刑诉法的规定,能够成为证明对象的主要是实体法事实、程序法事实。实体法事实主要是指"七何"要素,即"何事、何时、何地、何情、何故、何物、何人"[1],更具体的是刑事实体法规范的有关定罪与量刑的构成要件事实。这样,传统实践中能够成为刑事证明对象的主要是实体法规范的事实和诉讼程序法规范的事实。在死刑案件中,为达到死刑控制的目的,对裁判的准确性要求更加严格。为此,死刑案件中的证明对象应该更加全面、细致,将不再局限于具体罪名中的犯罪构成要件事实,而要将更多的犯罪细节都要查清楚,这样才能确保死刑犯罪事实的认定全面、细致与准确。同时,不仅定罪事实需要证明,而且量刑事实也需要证明,尤其是那些从重情节和适用死刑的犯罪事实情节更要查清。更重要的是为保证死刑适用的审慎性,对可以不适用死刑的情形也应该进行全面的司法证明,比如从轻情节、减轻情节、免除刑罚情节、酌定的从宽情节等,这些情节的证明对更加合理地适用死刑能起到非常重要的参考价值,有助于使死刑适用更加审慎。

三 取证环节的重要性

司法实践充分证明,"现场有充分的证据证明犯罪,但还要有充分

---

[1] 何家弘、刘品新:《证据法学》,法律出版社 2004 年版,第 211 页。

细致的取证工作来固定现场的证据，要做到综合取证"。① 犯罪现场是遗留有犯罪证据最多的地方，也是证据最新鲜的时刻，这是确保真实发现的最为关键的环节。因此，取证环节是司法证明环节中最为基础性的环节，直接影响到后续证明环节的内容和质量，决定刑事案件的最终定性。"以往实践中，只要有被告人口供，就认为是最根本的证据在卷，杀人有尸首，被告人也供认，其他的取证工作就觉得是多余，不去做了。"② 取证工作不夯实，直接导致的就是冤假错案的大量发生。据此，虽然质证、认证环节是审查、判断证据的关键环节，但取证、采证环节是证据来源可靠、证明能否充分的基础和前提。按照综合取证的要求，取证环节理应得到最为充分的关注，这是确保证据获取全面、真实可靠、行为合法的根本所在。

四 综合取证原则的要求

按照综合取证原则的要求，死刑案件的证据控制应该确立原始证据优先规则、非法证据排除规则、现场保护规则、及时取证规则、全面细致采证规则、证据保管链规则、证据审查规则等，通过这些具体规则的构建，确保死刑案件定罪、量刑的证据能够收集得更充分、更全面、更细致，严格规范侦查取证行为，确保证据的合法性、真实性。这样，才能实现死刑证据控制的目的，使得死刑适用依据全面、适用准确、罚当其所。

两个《证据规定》的出台，确立了原始证据优先规则、非法证据排除规则及其程序、单个证据审查规则和证据综合审查规则等，使得综合取证原则得到了比较具体的体现。但是，审判中心论思想使然，综合取证原则注重侦查取证环节的思想贯彻还不够充分，亟须进一步的理论研究与立法规范。

按照综合证明原则的要求，在死刑案件中全面地收集证据、全面地审查证据、全面地衡量证据对确保死刑定罪的准确性，量刑的合理可接受性起着基础性的作用。《办理死刑案件证据规定》第6条（五）项确立了全面收集物证、书证规则；第7条确定了庭审阶段补充侦查取证规则；第36条确立了量刑情节全面审查原则。分类审查和综合审查确保了审查全面规则的实现。除此之外，尚需要从以下几方面进行完善。

（1）取证全面，不仅限于物证、书证，还包括其他各种证据种类，

---

① 张军主编：《刑事证据规则理念与适用》，法律出版社2010年版，绪论第10页。
② 同上。

尤其是对量刑证据而言，有些证据材料不符合定罪证据要求，但可以作为量刑证据使用，比如社会调查报告等。

（2）强化法官全面审查证据的义务，这是我国职权主义诉讼模式的特点，不仅要审查定罪证据，而且要重点审查量刑证据，不仅定罪证据证明要充分，而且从重处罚的事实情节，对适用死刑起到关键作用的量刑情节也需要充分证明。

（3）继续丰富与强化量刑证据的收集、审查，构建多主体参与的证明责任、义务体系，以及定罪量刑证明程序相对分离的程序制度等。

第四节 强制证明原则

死刑案件，生死攸关，证据为本原则要求证据是裁判的根据，因此，证据是否确实、充分至关重要。为了保证死刑案件能够收集到确实、充分的证据，除了按照诉讼、证据的价值理念规范证据外，还需要构建强制证明原则。

一 何谓"强制证明"原则

所谓"强制证明"原则，是指在死刑案件司法证明活动中，有些证据是司法证明必不可少的，必须具备的证据，必须取得并运用于司法裁判之中。该原则要求：

1. 证据必备规则

此规则要求，为保证死刑定罪与量刑的准确、合理与公正，某些种类证据必须具备。比如 DNA 证据极高的同一认定概率和在纠正错案上的重要价值[1]，死刑案件中，如果存在 DNA 鉴定检材，则必须进行 DNA 鉴定，否则，不能判处死刑。同理，被告人供述与辩解既是重要的证据形式，也是被告人权利保障的重要表现形式，死刑的适用应有被告人供述和辩解证据存在，否则，不能轻易判处死刑。此外，那些关涉死刑能否适用的量刑情节证据都应该进行采集、审查和认

---

[1] "美国 1989 年用 DNA 技术发现了第一起错案，到 2007 年一共发现了 201 起错案，通过 DNA 排除了被告人的嫌疑，无罪释放。"摘自张军主编《刑事证据规则理念与适用》，法律出版社 2010 年版，绪论第 11 页。

定，确保死刑适用的审慎。

2. 证据强制采集规则

对于死刑案件中必备的证据，应该强制性地规范，既要求公安司法机关必须严格履行法定职责，而且要求被采集对象有义务配合取证。比如，强制采样规则、极力说服被告人提供证言规则，证据协力义务等。

3. 惩戒规则

对取证工作不力，没有完成强制采样义务的公安司法机关，要承担死刑不能适用的后果；对违反协助义务的公民和诉讼参与人应有必要的行政或者法律制裁。

二 我国立法现状及其发展完善

从我国现行相关证据立法与司法实践来看，已经有一些强制证明原则精神的体现，比如，《办理死刑案件证据规定》确立的"案件事实清楚，证据确实、充分"的证明标准要求，对取证的全面性和强制性提供了标准和条件；2012年《刑事诉讼法》第130条确立的强制人身检查、生物样本采集规定，第八节技术侦查措施的立法规定等为取证的强制性提供了依据；两个《证据规定》和2012年《刑事诉讼法》关于非法证据排除规则的相关规范，比如笔录形式要件要求、物证需要鉴定等推动了证明必须完备，取证充分的基本要求；通过2012年《刑事诉讼法》第192条确立的"专家辅助人制度"，第57、58条有关侦查人员、证人、鉴定人强制出庭作证的规定以及第193条庭审定罪、量刑证据都应当调查、辩论的强制要求等方面对必要性证据要求、必要性证明程序要求都进行了重点规范。

但我们也应该看到我国证据立法与司法实践在强制证明中的不足之处：比如增强证明力的DNA强制鉴定规则，确保权利保障、真实发现的口供应当获取规则，重要物证必须鉴定、辨认以核实印证等规则、规范还没有确立。这些也是司法实践中经常出现的证据问题：重要物证没有提取，重要物证上的血迹等样本没有及时进行鉴定，没有进行辨认印证以及DNA检材没有进行鉴定，甚至搜查、扣押活动缺失笔录记载，证人、鉴定人不出庭，警察不出庭仅仅出具情况说明等，导致案件最终不能认定，死刑适用难以定夺。这些司法实践中突出的证据问题，有必要通过体现强制证据原则的规范进行具体约束，确保证据收集、审查、判断的全面、细致要求能够具体落实，证明标准能够在有充分、高质量证据的保障下得以实现。

第五节　证明程序法定原则

程序法定原则是现代法治原则在诉讼领域的重要表现，并已成为近现代法治国家普遍遵循的一项基本原则。当前，程序法定原则已经成为评判一个国家法治状况、民主程度的重要标准，它对于维护近现代社会的法治秩序发挥着重要作用。

一　程序法定原则的基本精神

按照程序法定原则的精神要义，法治即程序之治，通过设置正当的程序实现限权和维权的双重目的，让立法、司法行为在程序规范下有序运行。

按照程序法定原则的基本要求，首先，立法确立法律程序；其次，法律程序应当是正当的程序；再次，程序应当得到严格的遵守；最后，违反法定程序则会有程序性制裁。

二　死刑证据控制之程序法定原则

证据法领域，司法证明的过程是确保证据资格和实现证据效力的手段与途径。规范取证、举证、质证和认证的司法证明过程，实现程序之治，是确保证据法定资格、贯彻证据为本原则、实现司法证明的目的与价值的根本路径。在死刑控制的证据领域，实现司法证明程序法定原则，可以有效地约束公权取证行为，维护以犯罪嫌疑人、被告人为核心的诉讼参与人的人权，确保死刑案件中证据的证据能力，规范证据证明效力的认定，最终实现死刑案件证据裁判原则，达到控制与限制死刑适用的目的。

为此，死刑案件的证据控制应实现程序法定原则：一是立法确立司法证明程序规范；二是按照正当程序理念规范证明程序；三是重点规范取证环节和审查质证环节；四是构建程序制裁制度；五是转变观念、严格司法。

三 我国立法现状及其发展完善

一般认为,《办理死刑案件证据规定》第 3 条①确立了死刑案件证据法领域的程序法定原则②,并针对 1996 年《刑事诉讼法》施行后,司法实践中出现的问题③进行了比较全面的规定,比如通过证据种类的分类审查与认定规则,规范了各类证据的审查内容,明确了证明程序规范。但总体看,《办理死刑案件证据规定》离程序法定原则的要求还有很大的差距。

首先,程序法定原则的确立应以立法为之,而不是司法解释。一个《办理死刑案件证据规定》不能真正确立法律意义上的程序法定原则,需要尽快通过刑诉法修正案或者单行证据立法确立死刑案件证明程序法定原则。2012 年《刑事诉讼法》已经将程序法定原则作为重要的证据原则予以确立,这为死刑案件证据程序法定提供了立法依据。

其次,《办理死刑案件证据规定》是从实质方面规范证据的审查、认定的内容,主要是从证据资格角度进行证据规范的,而不是从证明程序,尤其是取证程序规范角度进行规范的,对一些重要的取证方法和程序没有具体规范。这也需要从立法角度对特殊侦查行为,比如秘密取证、技术取证、电子监听等取证行为进行规范,可喜的是 2012 年《刑事诉讼法》已经确立了技术侦查取证的合法性,但关于技术侦查的程序控制仍需要司法解释进行完善。同时,对现场勘查、证据保管、搜查、鉴定、质证程序完善上进行立法,确保证明程序过程正当、合理。

最后,完善司法制度,贯彻程序法治理念,构建程序性制裁制度。虽然《非法证据排除规定》确立了非法证据排除程序,《办理死刑案件证据规定》确立了非法证据补正规则和法官裁量规则,丰富与完善了程序性制裁制度,但是警察出庭作证、证人出庭作证的司法保障制度仍需要进一

---

① 最高人民法院、最高人民检察院、公安部、国家安全部、司法部《关于办理死刑案件审查判断证据若干问题的规定》第 3 条:"侦查人员、检察人员、审判人员应当严格遵守法定程序,全面、客观地收集、审查、核实和认定证据。"
② 参见张军主编《刑事证据规则理念与适用》,法律出版社 2010 年版,第 54 页。
③ "1. 没有切实重视实物证据的收集、保全、固定和保管工作;2. 对重要言词证据未依法收集、调取,或者取证不规范;3. 现场勘验、检查不规范,导致证据来源存疑或者证明价值降低或者丧失,从而影响案件事实的正确认定;4. 忽视案件中被告人事实犯罪行为以外其他重要事实、情节的证据收集、审查,影响案件的正确定罪量刑。"摘自张军主编《刑事证据规则理念与适用》,法律出版社 2010 年版,第 57—58 页。

步完善，确保程序法定原则的贯彻落实。

第六节　定罪量刑证明程序分离原则

"量刑是否公正问题不仅关系到国家刑事法制的统一和人权的保障，而且关系到能否在刑事司法领域实现公平正义，关系到人民法院的公信力和权威性……"① 因量刑程序的重要意义和独立的价值，量刑程序改革成为近年学界和司法实务界研究与试点的重要课题。

一　我国量刑程序改革中的问题

归纳起来，我国量刑程序改革面临的理论问题主要有两个方面：一是定罪与量刑的程序关系模式，主要有两种观点：定罪与量刑一体化模式和定罪与量刑分离模式。② 二是量刑程序模式的具体构建，主要有三种观点③：简易程序的"集中量刑模式"，"认罪审理程序"的"弹性的交错量刑模式"和普通程序的"独立量刑模式"。

其实，根本的问题就是量刑程序是否具有独立性，区别于定罪程序。越来越多的研究表明，"定罪与量刑属于不同的实体问题；量刑程序与定罪程序之间存在重大差别；对抗制诉讼模式的要求"。④ 量刑程序应该有其自身的正当性，有助于量刑实体公正的实现。至于具体的模式设计则要根据国情、诉讼模式、程序类型、案件种类等进行恰当的选择。

二　死刑量刑程序的独立性

就死刑案件而言，死刑刑罚的适用关涉自然人的生命权利，为保证死刑适用的正当性，需要认真对待死刑案件的量刑问题，应当构建完善的量刑程序规范。量刑活动涉及的证据资格要求、证明标准、证明责任、证明对象等与定罪程序的巨大差异性使然，量刑程序的独立性也非常有必要。定罪程序中适用的无罪推定原则、程序正义理念、证据裁判主义理念等在

---

① 李玉萍：《程序正义视野中的量刑活动研究》，中国法制出版社 2010 年版，第 195 页。
② 参见陈瑞华《定罪与量刑的程序关系模式》，《法律适用》2008 年第 4 期；陈卫东《定罪与量刑程序分离之辩》，《法制资讯》2008 年第 6 期。
③ 参见陈瑞华《量刑程序中的理论问题》，北京大学出版社 2011 年版，第 125 页。
④ 参见陈增宝《构建量刑程序的理性思考》，《法治研究》2008 年第 1 期。

量刑程序中都无法再完整地发挥作用,[①] 这种程序理念上的特殊性,要求量刑程序应具有自己的理论体系。因此,死刑案件定罪与量刑程序应当贯彻分离原则,适用不同的证据规则体系。这里,定罪与量刑的程序分离,可以是相对分离也可以是绝对分离,根本在于量刑程序应有其独立性、完整性。

三 定罪与量刑证明程序分离设计

为确保死刑定罪的准确性、量刑的公正性,有必要实行定罪与量刑不同的证明体系——定罪程序基本适用严格证明原则、量刑程序基本适用自由证明原则。死刑案件的定罪与其他类型犯罪的定罪在证明主体、证明责任分配、证明对象、诉讼模式、诉讼阶段等方面基本是相同的,因此,证据规则体系也应该是统一的。但为保证定罪的准确性、公正性,有必要实行严格证明原则:规范证据资格、规范证明程序——尤其应突出取证程序和质证程序的重要性,严格定罪司法证明。在量刑程序上,对证据资格要求、证明责任分配、证明标准、诉讼关系、证明对象等方面都有不同于定罪程序的内容,其证明的要求在于更广泛地收集量刑信息,更充分地关注被害人、被告人的诉求,再加上平等对抗的当事人关系,保护人权的基本理念使然,量刑程序应实行自由证明原则——在证据资格上要求不高,在于更广泛地收集量刑信息,体现刑罚的个别化思想;在证明责任分配上更多地体现出当事人诉权因素,贯彻"谁主张、谁举证"的分配原则会更加合理;在证明标准上,因为死刑慎刑思想和保护被告人人权观念使然,有利被告人的证明对象不需要太高的证明标准,一般主张优势证据即可,甚至在真伪不明时贯彻有利被告的原则;死刑的量刑证明对象,不同于定罪的证明对象主要限于实体法的构成要件,而会有更多的量刑因素——需要对犯罪前后的个人情况、性格品质、社会评价、社会贡献、可改造情况、政治因素、社会形势、文明进步程度等进行综合考量,因此,证明对象的要求会更多、更全面。当然,死刑案件定罪与量刑分离,适用不同的证明原则要求,仅是一般性的规范,在具体证据规则构建中,会针对不同的特殊情况有更为细致的证明规范要求。比如,有些量刑情节既是定罪情节又是量刑情节,这些情节应适用定罪的证明原则要求;从重情节是不利于被告人的,是可能适用死刑的情节,对其的证明标准要求应该更加严

[①] 参见陈瑞华《论量刑程序的独立性———种以量刑控制为中心的程序理论》,《中国法学》2009 年第 1 期。

格，适用定罪的证明标准要求。

两个《证据规定》的出台，已经丰富与完善了死刑定罪的严格证明规则要求，并对某些量刑证据问题进行了规范，比如被告人年龄的证明①，就适用了优势证明的标准要求，对从重情节适用了严格证明要求②。但整体来看，对量刑证明原则、证据规则体系规范不多。这既与当前量刑程序独立性研究蹒跚起步，并未真正立法构建有关，也与我国证据立法体系不完善有关，限制了量刑程序证据规范构建。基于死刑案件的特殊性，有必要以其为标的，深入探讨量刑问题，以推动我国量刑程序的规范化研究、推进量刑证据理论与规范体系的完整构建。

第七节 印证原则

目前，印证证明理论已经在我国理论与司法中获得了广泛的认可与实践。在死刑案件中有必要明晰印证证明理论的指导性作用，确立相应的证据原则。

一 印证原则确立的合理性

所谓"印证"，是指"两个以上的证据在所包含的事实信息方面发生了完全重合或者部分交叉，使得一个证据的真实性得到了其他证据的验

---

① 最高人民法院、最高人民检察院、公安部、国家安全部、司法部《关于办理死刑案件审查判断证据若干问题的规定》第40条："审查被告人实施犯罪时是否已满十八周岁，一般应当以户籍证明为依据；对户籍证明有异议，并有经查证属实的出生证明文件、无利害关系人的证言等证据证明被告人不满十八周岁的，应认定被告人不满十八周岁；没有户籍证明以及出生证明文件的，应当根据人口普查登记、无利害关系人的证言等证据综合进行判断，必要时，可以进行骨龄鉴定，并将结果作为判断被告人年龄的参考。未排除证据之间的矛盾，无充分证据证明被告人实施被指控的犯罪时已满十八周岁且确实无法查明的，不能认定其已满十八周岁。"

② 最高人民法院、最高人民检察院、公安部、国家安全部、司法部《关于办理死刑案件审查判断证据若干问题的规定》第5条3款："办理死刑案件，对于以下事实的证明必须达到证据确实、充分：（一）被指控的犯罪事实的发生；（二）被告人实施了犯罪行为与被告人实施犯罪行为的时间、地点、手段、后果以及其他情节；（三）影响被告人定罪的身份情况；（四）被告人有刑事责任能力；（五）被告人的罪过；（六）是否共同犯罪及被告人在共同犯罪中的地位、作用；（七）对被告人从重处罚的事实。"

证。"① 通过证据、事实之间的相互印证关系实现证据审查判断、证明力认定乃至证明标准的心证形成，从而实现司法证明的准确性，此即为印证方式证明手段。突出"印证"的基本特点，学界对证据、证明中的印证关系进行了分析研究，形成了"印证模式"②"印证规则"③"证明标准""法定证明方式"等的不同认识。这些不同的认识恰恰反映了印证方式在证据属性、证明力、证明标准乃至裁判制度等多个证据领域中的重要作用。这种来源于我国司法实践经验，在证据领域具有重要指导性作用的证明方式，是否能达到与神示证明、法定证明和自由心证并驾齐驱的地位，成为一种新的证明模式，还需要深入的理论论证和实践检验，尤其是需要对诉讼证明、诉讼程序的整体制度特色进行印证性分析与体系性构建，才能实现其独立的证明模式地位。因此，印证证明模式一说还有待商榷。将"印证方式"定义为一种全新的"证据规则"，凸显其在证据规范层面的价值，有务实之感，但也有其不足之处，因为，印证方式不仅是对证据资格的审查规则、证明力的认定规则，也是自由心证的约束机制、证明标准的保障措施，因其贯穿证据与证明的整个领域，甚至深入裁判领域等而凸显其指导性的地位。因此，用"印证原则"代替"印证规则"一语概括其在证据领域中的地位，有其合理性。

二　印证证明方式存在的合理性

印证方式主要在三个领域发挥作用：一是证据之间的去伪存真，相互补强；二是证明力判断的支撑依据；三是证明标准的客观性判断的重要方法。理论、实务界之所以推崇印证证明方式，主要是因为印证方式是证据真实性审查判断的经验方法，并与我国的诉讼模式、证明模式有一定关系。首先，证据之间的相互印证，是实现证据真实性保障的重要方法，确保了我国证据客观性的基本属性要求；其次，证据之间的相互印证，排除了证据之间的矛盾，推动了我国间接证据"证据锁链原理"证明的要求；再次，证据之间的相互印证，提供了证据证明力判断的支撑依据；复次，我国"案件事实清楚，证据确实、充分"的客观证明标准要求，通过证据的相互印证方式得到了很

---

① 陈瑞华：《论证据相互印证规则》，《法商研究》2012 年第 1 期（总第 147 期）。
② 参见龙宗智《印证与自由心证——我国刑事诉讼证明模式》，《法学研究》2004 年第 2 期。
③ 陈瑞华：《论证据相互印证规则》，《法商研究》2012 年第 1 期（总第 147 期）。

好的诠释，找到了判断客观证明标准的一个重要途径，也规范限制了法官司法裁量的自由心证，变相地增强了其心证的判断底气；最后，证据印证要求也对侦查取证的全面性、客观性提供了理论支撑。我国注重查清事实、强化司法公权控制诉讼的模式使然，也为印证证明方式的确立提供了诉讼制度的空间，在诉权对抗性、平等性保障还不充分的前提下，通过证据之间的印证关系，实现证据的真实属性，确实是一个既有理论基础也有实践价值的经验总结。

三　印证原则的立法体现

根据我国刑事证据相关立法，证据印证原则体现在证据领域的各个方面，以我国死刑案件为证据完善的突破点，两高三部的《办理死刑案件证据规定》已经比较全面地反映了印证原则的基本内容。

一是从证据的资格角度看，证据印证体现为单个证据内容上的前后相互印证，或者同一证据不同时间、司法环境下的相互印证以及不同证据之间的相互印证关系。比如庭前不同供述笔录之间，庭前与庭上证人证言之间以及言词证据相互之间的相互印证。[1] 勘验、检查笔录与被告人供述、被害人陈述、鉴定等其他证据能否相互印证，有无矛盾的相互印证规范要求。[2]

二是从证明力角度，确立了证据相互印证证明力更强的规则，比如根据被告人的供述、指认提取到的隐蔽性很强的物证、书证，能与其他证据相互印证，并排除串供、逼供、诱供等可能性的，可以认定有罪[3]。

---

[1] 最高人民法院、最高人民检察院、公安部、国家安全部、司法部《关于办理死刑案件审查判断证据若干问题的规定》第22条："对被告人供述和辩解的审查，应当结合控辩双方提供的所有证据以及被告人本人的全部供述和辩解进行。被告人庭前供述一致，庭审中翻供，但被告人不能合理说明翻供理由或者其辩解与全案证据相矛盾，而庭前供述与其他证据能够相互印证的，可以采信被告人庭前供述。被告人庭前供述和辩解出现反复，但庭审中供认的，且庭审中的供述与其他证据能够印证的，可以采信庭审中的供述；被告人庭前供述和辩解出现反复，庭审中不供认，且无其他证据与庭前供述印证的，不能采信庭前供述。"

[2] 最高人民法院、最高人民检察院、公安部、国家安全部、司法部《关于办理死刑案件审查判断证据若干问题的规定》第25条第（四）项："勘验、检查笔录中记载的情况与被告人供述、被害人陈述、鉴定意见等其他证据能否印证，有无矛盾。"

[3] 最高人民法院、最高人民检察院、公安部、国家安全部、司法部《关于办理死刑案件审查判断证据若干问题的规定》第34条："根据被告人的供述、指认提取到了隐蔽性很强的物证、书证，且与其他证明犯罪事实发生的证据互相印证，并排除串供、逼供、诱供等可能性的，可以认定有罪。"

三是从证据规则角度，为其他证据规则的确立提供了指导性思想。比如有利害关系的近亲属证言与未成年人证言的补强规则[1]，即是印证原则在证据证明力上的规则体现；证据的综合审查判断规则也要求证据之间的印证性要求[2]；间接证据证明规则要求证据之间相互印证[3]；等等。

四是从证明标准方面，要求证据之间矛盾排除，证据收集充分，结论唯一体现了印证方法在证据之间矛盾排除，全面、充分收集证据上的要求[4]。

---

[1] 最高人民法院、最高人民检察院、公安部、国家安全部、司法部《关于办理死刑案件审查判断证据若干问题的规定》第37条："对于有下列情形的证据应当慎重使用，有其他证据印证的，可以采信：（一）生理上、精神上有缺陷的被害人、证人和被告人，在对案件事实的认知和表达上存在一定困难，但尚未丧失正确认知、正确表达能力而作的陈述、证言和供述；（二）与被告人有亲属关系或者其他密切关系的证人所作的对该被告人有利的证言，或者与被告人有利害冲突的证人所作的对该被告人不利的证言。"

[2] 最高人民法院、最高人民检察院、公安部、国家安全部、司法部《关于办理死刑案件审查判断证据若干问题的规定》第31条："对侦查机关出具的破案经过等材料，应当审查是否有出具该说明材料的办案人、办案机关的签字或者盖章。对破案经过有疑问，或者对确定被告人有重大嫌疑的根据有疑问的，应当要求侦查机关补充说明。"

[3] 最高人民法院、最高人民检察院、公安部、国家安全部、司法部《关于办理死刑案件审查判断证据若干问题的规定》第33条："没有直接证据证明犯罪行为系被告人实施，但同时符合下列条件的可以认定被告人有罪：（一）据以定案的间接证据已经查证属实；（二）据以定案的间接证据之间相互印证，不存在无法排除的矛盾和无法解释的疑问；（三）据以定案的间接证据已经形成完整的证明体系；（四）依据间接证据认定的案件事实，结论是唯一的，足以排除一切合理怀疑；（五）运用间接证据进行的推理符合逻辑和经验判断。根据间接证据定案的，判处死刑应当特别慎重。"

[4] 最高人民法院、最高人民检察院、公安部、国家安全部、司法部《关于办理死刑案件审查判断证据若干问题的规定》第5条："办理死刑案件，对被告人犯罪事实的认定，必须达到证据确实、充分。证据确实、充分是指：（一）定罪量刑的事实都有证据证明；（二）每一个定案的证据均已经法定程序查证属实；（三）证据与证据之间、证据与案件事实之间不存在矛盾或者矛盾得以合理排除；（四）共同犯罪案件中，被告人的地位、作用均已查清；（五）根据证据认定案件事实的过程符合逻辑和经验规则，由证据得出的结论为唯一结论。办理死刑案件，对于以下事实的证明必须达到证据确实、充分：（一）被指控的犯罪事实的发生；（二）被告人实施了犯罪行为与被告人实施犯罪行为的时间、地点、手段、后果以及其他情节；（三）影响被告人定罪的身份情况；（四）被告人有刑事责任能力；（五）被告人的罪过；（六）是否共同犯罪及被告人在共同犯罪中的地位、作用；（七）对被告人从重处罚的事实。"

五是在裁判制度上，尤其值得关注的是，间接证据定案要求定案的间接证据之间必须相互印证①，充分体现印证原则在约束自由心证上的规范作用。

六是从印证方法看，有收集手续完整性的要求，比如电子证据审查内容不仅要求内容完整、防止伪造、变造，而且收集的时间、地点、对象、过程、制作、储存、传递、出示等过程性也要全面、规范，而这些的完成需要通过与其他证据的相互印证来确立其关联性和真实性。②印证方法也有矛盾分析的方法，如前述证据综合审查判断的要求；此外，还有证据内容相互补强要求，比如间接证据定案的印证要求；等等。

七是在适用证据对象上，有学者认为我国印证规则主要适用言词类证据③，但实际上实物证据也有规范，比如前述勘验检查笔录也需要与其他证据相互印证，间接证据之间也需要相互印证而没有言词证据与实物证据的分别要求。同时，直接证据与间接证据的分类上也都有印证思想的贯彻，直接体现在口供、证人证言上的印证审查要求和间接证据定案的印证要求上。也就是说，印证原则并无证据种类、分类上的特殊要求，是适用所有证据类型的基本原则。可以说，我国《办理死刑案件证据规定》已经基本确立了印证原则思想，在证据种类范围、证据资格、证明力判断、

---

① 最高人民法院、最高人民检察院、公安部、国家安全部、司法部《关于办理死刑案件审查判断证据若干问题的规定》第 33 条："没有直接证据证明犯罪行为系被告人实施，但同时符合下列条件的可以认定被告人有罪：（一）据以定案的间接证据已经查证属实；（二）据以定案的间接证据之间相互印证，不存在无法排除的矛盾和无法解释的疑问；（三）据以定案的间接证据已经形成完整的证明体系；（四）依据间接证据认定的案件事实，结论是唯一的，足以排除一切合理怀疑；（五）运用间接证据进行的推理符合逻辑和经验判断。根据间接证据定案的，判处死刑应当特别慎重。"

② 最高人民法院、最高人民检察院、公安部、国家安全部、司法部《关于办理死刑案件审查判断证据若干问题的规定》第 29 条："对于电子邮件、电子数据交换、网上聊天记录、网络博客、手机短信、电子签名、域名等电子证据，应当主要审查以下内容：（一）该电子证据存储磁盘、存储光盘等可移动存储介质是否与打印件一并提交；（二）是否载明该电子证据形成的时间、地点、对象、制作人、制作过程及设备情况等；（三）制作、储存、传递、获得、收集、出示等程序和环节是否合法，取证人、制作人、持有人、见证人等是否签名或者盖章；（四）内容是否真实，有无剪裁、拼凑、篡改、添加等伪造、变造情形；（五）该电子证据与案件事实有无关联性。对电子证据有疑问的，应当进行鉴定。对电子证据，应当结合案件其他证据，审查其真实性和关联性。"

③ 参见陈瑞华《论证据相互印证规则》，《法商研究》2012 年第 1 期（总第 147 期）。

证明标准、裁判依据上都有了体现，甚至对取证规范、证据保管要求等方面也有了折射反映。

四 印证原则在我国证据运用实践中的不足与完善

尽管印证原则已经成为我国司法实践的基本证明经验，反映了我国注重客观真实理念，强调书面审、间接审的诉讼特色，在保证证据客观性、证明标准的客观性等方面有重要的指导价值，但是，我们也应该看到我国印证原则因"笔录中心主义的审理方式、无法保障取证合法性、对无罪证据大量进行排斥"[①] 等制度原因也有其缺陷和完善之处。第一，印证更主要的是强调证据之间的相互关系，具有很强的形式主义特色，只能算作证据真实性判断的最低检验标准而已。第二，受限于取证主体单一性诉讼证明现状，证据相互印证，也只能是司法机关"自圆其说""自我反身、纠错"自励机制之一。因此，亟须诉讼构造的平等性和诉讼权利的进一步保障，实现多主体、对抗式的证明体系。第三，诉讼证明程序的不完善，导致对质权、证据资格审查机制不健全，证据印证的充分性不足。第四，印证的程序、方法还有待完善。印证的具体内容还有待丰富、具体——不限于内容真实性，还应包括关联性、合法性上的相互印证以及证据生成发展过程上的完整性、无瑕疵性；印证的方法还需要进一步挖掘、总结，除前述的矛盾分析方法、内容一致方法外，还应有技术审查、合法性辅证等方法；印证的程序规范需要对印证审查的主体、权利、审查形式等进行规范。第五，印证各项制度规则，也需要配套制度的支持，比如强化庭审的直接、言词性，确保被告方取证权利，裁判理由中印证说理明示，以及取证全面性的要求等。尤其是死刑案件，需要有更多的途径收集更为广泛的证据信息，唯此，才能确保印证资讯的充分性，确保量刑的全面衡量性，达到控制死刑的证明目的。

---

① 陈瑞华：《论证据相互印证规则》，《法商研究》2012 年第 1 期（总第 147 期）。

第四章 死刑控制的证据规则

"不以规矩，不能成方圆。"① 何谓"证据规则"？中外法学界对其内涵有着不尽一致的界定。证据规则（evidence rules / rules of evidence）在比较发达的英美法系是指那些在庭审中或审理中对证据的可采性问题起支配作用的规则。我国学界对证据规则的概念表述、分类方式不一，可概括为广义、狭义之争。狭义的证据规则，仅指有关证据可采性或证据资格的规则；广义的证据规则，则不仅包括有关证据可采性或资格的规则，还包括有关证据运用的其他规则，如取证、认证的程序性规则等。② 也有观点认为证据规则称谓有失偏颇，应称为"司法证明的规则"以体现其取证、举证、质证、认证的司法证明过程。③ 有关证据规则的表述和分类方式是多样的，④ 就本章死刑控制的证据规则而言，笔者从证据法的证据、证明两个范畴入手构建基本的证据规则分类体系：证据规则体系和证明规则体系。在证据规则体系中，依据是规范证据资格还是规范证据力再细分为证据资格规则体系和证据力规则体系；而证明规则体系依据证明程序过程分为取证规则、举证规则、质证规则和认证规则四个规则体系；并且，提出死刑控制中在传统证据规则里没有确立的新的规则内容。当然，任何分类都有其分类界限上的模糊性，也因具体规则本身的丰富性而难以确定其分类上的基本定位。这里，进行分类构建，也仅是提供一个清楚的、条理的认识指引而已。同时，有关证据的规则实在是太丰富而深奥了，这里也仅从重要的证据规则入手研究死刑案件证据控制应尽快建立完善的规则体系。

---

① 《孟子·离娄上》。
② 何家弘主编：《证据法学研究》，中国人民大学出版社2007年版，第65—66页。
③ 参见何家弘、刘品新《证据法学》，法律出版社2004年版，第十二章。
④ 同上书，第359—360页。

第一节 证据规则体系

此处的"证据规则"并非传统广义理解的证据规则,而是仅指规范证据资格与证明能力的规则,是与取证、举证、质证、认证的证明程序规则相对的规则。这里重点研究死刑案件证据规则中的重要规则,通过引入、比较与传统证据规则的异同,确立死刑证据控制在证据规则上的特殊之处。

一 证据资格规则体系

证据资格,也就是证据材料能够成为证据的资格。在英美法系一般称之为证据的"可采性",而在大陆法系一般称之为证据的"证据能力"。在我国,主要从证据的三性——客观性、关联性和合法性三个方面界定证据的资格。证据资格规则是门槛性规则,也是广义证据规则体系中基础性的规则,规则内容最多。

1. 关联性规则

关联性规则,也称相关性规则,是规范证据能力的一项基础性规则。"证据的相关性,是融会于证据规则中带有根本性和一贯性的原则"[1]。按照我国的证据法思想,关联性是证据三项属性之一。而所谓"关联性","是指证据与待证事实之间的可以提供证明的关系,以及证据所说明的事实问题与实体法律之间的'实质性'或'因果性'关系"[2]。根据美国联邦证据规则的规定,"相关性证据指证据具有某种倾向,使确定某项在诉讼中待确认的争议事实的存在比没有该项证据时更有可能或更无可能"[3]。按照美国相关性检验方法,判断一项证据是否具有关联性,主要依据两个方面的内容:一是关于所提证据的"感觉";二是已确立的司法判例或法典化规则。[4] 具体的有三步检验法:"1. 所提出的证据是用来证明什么的(问题是什么)? 2. 这是本案中的实质性问题吗? 3. 所提的证据对该问题

---

[1] Graham C. Lilly: *An Introduction to the law of Evidence*, West Publishing Co. 1978. p. 17.
[2] 何家弘、刘品新:《证据法学》,法律出版社2004年版,第368页。
[3] 樊崇义等:《刑事证据法原理与适用》,中国人民公安大学出版社2003年版,第90页。
[4] [美]乔恩·R.华尔兹:《刑事证据大全》,何家弘译,中国人民公安大学出版社2004年版,第83页。

有证明性（它能帮助确认该问题）吗？"① 因为关联性的重要性，美国联邦证据法第402条②规定奠定了证据法的一个重要准则——关联性规则："没有关联性的证据绝对没有证据能力；有关联性的证据原则上有证据能力，但其他规范性文件或判例另有规定的除外。"③

因为证据关联性在证据属性上的重要地位，直接关涉证据的资格问题；又因为证据关联性的客观性需要判断上的主观性来把握，如何规范关联性判断标准与方法成为必然；还因为政治政策因素、法律价值选择等诉讼证据理念影响证据关联性的判断，所以，一国证据法律制度有必要确立证据关联性规则，以指导关联性证据的判断和准确把握关联性证据的证明效力。

从我国现有证据立法现状看，关联性规则并没有真正确立，或者只是确立了关联性规则思想但没有关联性证据规则的具体规范，这从我国1996年《刑事诉讼法》中只有8条证据立法就可以看出来。可喜的是，"我国长期坚持的少杀、慎杀，严格限制死刑的政策回归"④ 为学术界研究死刑控制问题提供了契机。《办理死刑案件证据规定》和《非法证据排除规定》的出台，为死刑案件证据规范体系的完善做出了重大贡献。其中，《办理死刑案件证据规定》第6条第四、五项规定确立了证据关联性的规则：即"（四）物证、书证与案件事实有无关联。对现场遗留与犯罪有关的具备检验鉴定条件的血迹、指纹、毛发、体液等生物物证、痕迹、物品，是否通过DNA鉴定、指纹鉴定等鉴定方式与被告人或者被害人的相应生物检材、生物特征、物品等作同一认定。（五）与案件事实有关联的物证、书证是否全面收集"。

首先，按照综合取证原则，确立了全面收集关联性物证、书证的规则；其次，对物证、书证关联性的判断方法——进行同一认定。可以说，

---

① [美] 乔恩·R.华尔兹：《刑事证据大全》，何家弘译，中国人民公安大学出版社2004年版，第82—83页。

② "All relevant evidence is admissible, except as otherwise provided by the Constitution of the United States, by Act of Congress, by these rules, or by other rules prescribed by the Supreme Court pursuant to statutory authority. Evidece which is not relevant is not admissible." 摘自 *Federal Rules of Evidence* (2004)。

③ 陈界融译：《〈美国联邦证据规则（2004）〉译析》，中国人民大学出版社2005年版，第20页。

④ 赵秉志、[加拿大] 威廉·夏巴斯主编：《死刑立法改革专题研究》，中国法制出版社2009年版，第357页。

第6条的这两项规定具备了证据关联性的初步规范。但离完善的证据关联性规则体系还有很大的差距：第一，两个《证据规定》仅仅是司法解释，还不是真正的法律，并没有上升到立法层面。第二，何谓证据的关联性，缺失一个总的指导规则，证据关联的指导性思想没有确立。第三，关联性证据种类仅限于物证和书证，有失偏颇，这与《办理死刑案件证据规定》仅是重点规范物证、书证的关联性有关。第四，证据关联性的方法过于单一，这里仅是规定了同一认定的判断方法，而且仅仅是对物证、书证关联性的判断方法。第五，证据关联性规定仅仅是针对死刑案件而言，需要以《死刑案件证据规定》为契机推动我国证据立法的全面进步。

目前，就死刑证据控制而言，证据关联性规则的确立与完善仍是今后工作的重点。第一，应提高证据关联性规则的法律位阶，提升到真正的法律层面，确立其基本证据规则的法律地位。第二，确立我国证据关联性规则的基本指导思想，可借鉴国外的经验，确立证据关联性的基本标准——在客观性、法律性、主观判断性等方面进行指导性规范。第三，充实证据关联性的证据种类，不仅仅限于物证、书证，还应该涵盖所有的证据种类。第四，规范证据关联性的判断方法，不仅仅是司法鉴定的方法，还可包括主观感觉、经验常识、指导性判例等。第五，针对不同类型的证明对象，确立不同的关联性判断标准要求，比如死刑案件中，在量刑环节上，品格证据、类似行为证据等应具有关联性，但在定罪环节则受到限制。可喜的是，2012年《刑事诉讼法》在第48条构建了以"关联性"为基本要求的证据材料的概念，[①] 但这也仅仅是证据概念范畴的界定，离全面的证据关联性规则体系构建还有一段距离，尤其是量刑证明与定罪证明具有证据关联性上的差异，因此，证据关联性的丰富内涵还有待进一步拓展。

2. 非法证据排除规则

非法证据排除规则原产生于美国，[②] 经过百年的发展，已经成为内

[①] 《中华人民共和国刑事诉讼法》（根据2012年3月14日第十一届全国人民代表大会第五次会议《关于修改〈中华人民共和国刑事诉讼法〉的决定》第二次修正，2013年1月1日起施行）第48条："可以用于证明案件事实的材料，都是证据。"

[②] Weeks v. United States, 232 U.S. 383（1914）。1914年美国联邦最高法院通过审理威克诉美国案，根据美国宪法第四修正案确立了非法证据排除规则。摘自杨宇冠、孙军：《构建中国特色的非法证据排除规则——〈关于办理刑事案件非法证据排除若干问题的规定〉解读》，《国家检察官学院学报》2010年第18卷第4期。

容体系比较完备的证据规则。非法证据排除规则已经成为国际公约①，是世界主要法治发达国家（比如英美法系的美国、英国，大陆法系的德国、法国等）证据规则体系中必不可少的重要内容。"美国联邦最高法院之所以创设'证据排除法则'，考其主要缘由，端在遏制检警人员经常以违反宪法保障人权之手段收集证据之乱象。"② 通过排除非法证据达到促使执法人员严守宪法程序搜集证据，以落实宪法保障人权的宗旨。③ 即，非法证据排除规则是以限制公权行为，促其严格司法，借以维护公民基本宪法权利为法理基础，通过程序性制裁制度实现惩罚犯罪与保障人权的有机统一。

我国 1996 年刑事诉讼法确立了非法证据排除的基本思想，相关司法解释完善了我国非法证据排除的思想内容，但仍没有建立完整意义的非法证据排除规则体系。2010 年，两个《证据规定》的出台，大大推动了我国非法证据排除规则体系的完善进程，尤其是充实与完善了我国死刑案件非法证据排除规则体系——界定了非法证据的内涵，扩充了非法证据的类型，构建了非法证据排除的程序，明确了证明责任分配，标定了证明标准要求以及确立了救济程序。具体表现在以下几个方面。

一是明晰了非法言词证据的内涵——采用刑讯逼供等非法手段取得犯罪嫌疑人、被告人供述和采用暴力、威胁等非法手段取得证人证言、被害人陈述。④

二是扩充了非法证据的种类，不仅包括言词证据，还包括物证、书证。这实际上把所有八类证据都规定进去了。

三是确立了分类制裁措施和法律后果。对于非法言词证据，应绝对排

---

① 1984 年 12 月，联合国大会通过的《禁止酷刑和其他残忍、不人道或有辱人格的待遇或处罚的公约》第 15 条规定："每一缔约国应确保在任何诉讼程序中不得援引任何业经确定系以酷刑取得的口供为证据，但这类口供可用作对被施用酷刑者刑求逼供的证据。"

② 林钰雄：《论证据排除——美国法之理论与实务》，北京大学出版社 2006 年版，第 8 页。

③ "The central purpose of the exclusionary rule is not to rectify a wrong already done, but to compel respect for the constitutional protections afforded the public in the most effective manner, by removing the incentive to disregard them."——State v. Gadsden, 303 N. J. Super. 491, 697 A. 2d. 187 (N. J. 1997).

④ 实际上关于非法言词证据的概念界定有四种主要观点，最高院最终采纳了第四种意见，形成了《非法证据排除规定》的第 1 条规定。参见最高人民法院刑三庭副庭长吕广伦就两个《证据规定》答记者问：《把好事实证据关，提高刑事案件质量》，《VIEWPOINT/观点》第 9 页。

除，不得作为定案的根据；对可能影响公正审判的明显违法物证、书证属于自由裁量排除或者补正采纳；非明显违法物证、书证，比如技术性违法，则属于可补正的证据。

四是构建了独立的非法证据排除程序：明确了程序启动的时限——逮捕、起诉、一审、二审时均可；确立了证据合法性证明的证明方式，先审查原始讯问笔录、全程录音录像、再提请讯问时在场其他人员或者其他证人出庭作证，仍不能排除刑讯嫌疑的，则提请法庭通知讯问人员出庭作证。

五是明确了证明责任分配。被告人及其辩护人有证据非法的初步证明责任——提供涉嫌非法取证的人员、时间、地点、方式、内容等相关线索或者材料；控诉方承担取证合法性的证明责任——举证责任倒置，强化了检控方的证明责任；法院的调查核实职权——对双方提供的证据有疑问的，可以宣布休庭，对证据进行调查核实。

六是明确了排除非法证据的证明标准。被告方初步证明责任的标准是，"法庭对被告人审判前供述取得的合法性有疑问"；检控方的证明标准是"证据确实、充分"。

七是构建了配套措施。比如侦查人员出庭作证制度、被告人及其辩护人的救济程序等。

2012年《刑事诉讼法》在确立上述两个证据规定有关非法证据排除规则的基本精神和内容的基础上，又明确了公安司法机关主动排除非法证据的义务，非法证据不能作为侦查终结、提起公诉和审判的根据等内容。[1]

总体看，两个《证据规定》和2012年刑事诉讼法，大大完善了我国死刑案件非法证据排除规则体系，对规范国家公权力司法行为、保障人权，尤其是维护犯罪嫌疑人、被告人生命权利具有不可估量的规制作用。但是，理性地看待我国的非法证据排除规则，仍可以发现很多的不足：一是非法证据排除规定的颁行绝对不是一个制度有效实施的充分条件，它只是迈出了第一步。[2] 非法证据排除规则的司法实施仍有困境，比如实证研究表明，侦查人员出庭作证仍然困难；录音录像的"同步性"难以保证，虚假录像、录像主体不独立的问题仍很突出等。二是中国在制定非法证据

---

[1] 参见陈光中主编《〈中华人民共和国刑事诉讼法〉修改条文释义与点评》，人民法院出版社2012年版，第68—83页。

[2] 陈瑞华：《非法证据排除规则的实施现状分析》，《中国改革》2011年第9期。

排除规则时，律师基本被排除在外。① 三是非法取证后果承担方式上，缺少个体责任的规定，更无集体责任的制裁，只是根本性地杜绝违法取证行为。② 四是两个《证据规定》本身存在诸多缺陷：比如非法取得的物证、书证排除规则的规定过于原则，③ 对何为"可能影响公正审判的"弹性规定太大，赋予了裁判者过大的自由裁量权，不利于物证、书证的合法性规范；侦查人员出庭义务的强制性规范不足，不利于其出庭作证义务的保障；被告人、辩护人的即时救济机制缺失，不利于其合法权益的保障；等等。

因此，我国在立法完善非法证据排除规则的基础上，应构建更切实可行的非法证据排除规则实施保障制度；增加律师在非法证据排除规则体系中的辩护权利保障；完善其他相关证据规则，比如原始证据优先规则、直接言词证据规则、证据裁判规则等；非法证据排除规则终究是一项"事后"的制裁性措施，更根本的是构建证据合法性规则，尤其是侦查取证环节的取证规范性规则；等等。

3. 意见证据规则

《办理死刑案件证据规定》第12条第三款规定："证人的猜测性、评论性、推断性的证言，不能作为证据使用，但根据一般生活经验判断符合事实的除外。"④ 权威解释认为证人的猜测性、评论性、推断性的证言，属于意见证据，并非证人对案件事实的亲身感知，无法确保其真实性，故不可采。证人只能陈述自己感知的案件事实，不能提供意见，这就是所谓的"意见证据规则"。⑤ "意见证据规则"是英美法系确立的一个著名的证据规则，"反对由普通证人（相对于专家证人而言）以意见或推论的形式提供证言。"⑥ 构建这一个规则的主要理由有两个：普通证人没有作出

---

① 参见杨宇冠、杨恪《〈非法证据排除规定〉实施后续问题研究》，《政治与法律》2011年第6期。

② 杨晓娜：《对非法证据排除规则的法哲学思考》，《中国检察官》2011年第4期（司法实务）总第121期。

③ 同上。

④ 《最高人民法院关于适用了〈中华人民共和国刑事诉讼法〉的解释》（法释〔2012〕21号）第75条第2款也进行了相同的规范，从司法解释的层面对《办理死刑案件证据规定》的内容进行了再次确认。

⑤ 张军主编：《刑事证据规则理解与适用》，法律出版社2010年版，第142页。

⑥ [美] 乔恩·R.华尔兹：《刑事证据大全》，何家弘等译，中国人民公安大学出版社2004年版，第426页。

意见结论的专门性知识，缺乏基本的技能训练或经验；或者是陪审团本身就有能力对列举的事实作出正确的结论——如果是这样的话，证人的意见证言将会侵犯陪审团正当范围内的职权。① 据此，意见证据规则是以规范普通证人（专家证人例外）的意见性证言为对象（有例外情形），以维护当事人主义诉讼模式中的陪审团制度为目的，构建确保真实发现的证据规则。据国内学者的考察，"由于大陆法系国家的事实裁判者通常属于训练有素的职业法官，能够对意见证据作出适当的评判，因此大陆法系国家的证据法一般允许证人根据其所体验的事实作出一些必要的分析、判断和推测。"② 并且，不同于英美法系专家证人属于证人中的一种，适用意见证据规则的例外，大陆法系将其从证人体系中分离出来，称为鉴定人。因此，在大陆法系国家，尽管鉴定人可以依据案情，专门的技术知识出具鉴定意见，或者对案情发表意见，但并不属于意见证据规则调整的范围，而是鉴定制度所要规范的事项。③

《办理死刑案件证据规定》第 12 条第三款的规定是否确立了我国死刑案件的"意见证据规则"，或者说立法动向有意构建"意见证据规则"？我国的 1996 年刑事诉讼法及其司法解释都没有意见证据规则的内容规范，而《办理死刑案件证据规定》第一次对此进行了规范，并且与英美的意见证据规则主要思想是一致的，应该认为我国未来立法动向有意确立"意见证据规则"，尤其应在死刑案件中确立该规则。这里主要有三个方面的原因：一是我国虽然没有陪审团制度，但法官的事实裁判权不应受到侵犯，理应规范证人提供证言的内容。二是虽然大陆法系因为职业法官的训练有素，并没有建立意见证据规则，但相比而言，我国法官的职业素养、法官培训考核制度等刚刚起步，在此背景下，有必要规范证人证言，警示法官依法审查、认定证人证言。三是死刑刑罚的特殊性，为慎重死刑适用，有必要严格规范证据资格，至少对事实的判断权应严格由法官依据法定证明程序行使，确保真实发现目的的实现。

相比英美法系复杂的"意见证据规则"体系而言，我国有必要合理

---

① ［美］乔恩·R.华尔兹：《刑事证据大全》，何家弘等译，中国人民公安大学出版社 2004 年版，第 426 页。
② 宋英辉主编：《刑事诉讼法学研究述评（1978—2008）》，北京师范大学出版社 2009 年版，第 622 页。
③ 参见刘广三主编《刑事证据法学》，中国人民大学出版社 2007 年版，第 147 页；郭志媛《刑事证据可采性研究》，中国人民公安大学出版社 2004 年版，第 194—197 页。

地借鉴，构建我国特色的"意见证据规则"。一是意见证据规则需要立法构建，而不仅仅是司法解释形式。二是在我国诉讼语境下，意见证据规则仅限于证人证言和被害人陈述，而不包括鉴定意见。三是意见证据规则需要更为细致的规范，尽可能地规范例外情形。这是因为"事实"和"意见"之间的区别并非泾渭分明，但之所以要区分事实与意见，主要是为了"促使证人把比较直观的而不是浓妆修饰的感觉印象联系起来。证言可能或多或少搭载着意见（推理、概括和结论），我们希望越少越好"。① 通过例外规则的设计可以更好地规范意见证据规则的司法适用。四是结合我国死刑案件定罪、量刑程序的设计，构建符合我国国情的意见证据规则。比如，定罪事实问题上，应确立严格规范的意见证据规则，确保裁判者准确感知案件事实，作出独立自主的裁判。在量刑程序中，为确保量刑的合理性、可接受性，应充分吸收诉讼参与人关于量刑的意见。在量刑程序中意见证据规则已经失去了其存在的制度空间，因此不应建立严格的意见证据规则。这也是因为量刑不同于定罪，是一种定量裁判，在这一过程中需要全面充分吸收诉讼各方参与者对案件事实的感知与意见。由于对案件事实的感知和意见的区分对于定量裁判的影响不大，不像对定罪裁判那样必要，因而，量刑程序中不应确立过于严格的意见证据规则。这里，要严格区分意见规则适用的对象，如果是对事实的说明，意见证据规则在量刑中应严格适用；如果是具有品行等主观判断的内容，则意见规则不应严格。

4. 证人特免权规则

"证人特免权允许人们在诉讼程序中拒绝透露和制止让人透露某种秘密信息。这种特免权存在的一个基本理由是：社会期望通过保守秘密来促进某种关系。社会极度重视某些关系，为捍卫保守秘密的本性，甚至不惜失去与案件结局关系重大的信息。"② 基于惩罚犯罪与维护社会其他关系的平衡选择（当然，情报员的身份保密，是在惩罚犯罪与保障对质权等诉讼权利之间的平衡），美国确立的"证人特免权规则"，主要适用于律师——当事人特免权、医生——病人特免权、婚姻特免权、神职人员——忏悔者特免权、记者信息来源特免权、国家机密以及情报员身份保密等方

---

① [美]罗纳德·艾伦等：《证据法：文本、问题和案例》，张保生等译，高等教育出版社2006年版，第707页。

② [美]乔恩·R.华尔兹：《刑事证据大全》，何家弘等译，中国人民公安大学出版社2004年版，第356页。

面。证据特免权规则是英美法系国家的一项传统的证据规则,虽然其最早可追溯到罗马时期,但经过英美法系的长期发展,目前已经形成了体系比较复杂的规则体系——不但特免权对象明确限定,比如证人涵盖被害人和被告人,甚至还有检控机关;更严格的婚姻特免权仅限于夫妻之间,而不包括父子之间,而且有特免权内容的具体范围限制,主要是需要保密的内容,还有特免权适用的条件要求,比如,必须是秘密交流的内容。更关键的是有很多的例外情形限制,比如,医生——病人的特免权,在病人公开了身体状况后,在刑事诉讼活动中,在因犯罪行为引起的损害赔偿诉讼中以及在医生的服务用来帮助犯罪的情况下,不适用特免权。① 以美国为代表的英美法系国家通过判例制度,或者成文法(比如婚姻特免权),不仅不断地完善"证人特免权规则"适用领域,而且,随着价值选择的发展,不但发展"证人特免权规则"的适用情形及其例外,而且不断地在州立法和联邦立法上进行规范。美国证据特免权规则在维护社会其他关系——律师与证人之间的信赖关系,宗教信仰的虔诚,国家利益、军事利益,医患关系,婚姻关系等方面发挥中了重要的作用。

有学者从法与人道伦理的角度,探讨证人特免权在我国确立的价值与意义。认为在刑事证据法中应确立人道伦理观,即"在立法和执法活动中,讲求以人为本和人文关怀,以维护人的最高价值和尊严为宗旨,尊重人格尊严、人伦亲情和人之常情等道德情感的原则和理念,是人道伦理观与人本法律观的有机统一"②。因此,为维护"仁、义、理、智、信"等道德规范,维护"亲慈""子孝""兄友弟恭""夫妇忠诚"等基本人伦情理,有必要在法律上确立亲属拒绝作证特权。当前,构建社会主义社会和谐关系是政治高层的普遍共识,③ 其中,"家庭和谐是社会和谐的有机组成部分,而人伦亲情是维系家庭和谐的重要纽带。刑事证据法要实现维护家庭和谐与社会和谐的目标,就要确立人伦亲情伦理观,加强对人伦亲情的维护"④。因此,在我国证据法中就应该确立"证人特免权规则"。当然,我国确立证人特免权规则的理由不仅限于人道伦理,还有维护"律

---

① 参见 [美] 乔恩·R.华尔兹《刑事证据大全》,何家弘等译,中国人民公安大学出版社2004年版,第365—366页。
② 宋志军:《刑事证据法中的人道伦理》,《政法论坛》2008年第26卷第1期。
③ 胡锦涛在中央党校发表重要讲话"坚定不移走中国特色社会主义伟大道路,为夺取全面建设小康社会新胜利而奋斗",人民网people:http://politics.people.com.cn/GB/1024/5910958.html,2007年06月25日22:49,来源:新华社。
④ 宋志军:《刑事证据法中的人道伦理》,《政法论坛》2008年第26卷第1期。

师与当事人之间的信赖关系""维护医患关系""确保侦查犯罪的手段丰富化,更好地查明案件事实,保护情报线人人身安全""保守国家机密、军事秘密、商业秘密、个人隐私"等价值的需要。

我国证人特免权规则经历了一个从无到有,从解释和其他相关法规到刑事证据立法的演变过程。虽然,我国1996年《刑事诉讼法》第183条、最高院《刑诉法解释》第121条确立了国家秘密、个人隐私和商业秘密的保护义务,① 但该条主要是从确立"公开审判原则"角度立法的,也就是说通过构建不公开审理制度来保护国家秘密、商业秘密和个人隐私。此时,我国证据立法并没有证人特免权的直接规定,反倒是2007年通过的《律师法》第38条②确立了"证人特免权规则"中的"律师保密义务"。根据该条规定:辩护人有保守国家秘密、个人隐私的义务,对在辩护中发现的已经实施的犯罪事实无揭发义务,有保密义务,除非是正在预谋且很可能马上付诸实施的某项严重犯罪,先劝告再揭发。因此我国证据立法没有确立证据特免权规则,但是《律师法》在律师辩护义务的规范上异曲同工地迈出了我国证人特免权规则制度构建的第一步。两高三部的《办理死刑案件证据规定》第35条第2款③,首次以司法解释的形式确立了特殊侦查措施庭审保密义务。该条款从防止出现可能危及侦查人员生命安全、泄露国家秘密甚至损害国家利益的情况,对那些可能危害国家安全犯罪、毒品犯罪、涉枪犯罪、黑社会性质组织犯罪以及死刑犯罪中适用的秘密侦查、技术侦查等特殊侦查措施获取的

---

① 《中华人民共和国刑事诉讼法》(根据2012年3月14日第十一届全国人民代表大会第五次会议《关于修改〈中华人民共和国刑事诉讼法〉的决定》第二次修正,2013年1月1日起施行)第83条第1款规定:"人民法院审判第一审案件应当公开进行。但是有关国家秘密或者个人隐私的案件,不公开审理;涉及商业秘密的案件,当事人申请不公开审理的,可以不公开审理。"《最高人民法院关于执行〈中华人民共和国刑事诉讼法〉若干问题的解释》(法释〔2012〕21号)第121条第2款规定:"对当事人提出申请的确属涉及商业秘密的案件,法庭应当决定不公开审理。"

② 《中华人民共和国律师法》第38条:"律师应当保守在执业活动中知悉的国家秘密、商业秘密,不得泄露当事人的隐私。律师对在执业活动中知悉的委托人和其他人不愿泄露的情况和信息,应当予以保密。但是,委托人或者其他人准备或者正在实施的危害国家安全、公共安全以及其他严重危害他人人身、财产安全的犯罪事实和信息除外。"

③ 最高人民法院、最高人民检察院、公安部、国家安全部、司法部《关于办理死刑案件审查判断证据若干问题的规定》第35条2款:"法庭依法不公开特殊侦查措施的过程和方法。"

证据进行庭审质证不公开——保密。① 这是从保障侦查秘密的角度确立的类似"证人特免权规则"。之所以说类似，主要是从与英美法确立的"证人特免权规则"内容的比较中得出的。其中有个情报员身份保密规则，而此处，拓展为各种特殊侦查措施取证过程和方法的保密规则，内容不保密，但秘密侦查的线人、侦查人员的身份需要保密。至此，从证据立法角度，我国并没有真正确立"证人特免权规则"，但从相关立法和司法解释角度看，我国已经开始构建具有"证人特免权规则"性质与内容的证据规则。虽然，我们证据规则是以保护秘密的角度进行规范的，但是殊途同归。2012年《刑事诉讼法》在证人拒绝作证特权上有了突破，确立了被告人的配偶、父母、子女不得被强迫出庭作证的规定，② 并将两高三部《办理死刑案件的证据规定》确立的侦查保密需要，庭审质证不公开的规定予以了立法确认。③

两高三部的《办理死刑案件证据规定》以死刑案件为突破口，开拓了我国证据规则完善构建的大幕。就"证人特免权规则"的构建而言，还有很多制度没有建立。首先，司法解释不是真正的法律，需要提高证据规定法律位阶。其次，只是从保守秘密的角度进行证据规则构建，而不是以"证人特免权规则"的逻辑关系进行规范，需要立法层进一步明晰证据规则构建的指导思想。再次，规则的体系、内容极其不完善，对证人特免权规则的适用范围、保护关系、适用条件、适用对象、例外情形等具体规则内容规范缺失。最后，需要进一步挖掘我国特色的社会关系，构建符合我国国情的"证人特免权"规则，以维护我国社会的和谐与稳定。

---

① 张军主编：《刑事证据规则理解与适用》，法律出版社2010年版，绪论（代序）第265—266页。
② 《中华人民共和国刑事诉讼法》（根据2012年3月14日第十一届全国人民代表大会第五次会议《关于修改〈中华人民共和国刑事诉讼法〉的决定》第二次修正，2013年1月1日起施行）第188条："经人民法院通知，证人没有正当理由不出庭作证的，人民法院可以强制其出庭，但被告人的配偶、父母、子女除外。"
③ 《中华人民共和国刑事诉讼法》（根据2012年3月14日第十一届全国人民代表大会第五次会议《关于修改〈中华人民共和国刑事诉讼法〉的决定》第二次修正，2013年1月1日起施行）第152条："依照本规定采取侦查措施收集的材料在刑事诉讼中可以作为证据使用。如果使用该证据可能危及有关人员的人身安全，或者可能产生其他严重后果的，应当采取不暴露有关人员身份、技术方法等保护措施，必要的时候，可以由审判人员在庭外对证据进行核实。"

据此，我国证人特免权规则，需要从以下几个方面做好工作：第一，深挖我国特色社会关系，搭建我国证人特免权规则理论基础和制度背景；第二，深入研究英美法系证人特免权规则的体系内容和法理基础，为我国特色"证人特免权规则"构建提供借鉴；第三，以死刑案件为突破口，构建死刑案件"证人特免权规则"体系，推动我国"证人特免权规则"的丰富与完善；第四，深入总结司法实践经验，上升为证据规则立法；第五，构建我国证据立法模式，提高证据规则立法的位阶等级。其中，死刑案件中，在特殊侦查措施保密规范基础上，需要进一步完善其规则内容，比如特殊侦查措施的真实保障制度，是否可以建立公安或者检察院领导行政证明，或者上级检警机关出示行政证明制度。特殊侦查措施具体适用的对象是谁？不公开的仅仅是侦查过程和方法吗？还有保密内容吗？特殊侦查行为是否应用司法审查的制度保障呢？特殊侦查措施获得证据的内容是否应该更加具体些，防止出现检警实践解释、扩充适用现象等。此外，还需要构建律师——当事人特免权规则并进行具体规范。基于死刑案件的重要性，证人特免权规则中的例外情形应该分别情形进行更为细致的规范，比如死刑案件应构建定罪与量刑分离程序，定罪程序中国家秘密、个人隐私可能会高于定罪目的，但在量刑程序中，死刑的适用上，国家秘密、军事秘密可能会高于个人的生命权，但个人隐私是否应高于生命权呢？这些都需要更为细致地考虑，进行更为具体的规则构建。

二　证据力规则体系

证据力，也称证明力，即证据的证明能力，体现证据的证明价值的高低。一般而言，证据的证据力主要由裁判者自由判断，但通过总结司法实践经验，依据价值理念和真实保障，法定证据的证明力，有其合理性，既可统一司法证明，也可约束法官的自由裁量权，使得案件证明更为规范和统一。

1. 原始证据优先规则

《办理死刑案件证据规定》出台以后，决策者主张其第 8 条[①]确立了

---

① 最高人民法院、最高人民检察院、公安部、国家安全部、司法部《关于办理死刑案件审查判断证据若干问题的规定》第 8 条："据以定案的物证应当是原物。只有在原物不便搬运、不易保存或者依法应当由有关部门保管、处理或者依法应当返还时，才可以拍摄或者制作足以反映原物外形或者内容的照片、录像或者复制品。物证的照片、（转下页）

死刑案件的"原始证据优先规则",学界也有观点认为确立的是"最佳证据规则"。① 为准确把握该条立法的精神要义,首先,需要认真反思两个证据规则的基本内涵与特征,并结合立法背景和立法内容确立我国的证据规则走向。最佳证据规则(best evidence rule)又称为"原始文书规则",是英美法系比较古老的一项证据规则。② "通常认为最佳证据规则仅适用于文字材料,如信件、电文等,然而,现代案件和法规中都明确认为该原则同样适用录音和照片,包括电影底片及 X 光片。"③ 这样,最佳证据规则适用的证据种类从最初的文字材料,扩充为包括其他证据形式。根据最佳证据规则的要求,"提供对案件非常重要的文书材料的人,必须提供原件或真实的复制品如复印件,若不能提供,必须给出充分的理由"④。这样,最佳证据不仅指原件还包括真实的复制品,因为有时复制品与原件具有同等的证明效力,比如在美国司法实践中,"一项交易,通过几份合同副本得到证明,每份合同副本均有当事人签名,因此具有体现交易内容的同等效力。这些副本的每一份都可以作为原件具有可采性"⑤。当然"原始性"仍是该规则的基本追求。"但是由于案件本身的复杂性,该规则不适用于证人证言的录音,或被告人供述的笔录。"⑥ 这是因为美国适用传闻证据规则,确保当事人对质权的实现。认为对质权是人类社会发现的确

(见上页)录像或者复制品,经与原物核实无误或者经鉴定证明为真实的,或者以其他方式确能证明其真实的,可以作为定案的根据。原物的照片、录像或者复制品,不能反映原物的外形和特征的,不能作为定案的根据。据以定案的书证应当是原件。只有在取得原件确有困难时,才可以使用副本或者复制件。书证的副本、复制件,经与原件核实无误或者经鉴定证明为真实的,或者以其他方式确能证明其真实的,可以作为定案的根据。书证有更改或者更改迹象不能作出合理解释的,书证的副本、复制件不能反映书证原件及其内容的,不能作为定案的根据。"

① 张军主编:《刑事证据规则理解与适用》,法律出版社 2010 年版,第 116 页。
② 宋英辉主编:《刑事诉讼法学研究述评(1978—2008)》,北京师范大学出版社 2009 年版,第 623 页。樊崇义等著:《刑事证据法原理与适用》,中国人民公安大学出版社 2003 年版,第 181 页。
③ [美] 乔恩·R.华尔兹:《刑事证据大全》,何家弘等译,中国人民公安大学出版社 2004 年版,第 420 页。
④ 同上书,第 422 页。
⑤ [美] 约翰·斯特龙等:《麦考密克论证据》,汤维建等译,中国政法大学出版社 2003 年版,第 470 页。
⑥ [美] 乔恩·R.华尔兹:《刑事证据大全》,何家弘等译,中国人民公安大学出版社 2004 年版,第 422 页。

保真实的最有效途径,① 所以,对庭前证人录音或者被告人供述笔录并不认为是最佳证据。"尽管如此,一些法庭在最佳证据规则的正确适用上仍存在着一些疑惑,他们认为录音或笔录这样的副本也应提供,因为'它靠自身来说明问题',理应成为证明该内容的'最佳证据'。"② 据此,美国最佳证据规则是体现美国诉讼模式特点、主要规范证据资格的证据规则。其最佳证据不仅指原件,还包括有真实保障的副本、复制件,并且因传闻规则、非法证据规则等限制,有些证据不适用最佳证据规则。最佳证据规则并没有证据证明力的比较,却是以证据证明力为要旨规范证据资格的,要求举证者"在所有案件中提供最有分量最强最好的证据"③。

根据证据与案件事实或者信息来源的关系,证据分为原始证据和传来证据。"原始证据",又称"原生证据","是指直接产生于案件事实或直接来源于原始出处的证据"。④ "传来证据",又称"派生证据""是指在原生证据的基础上经过复制、复印、传转、转述等方式生成的证据。"⑤ 原始证据与传来证据划分的意义主要在于"揭示两种证据在可靠程度上的差异,从而为各种证据的收集和运用提供理论支持"。⑥ 正是发现了原始证据在可靠性上的优越性,"原始证据优先规则"(也有称"原始证据规则")确立了司法证明活动中,优先适用原始证据的规则。

"原始证据优先规则"最主要的表现形式就是法国等大陆法系国家适用的"书证优先规则"。法国自 1566 年的穆兰法令开始,就一直强调签名书证的优先地位,用书证优先规则取代了过去的证人优先规则。确立书证优先规则的理由主要有三:一是基于合同纠纷复杂性,依靠证人不易查清事实;二是为防止滥用诉权,减少法院讼累;三是有利于防止当事人收买证人作伪证。⑦ "原始证据优先规则"是从证明力的角度规范了证据司法适用的规则,⑧ 其并不排斥传来证据的证据资格,只是在证据的采信上优先适用原始证据。"但是,随着现代科技的发展,由于复制件的可靠性

---

① [美]乔恩·R.华尔兹:《刑事证据大全》,何家弘等译,中国人民公安大学出版社 2004 年版,第 422 页。
② 同上。
③ 同上书,第 420 页。
④ 何家弘、刘品新:《证据法学》,法律出版社 2004 年版,第 130 页。
⑤ 同上。
⑥ 同上书,第 132 页。
⑦ 参见何家弘、刘品新《证据法学》,法律出版社 2004 年版,第 372 页。
⑧ 同上。

并不差，有时甚至难以确定哪是原件哪是复制件。"① 例如，从计算机数据储存中不同时间输出或者打印的材料，到底是原始材料还是复制材料，就难以确立。并且，有些传来证据会比原始证据更为可靠。比如一老人为某案的目击证人，回家后其将所目睹的案件事实告知其子，经过一段时间后，该老人由于年迈而记忆力衰退，其对案件事实的记忆程度显然不及其年轻的儿子。在这种情况下，如若两人都出庭作证，显然作为原始证据的老人的证言相比较作为传来证据的儿子的证言，其证明力更强的断言是有疑问的。

现在，学界越来越倾向认为"最佳证据规则"和"原始证据优先规则"是相同的证据规则，将"最佳证据规则""称作'原始证据规则'（the original writing rule）或许更为妥当……"② 同时，学界越来越多的观点认为，我国相关的证据法规范确立了"最佳证据规则"。③ 但是，两个证据规则确有其各自的特征，有一定的区别。首先，规范的角度不同，最佳证据规则重在证据资格的规范，原始证据优先规则更注重证据效力等级的认定规范。其次，制度背景不同，最佳证据规则以陪审团、对抗制诉讼制度为背景，以传闻证据规则确立为前提，所以对证据资格的规范比较严格，提供了最佳证据的资格条件，以约束陪审团和诉讼双方当事人接触证据的范围；而原始证据优先规则却是以证据效力的等级判断，以可靠性为规范依据的，体现出对法官审查、认定证据效力活动的约束性。再次，两者分类依据不同，原始证据可以是最佳证据，传来证据也可以是最佳证据，甚至原始证据会因为可靠性低而不是最佳证据。那么，我国有关证据立法究竟确立的是哪种证据规则呢？我想问题的关键不在于确立了哪种称谓的证据规则，而在于分析我国诉讼制度特点、国情实践，构建我国完善的证据规则。况且，时代的发展，两种证据规则的内容与要求基本是一致的。

理论界普遍认为《最高人民法院关于执行〈中华人民共和国刑事诉

---

① 宋英辉主编：《刑事诉讼法学研究述评（1978—2008）》，北京师范大学出版社2009年版，第624页。
② [美]乔恩·R.华尔兹：《刑事证据大全》，何家弘等译，中国人民公安大学出版社2004年版，第420页。
③ 参见宋英辉、汤维建主编《证据法学研究述评》，中国人民公安大学出版社2006年版，第262—263页；张军主编《刑事证据规则理解与适用》，法律出版社2010年版，第116页等。

讼法〉若干问题的解释》（1996 年《刑事诉讼法》的高法解释）第 53 条①和《人民检察院刑事诉讼规则》（1996 年《刑事诉讼法》的高检规则）第 188 条以及《公安机关办理刑事案件程序规定》第 57 条"确立了我国最佳证据规则"②或者说"确立了原始证据优先规则及相应的例外情形。"③还有学者认为我国确立的是"原件、原物优先规则"④。但是，从我国"原始证据的证明力一般大于传来证据"⑤立法语言的表述来看，我国确立的证据规则更似"原始证据优先规则"或者"原件、原物优先规则"。而且，《最高人民法院关于执行〈中华人民共和国刑事诉讼法〉若干问题的解释》（1996 年刑事诉讼法的高法解释）第 53 条也是从证明力角度规范书证原件和副本、复制件关系的。该条规定并没有否定传来证据的证据资格问题。但是，《办理死刑案件证据规定》第 8 条⑥的规定，却有着规范传来证据资格的倾向性。但是"定案根据"是否就是具有证据资格的证据呢？这还是有一定的争议。但不管怎么说，《办理死刑案件证据规定》已经从"原始证据优先规则"向"最佳证据规则"转向

---

① 《最高人民法院关于执行〈中华人民共和国刑事诉讼法〉若干问题的解释》（法释〔2012〕21 号）第 53 条规定："书证的副本、复制件，物证的照片、录像，只有经与原件、原物核实无误或者经鉴定证明真实的，才具有与原件、原物同等的证明力。"
② 宋英辉主编：《刑事诉讼法学研究述评（1978—2008）》，北京师范大学出版社 2009 年版，第 625 页。
③ 张军主编：《刑事证据规则理解与适用》，法律出版社 2010 年版，第 116 页。
④ 樊崇义等：《刑事证据法原理与适用》，中国人民公安大学出版社 2003 年版，第 183—184 页。
⑤ 《最高人民法院关于民事诉讼证据的若干规定》第 77 条（三）项规定："原始证据的证明力一般大于传来证据。"
⑥ 最高人民法院、最高人民检察院、公安部、国家安全部和司法部近日联合制定的《关于办理死刑案件审查判断证据若干问题的规定》第 8 条："据以定案的物证应当是原物。只有在原物不便搬运、不易保存或者依法应当由有关部门保管、处理或者依法应当返还时，才可以拍摄或者制作足以反映原物外形或者内容的照片、录像或者复制品。物证的照片、录像或者复制品，经与原物核实无误或者经鉴定证明为真实的，或者以其他方式确能证明其真实的，可以作为定案的根据。原物的照片、录像或者复制品，不能反映原物的外形和特征的，不能作为定案的根据。据以定案的书证应当是原件。只有在取得原件确有困难时，才可以使用副本或者复制件。书证的副本、复制件，经与原件核实无误或者经鉴定证明为真实的，或者以其他方式确能证明其真实的，可以作为定案的根据。书证有更改或者更改迹象不能作出合理解释的，书证的副本、复制件不能反映书证原件及其内容的，不能作为定案的根据。"

了。2012年《刑事诉讼法》第70、71条①确立了"原物、原件的优先规则",并且规范了原物、原件及其复制品、复制件真实保障的审查判断内容与方法,我国已经基本确立了"原始证据优先规则"或曰"最佳证据规则"。

《办理死刑案件证据规定》以死刑案件为核心,推动了我国证据规则体系的完善。为保障死刑适用的慎重,有效控制死刑,我国证据立法应借鉴先进的证据规则理念,结合我国诉讼模式特点、我国的国情确立我国的证据规则体系。因此,我国不仅要继续推进体现我国特色的"原始证据优先规则",从证明力角度约束法官的司法裁量权,而且,应该从证据资格角度规范证据的合法性、可靠性,确保人权保障目的的实现。随着科技的发展,理论研究的深入,我国应该明晰新型科技证据的证据分类,比如电子数据、电子输出物等证据类型划分,并且扩充证明力判断的证据种类范围,不应仅限于物证、书证。同时,对传来证据的证据资格、证明力判断标准与方法进行更细致的研究与规范。更重要的是结合我国法官主导诉讼、主导司法证明的模式特点,合理规范法官的证据审查、认定与运用规范,并切实加强对被告人、被害人等的权益保障。

2. 补强证据规则

我国1996年《刑事诉讼法》第46条规定:"对一切案件的判处都要重证据,重调查研究,不轻信口供。只有被告人供述,没有其他证据的,不能认定被告人有罪和处以刑罚;没有被告人供述,证据确实、充分的,

---

① 《最高人民法院关于执行〈中华人民共和国刑事诉讼法〉若干问题的解释》(法释〔2012〕21号)第70条:"据以定案的物证应当是原物。原物不便搬运,不易保存,依法应当由有关部门保管、处理,或者依法应当返还的,可以拍摄、制作足以反映原物外形和特征的照片、录像、复制品。

物证的照片、录像、复制品,不能反映原物的外形和特征的,不得作为定案的根据。

物证的照片、录像、复制品,经与原物核对无误、经鉴定为真实或者以其他方式确认为真实的,可以作为定案的根据。"

第71条:"据以定案的书证应当是原件。取得原件确有困难的,可以使用副本、复制件。

书证有更改或者更改迹象不能作出合理解释,或者书证的副本、复制件不能反映原件及其内容的,不得作为定案的根据。

书证的副本、复制件,经与原件核对无误、经鉴定为真实或者以其他方式确认为真实的,可以作为定案的根据。"

可以认定被告人有罪和处以刑罚。"① 据此，理论界普遍认为我国已经确立补强证据规则②。但也有学者持审慎态度，认为我国只是确立了"口供补强规则"③，并非建立了体系比较完整的补强证据规则。还有学者从三大诉讼法及其司法解释归纳了我国证据补强规则的适用范围，包括：（1）被告人供述；（2）当事人陈述；④（3）未成年人所作与其年龄和智力状况不相当的证言；（4）与一方当事人或者其代理人有利害关系的证人出具的证言；（5）存有疑点的视听资料；（6）无法与原件、原物核对的复印件、复制品；（7）无正当理由未出庭作证的证人证言；（8）经一方当事人或者他人改动，对方当事人不予认定的证据材料（这种情况以书证最为常见）；（9）其他不能单独作为定案依据的证据材料。⑤因此，从诉讼法法规体系看，我国还建立了比较完善的证据补强的规则，至少在补强证据适用范围上比较丰满了。但就刑诉证据法规体系而言，我国补强证据规则还仅仅是处于起步阶段。2012年最高院《刑诉法解释》第109条和两高三部《办理死刑案件证据规定》第37条规定："对于有下列情形的证据应当慎重使用，有其他证据印证的，可以采信：（一）生理上、精神上有缺陷的被害人、证人和被告人，在对案件事实的认知和表达上存在一定困难，但尚未丧失正确认知、正确表达能力而作的陈述、证言和供述；（二）与被告人有亲属关系或者其他密切关系的证人所作的对该被告人有利的证言，或者与被告人有利害冲突的证人所作的对该被告人不利的证言。"该条规定丰富了我国刑事诉讼补强证据规则的适用范围，

---

① 《中华人民共和国刑事诉讼法》（根据2012年3月14日第十一届全国人民代表大会第五次会议《关于修改〈中华人民共和国刑事诉讼法〉的决定》第二次修正，2013年1月1日起施行）第53条："对一切案件的判处都要重证据，重调查研究，不轻信口供。只有被告人供述，没有其他证据的，不能认定被告人有罪和处以刑罚；没有被告人供述，证据确实、充分的，可以认定被告人有罪和处以刑罚。

证据确实、充分，应当符合以下条件：

（一）定罪量刑的事实都有证据证明；

（二）据以定案的证据均经法定程序查证属实；

（三）综合全案证据，对所认定事实已排除合理怀疑。"

② 宋英辉主编：《刑事诉讼法学研究述评（1978—2008）》，北京师范大学出版社2009年版，第627页。

③ 何家弘、刘品新：《证据法学》，法律出版社2004年版，第372页。

④ 根据《中华人民共和国民事诉讼法》第71条和《最高人民法院关于民事诉讼证据的若干规定》第76条的相关规定。

⑤ 毕玉谦主编：《证据法要义》，法律出版社2003年版，第306—307页。

至少在死刑案件中，补强证据规则初步的适用范围已经基本确立起来了。

"补强规则又称补强证据规则，是指为了防止误认事实或发生其他危险性，而在运用某些证明力显然薄弱的证据认定案情时，必须有其他证据补强其证明力，才可以作为定案根据的规则。"[①] "目前相当数量的英美法系的学者称补强证据规则为证据充分性规则或者数量证据规则……"[②] "数量证据（cumulative evidence）是一种能够证明同一问题的同一种类的额外证据或者补强证据，旨在强化其他证据予以证明的事项。"[③] 这些学者是以历史分析支撑其理论观点的，重要依据就是 Wigmore 的经典论述："补强规则最早的源头是大陆法系的法定证据制度，又称为数字评价系统（numerical system），关于某一事实的单个证据是不充分的，两个证人是充分的，在某些特定案件中要求必须有特定数目的证人。"[④] 有学者认为补强规则的确立是近现代人类思想及政治制度发展的产物，是立法政策的具体体现。[⑤] 大陆法系学者一般将补强规则理解为自由心证原则的例外。例如日本学者田宫裕论及口供补强规则时提出了"本来的补强规则"的观点，认为"本来的补强规则是指只根据口供就可以形成充分的心证时也必须有补强证据，本来的补强法则是自由心证原则的例外。"[⑥] 对被补强证据之证据能力的限制和对证明力的限制一样都表现为对裁判者自由心证的限制，大陆法系国家和地区较少证据排除规则和缺少法官对事实裁判者指示的机制，不仅使学者称大陆法系国家的证据评价为"整体主义评价模式"[⑦]，也使关注英美证据排除规则的学者将英美法系的证据评价制度贴上了法定证据主义的标签。[⑧] 学界关于补强证据规则的理论背景阐述，

---

① 宋英辉主编：《刑事诉讼法学研究述评（1978—2008）》，北京师范大学出版社 2009 年版，第 626 页。
② 赵信会：《论补强证据规则的程序地位——以英美法为视角的分析》，《中国刑事法杂志》2010 年第 5 期。
③ Robert I. Donigan, Edward C. Fisher, Robert. H. Reader, Richard N. Williams, The Evidence Handbook, Published by the Traffic Institute, Northwesten University, 1975. p. 3.
④ Wigmore, Evidence, 2d. sex. 2032. 1923. p. 291.
⑤ 赵信会：《论补强证据规则的程序地位——以英美法为视角的分析》，《中国刑事法杂志》2010 年第 5 期。
⑥ [日] 田口守一：《刑事诉讼法》，刘迪等译，法律出版社 2000 年版，第 253 页。
⑦ 参见 [美] 米尔伊安·R. 达玛斯卡《比较法视野中的证据制度》，吴红耀等译，中国人民公安大学出版社 2006 年版，第 81—87 页。
⑧ 赵信会：《论补强证据规则的程序地位——以英美法为视角的分析》，《中国刑事法杂志》2010 年第 5 期。

反映出两大法系诉讼制度上的区别和规则构建的目的上的分野。大陆法系通过构建补强证据规则实现规范法官在事实查明和证据证明力判断上的自由心证权力，因此，属于自由心证原则的例外。这也体现出对自由证明的反思和对法定证明意义的重新认识。英美法系补强证据规则虽然是缘起于大陆法系，但其建立的理论根据是国家限制公权、约束警察非法取证行为，保障人权的立法政策的，其是以非法口供排除规则为蓝本构建的。①

虽然补强证据规则具有不同的理论背景，但规则本身的直接价值在于规范证据的证明力，弥补主证据证明力上的不足，从而确保事实认定上的客观与准确。因此，对可靠性不是很强的主证据，有必要建立补强证据规则，确保主证据和补强证据相互印证共同证明案件事实。虽然，对事实的裁判、对证据证明力的认定属于裁判者自由心证的内容，证据规则应更多地规范证据的资格问题，但是为确保司法裁判者的心证合理，有必要总结司法经验，构建合理的自由心证裁判约束机制，补强证据规则就是体现之一。我国虽然确立了补强证据规则的一些基本规范，但与西方发达国家相比，仍存在一些问题，② 需要进一步的立法完善。一是补强证据规则适用的范围需要进一步丰富，不能仅限于被告、未成年证人等言词性证据，还应该扩充到书证、物证等领域。二是不仅补强证明的对象需要经验完善，而且补强证据的资格条件限制，补强证据证明的强度、补强证据的审查等都需要进一步的完善。三是补强证据的程序规则需要立法完善，否则补强证据难以真正司法适用。这需要对补强证据规则的司法适用进行立法指导，并建立证据认定规则、裁判说明充分理由制度，确保心证公开与心证理性，实现司法追求真实发现的目的。我国证据立法应以《办理死刑案件证据规定》为契机，以死刑案件证据规则的完善推动我国证据规则法律体系的构建，补强证据规则就是重要一环。

第二节　证明规则体系

与前述狭义证据规则体系相对，对司法证明的程序进行规范的规则体

---

① 参见赵信会《论补强证据规则的程序地位——以英美法为视角的分析》，《中国刑事法杂志》2010年第5期。

② 参见宋英辉主编《刑事诉讼法学研究述评（1978—2008）》，北京师范大学出版社2009年版，第627—628页。

系，这里称为证明规则体系。司法证明程序包括取证、保管、举证、质证、认证等诉讼证明环节，在这些环节为了确保证据取得的真实性、合法性，确立了一些基本规则。有关司法证明的规则是很多的，这里以死刑案件为研究对象，对主要的证明规则进行研究，以期为我国死刑案件证据控制提供理论参考。

一 取证规则体系

一般认为，刑事诉讼程序的核心环节是"审判程序"。但在司法证明程序中，侦查取证环节却是最基础、最为关键的环节。这是因为，庭审的证据绝大多数来源于侦查取证活动，侦查取证的质量直接影响到庭审司法证明的效果。就两高三部的《办理死刑案件证据规定》来说，虽然基本都是有关证据的审查、判断的规范内容，但是，规范的内容多数会影射到侦查取证活动。司法实践中，死刑司法证明的问题，绝大多数是侦查取证环节上的问题，比如证据收集不充分、非法取证、证据印证不足、辨认程序违法、鉴定验证缺失等。

1. 特殊取证规则

特殊侦查措施是相对于普通侦查措施而言的，是指侦查机关采取隐瞒身份、目的、手段的方法，在侦查对象不知晓的情况下，发现犯罪线索，收集犯罪证据，乃至抓捕犯罪嫌疑人的活动。[①] 我国1996年刑事诉讼法确认的侦查取证手段有讯问、询问、勘验、检查、搜查、扣押、鉴定、通缉等，在《人民检察院刑事诉讼规则》和《公安机关办理刑事案件程序规定》中规定了辨认手段，这些都是普通侦查取证措施。1996年刑事诉讼法上并无特殊侦查手段的规定。《人民警察法》和《国家安全法》中有授权公安机关、国家安全机关进行"技术侦察"的规定，但并未规定技术侦察的内容以及程序。这种立法状况导致司法实践中出现了这样一种尴尬局面：一方面，随着社会的不断发展，刑事犯罪呈现复杂性、隐蔽性、高科技性等新特点，有组织犯罪、跨国犯罪和恐怖犯罪等新型犯罪不断涌现，侦查机关为应对犯罪现实，完成惩罚犯罪的职能，在实践中经常会依据《人民警察法》与《国家安全法》采用特殊侦查手段，以发现和扩大案件线索，获取关键证据。另一方面，由于刑事诉讼法没有规定，侦查机关通过技术侦查而获得的材料，往往只是作为认定案件事实的参考依据，而不能

---

① 张军主编：《刑事证据规则理解与适用》，法律出版社2010年版，第264页。

直接作为证据使用。如果要在法庭上作为证据使用，需要在此前段告知有关案件各方，将其公开化后才能作为合法的证据使用。这种从资料到证据的转换，不仅降低了技术侦查的效率，也影响了整个诉讼程序的效率，甚至可能会造成对某些犯罪的放纵。①

为解决实践中的上述问题，两高三部的《办理死刑案件证据规定》第 35 条规定侦查机关依照有关规定采用特殊侦查措施所收集的物证、书证及其他证据材料，经法庭查证属实，可以作为定案的根据。法庭依法不公开特殊侦查措施的过程及方法。随后 2012 年《刑事诉讼法》在第二编第二章中增设"技术侦查措施"专节，明确规定了技术侦查措施的实施主体、适用范围、批准程序、使用期限、执行；秘密侦查的规范；以及证据使用、侦查人员人身安全保障等内容。这些规定对于推动特殊侦查措施的立法化、实现惩罚犯罪与保障人权的刑事诉讼目的显然具有积极意义。然而，上述法律规范仍然存在以下四个问题需要继续完善。

第一，取证手段尚需丰富。上述法律规范中规定的特殊侦查措施包括：技术侦查、秘密侦查、控制下交付等特殊侦查取证措施。然而，实践中为侦查机关所运用的特殊侦查措施远不止于此。实际上，目前公安司法机关在实践中所采取的特殊侦查取证措施至少可以包括以下四类：一是技术侦查措施，如电子侦听、电话监听、电子监控等，这是实践中适用较普遍的一类侦查措施；二是特工侦查手段，如使用线人、特情、卧底侦查员等；三是诱惑侦查手段，如机会提供型引诱、虚示购买、控制交付等；四是传统侦查行为加密侦查，如秘密搜查、秘密提取、秘密辨认、秘密拍照或录音录像、邮件检查等。在笔者看来，应当将上述措施整体纳入立法进行规范，以全面充分规范特殊侦查取证措施。

第二，审批程序尚需进一步规范化。2012 年刑事诉讼法中有关几种特殊侦查措施所规定的审批程序不尽相同。关于技术侦查仅规定"经过严格批准手续"，显然，过于笼统。何谓"严格"，由谁"批准"等并不明确。有关隐匿身份实施的侦查"经公安机关负责人决定"即可实施，而有关控制下交付则没有规定审批程序，因而特殊侦

---

① 北京市公安局海淀分局法制处副处长营振国说："涉及严重的暴力犯罪案件、涉黑涉恶案件和重大贩毒案件，我们基本上都可以采用技术侦查手段。"《技术侦查：从幕后走向台前（关注）》，http://news.163.com/11/1012/08/7G5EGQGD00014JB6.html。

查取证措施的审批程序亟须统一与规范。"另外，人民检察院采取技术侦查措施'按照规定交有关机关执行'，这里的'有关机关'又是什么机关，没有给予清晰的解答。"① 在笔者看来，特殊侦查取证措施比普通侦查取证措施更易对公民享有的生命、财产和人身自由等私权利产生威胁甚至侵害，因而为防止滥用，有必要构建统一的司法审查程序以规范特殊侦查措施，即当检察机关、公安机关、国家安全机关等侦查机关需要适用特殊侦查手段时，应当将有关事实和理由提交给同级法院，由法院依据法律决定是否批准。当然，立足我国检察机关法律监督地位，也可变通由检察监督途径控制。

第三，法律后果尚需明确。按照法理学的一般原理，"完整或独立的法律规范的基本结构应当由构成要件、法律效果以及把法律效果归入构成要件（效力规定）所组成"。② 法律获得有效的执行，依赖于其逻辑结构的完整性，而其中法律后果性规定的重要性自不待言。因此哈特针对法律规范的义务规则（第一规则）无效性的特点，提出应当以"审判规则"第二规则来补救，从而使其真正发挥作用。③ 可见法律后果之于法律规范的有效实施非常关键。而上述法律规范并未有违法实施特殊侦查措施的法律后果的规定，显然不利于有效规制特殊侦查取证权。在笔者看来，为保证特殊侦查取证措施规范的有效实施，应当从实体与程序两方面规定违法实施特殊侦查措施的法律后果：在实体方面，应当规定违法使用特殊侦查手段的侦查人员，由其主管部门追究纪律、法律责任；在程序方面，应当规定违法使用特殊侦查手段取得的证据，在庭审中应作为非法证据而予以排除。

第四，救济机制尚需增设。有法谚道："无救济，无权利"，意即强调救济手段对于权利保障的重要意义。然而，上述法律规范中并没有对被采取特殊侦查取证措施的当事人救济程序的规定，显然不利于约束侦查机关的特殊侦查权，保障当事人的合法权益，因而建议规定，当事人认为自己被违法适用特殊侦查措施，有权向上一级法院提出控告，上一级法院应当及时予以答复。或者按照2012年《刑事诉

---

① 陈光中主编：《〈中华人民共和国刑事诉讼法〉修改条文释义与点评》，人民法院出版社2012年版，第216页。
② ［美］考夫曼：《法律哲学》，刘幸义等译，法律出版社2004年版，第153页。
③ 参见［英］哈特《法律的概念》，张文显等译，中国大百科全书出版社1996年版，第94—98页。

讼法》确立的检察受理申诉、控告实施法律监督的途径解决。①

此外，有关配套制度还需随之建立，如特殊侦查措施的法律文件的备案、存档制度等，确保其真实性、原始性和特殊情形下的可查性。

2. 强制取证、真实鉴证规则

证据的真实性是证据三大基本属性之一，既是证据客观性的必然体现，也是证据资格条件要求，尤其是证明力审查判断的标准。死刑案件需要收集充分、确实的证据，以确保死刑定罪的准确性，死刑裁判的准确性和合理、合法性。为此，对查明事实、确定证据真伪有必要的一些证明规则需要建立。其中强制取证、鉴证规则就是其中之一，也是比较有特色的证明规则。

强制取证、真实鉴证规则，是强制取证规则和真实鉴证规则的有机组合。所谓"强制取证"，是指对查明事实有必要的证据，应尽可能地收集到，甚至可以必要性地强制取得。这是从保证关键证据能够运用司法证明的需要，确保定罪裁判的准确。鉴证规则（Requirement of Authentication or Identification）是英美法系使用的一个概念，所谓鉴证，是指当事人在举出证据时，必须证实其是真实的，或者说"提供足够的证据支持法庭作出争议事项就是建议者所主张事项的裁定"②。鉴证，也有学者直译为"证真（authentication）和识别（identification）"，究其实质，实际上相当于我国证据法中的对证据的形式真实性的释明或证明。③这提出了证据真实性审查的形式真实要求和真实审查的必要性要求。按照美国《联邦证

---

① 《中华人民共和国刑事诉讼法》（根据2012年3月14日第十一届全国人民代表大会第五次会议《关于修改〈中华人民共和国刑事诉讼法〉的决定》第二次修正，2013年1月1日起施行）第115条："当事人和辩护人、诉讼代理人、利害关系人对于司法机关及其工作人员有下列行为之一的，有权向该机关申诉或者控告：

（一）采取强制措施法定期限届满，不予以释放、解除或者变更的；

（二）应当退还取保候审保证金不退还的；

（三）对与案件无关的财物采取查封、扣押、冻结措施的；

（四）应当解除查封、扣押、冻结不解除的；

（五）贪污、挪用、私分、调换、违反规定使用查封、扣押、冻结的财物的。

受理申诉或者控告的机关应当及时处理。对处理不服的，可以向同级人民检察院申诉；人民检察院直接受理的案件，可以向上一级人民检察院申诉。人民检察院对申诉应当及时进行审查，情况属实的，通知有关机关予以纠正。"

② Fed.R.Evid.901（a）；United Stateds v.Simpson, 152 F.3d 1241, 1250（10th Cir.1998）.

③ 参见陈界融译《〈美国联邦证据规则（2004）〉译析》，中国人民公安大学出版社2005年版，第135页。

据规则》第901条①规定，当事人提出的证据首先要通过证据能力的证明或释明关，为此，"首先，必须证据形式真实，即提出的物，确实是当事人所主张的物件或文书，文书上的字迹确实是文书所表彰的人所签，就相当于我国法律中所说的物证是否是原物、书证是否是原件。其次，才考虑证据内容是不是真实"②。根据美国联邦证据规则的相关规定，鉴证的对象主要有证人证言、笔迹、物证、"明显特殊与类似情形"、声音、电话、公共记录和报告、陈旧文件或数据汇编、程序和系统、法律或规则规定的方法。③ 根据鉴证方法的不同，对上述鉴证对象分为两类：一是内在证据或自我鉴证证据，比如国内外公文、经证明的公共记录副本、官方出版物等；二是外在证据。④ 针对这些不同的鉴证对象，美国联邦证据规则规范了证据真实的证明方法，比如保管链证言证真（保管链的证言证真要求，由数个证人，就同一物证的占有、保管、交接情形的时间、地点、物证情形、移转方式、上下手的情形，分别提供证言证明）；鉴定（笔迹鉴定、声音识别等）；事实审理者审查；辨认；"答复法则"（前后通话时间、内容的相互呼应关系）；法规鉴真；自我证真（盖印等）。⑤

我国证据相关立法已经确立了强制取证、鉴证的基本思想和规则规范。就强制取证而言，根据我国最高院《刑诉法解释》第226条规定，合议庭审查中发现被告人可能有自首、立功等法定量刑情节，而起诉和移送的证据材料中没有这方面的证据材料的，应当建议人民检察院补充侦查。从而确立了有利被告人的自首、立功证据应当提交的强制性要求。两高三部的《办理死刑案件证据规定》以死刑案件的证据规则规范为出发点，极大地丰富了我国强制取证规则和鉴证规则：《办理死刑案件证据规

---

① Federal Rules of Evidence (2004) (incorporating the revisions that tock effcet Dec. 1, 2003) ARTICLE IX. AUTHENTIVATION AND IDENTIFICATION. Rule 901 Requirement of Authentication or Identification (a) General provision. The requirement of authentication or identification as a condition precedent to admissibility is atisfied by evidence sufficient to support a finding that the matter in question is what its proponent claims.
② 陈界融译著：《〈美国联邦证据规则（2004）〉译析》，中国人民公安大学出版社2005年版，第135页。
③ 参见何家弘、刘品新《证据法学》，法律出版社2004年版，第369页。陈界融译著：《〈美国联邦证据规则（2004）〉译析》，中国人民公安大学出版社2005年版，第135—142页。
④ 参见何家弘、刘品新《证据法学》，法律出版社2004年版，第369页。
⑤ 参见陈界融译《〈美国联邦证据规则（2004）〉译析》，中国人民公安大学出版社2005年版，第135—142页。

定》第 7 条规定了强制采样要求①；第 10 条规定了强制辨认要求②；第 15 条规定了强制证人出庭作证要求③等。2012 年《刑事诉讼法》第 130 条规定了人身检查、生物样本采集的强制性要求；第 187 条规定了证人、鉴定人甚至警察强制出庭作证的义务性要求，并在 188 条规定了不出庭的惩戒措施；第 193 条规定"对与定罪、量刑有关的事实、证据都应当进行调查、辩论"这是强制举证、认证的规范性要求。为确保死刑案件的质量，我国还需要在强制取证规范上继续加强立法，比如应建立死刑口供应当获取规则和 DNA 证据强制鉴定规则。这是因为口供是被告人人权保障的重要形式，也是其诉讼参与程序价值的体现，更是确保死刑案件真实、准确的印证关键，因此，在死刑裁判上必须采取说服教育等方法取得被告人口供；而 DNA 证据作为当今最为精确的鉴定意见，以及在发现冤假错案、鉴别证据真伪、真实保障的重要价值，在死刑案件中应该确立 DNA 强制鉴定规则——即只要有 DNA 鉴定检材的案件一定要强制、及时、全面地收集，并要进行 DNA 鉴定，否则，该案不能定死刑。

同理，我国相关法规也在鉴证规则上进行了规范。比如 1996 年刑事诉讼法第 48 条规定了证人资格条件——能够辨别是非、能够正确表达。接着最高院《刑诉法解释》第 57 条规定："对于证人能否辨别是非，能

---

① 最高人民法院、最高人民检察院、公安部、国家安全部、司法部《关于办理死刑案件审查判断证据若干问题的规定》第 7 条："对在勘验、检查、搜查中发现与案件事实可能有关联的血迹、指纹、足迹、字迹、毛发、体液、人体组织等痕迹和物品应当提取而没有提取，应当检验而没有检验，导致案件事实存疑的，人民法院应当向人民检察院说明情况，人民检察院依法可以补充收集、调取证据，作出合理的说明或者退回侦查机关补充侦查，调取有关证据。"

② 最高人民法院、最高人民检察院、公安部、国家安全部、司法部《关于办理死刑案件审查判断证据若干问题的规定》第 10 条："具备辨认条件的物证、书证应当交由当事人或者证人进行辨认，必要时应当进行鉴定。"

③ 最高人民法院、最高人民检察院、公安部、国家安全部、司法部《关于办理死刑案件审查判断证据若干问题的规定》第 15 条："具有下列情形的证人，人民法院应当通知出庭作证；经依法通知不出庭作证证人的书面证言经质证无法确认的，不能作为定案的根据：（一）人民检察院、被告人及其辩护人对证人证言有异议，该证人证言对定罪量刑有重大影响的；（二）人民法院认为其他应当出庭作证的。证人在法庭上的证言与其庭前证言相互矛盾，如果证人当庭能够对其翻证作出合理解释，并有相关证据印证的，应当采信庭审证言。对未出庭作证证人的书面证言，应当听取出庭检察人员、被告人及其辩护人的意见，并结合其他证据综合判断。未出庭作证证人的书面证言出现矛盾，不能排除矛盾且无证据印证的，不能作为定案的根据。"

否正确表达，必要时可以进行审查或者鉴定。"已经具有鉴证规则的思想。两高三部的《办理死刑案件证据规定》第 10 条既确定了物证、书证的强制辨认规则，也同时规定了辨认、鉴定规则。鉴证规则是确保证据形式真实，从而保证内容真实的重要规则，是英美法系证据可采性规则的基本规范，我国应充分吸收和借鉴，尤其是在当前科技高速发展的时代，越来越多的科技证据随之出现，其真实性的鉴别、认定非常关键。因此，我国应以死刑案件证据规范为突破口，继续深入推进我国"真实鉴证规则"体系建设。一是将鉴证的证据范围进行扩展，不仅限于物证、书证，应扩展到所有证据种类，突出科技证据。二是吸收借鉴先进经验，确立各种类型证据的鉴证方法，比如美国的"保管链证言证真"规则、"答复规则"、法律位阶比较规则、自我鉴真规则等。其中最重要的还是鉴定的方法。三是在确立我国特色的证据审查内容基础上，进一步完善我国证据审查的程序规范，确保鉴证证据规则的实现。

二 其他证明规则

虽然证明规则的种类比较多，但立足我国证据规则体系现状，基于死刑案件特殊性要求，本部分突出研究几个重要的证明规则。因此，除基础性的取证规则外，其他证明程序环节的规则在此进行集中阐述。

1. 证据保管链规则（Chain of Custody rule）

两高三部的《办理死刑案件证据规定》第 6 条第（一）（二）（三）项[1]虽然主要是规定了物证、书证的审查内容，但其关于审查物证、书证的保存文字说明及签名要求，则反映了"证据保管链"思想[2]。学界普遍观点认为，虽然物证、书证是间接证据，但其客观性强，因而真实、可靠

---

[1] 最高人民法院、最高人民检察院、公安部、国家安全部、司法部《关于办理死刑案件审查判断证据若干问题的规定》第 6 条："对物证、书证应当着重审查以下内容：（一）物证、书证是否为原物、原件，物证的照片、录像或者复制品及书证的副本、复制件与原物、原件是否相符；物证、书证是否经过辨认、鉴定；物证的照片、录像或者复制品和书证的副本、复制件是否由二人以上制作，有无制作人关于制作过程及原件、原物存放于何处的文字说明及签名。（二）物证、书证的收集程序、方式是否符合法律及有关规定；经勘验、检查、搜查提取、扣押的物证、书证，是否附有相关笔录或者清单；笔录或者清单是否有侦查人员、物品持有人、见证人签名，没有物品持有人签名的，是否注明原因；对物品的特征、数量、质量、名称等注明是否清楚。（三）物证、书证在收集、保管及鉴定过程中是否受到破坏或者改变。"

[2] 张军主编：《刑事证据规则理解与适用》，法律出版社 2010 年版，第 106—108 页。

性强。"如果间接证据的真实性能够得到可靠的证实,就将比那些未能得到间接证据确证的直接证据具有更高的可信度。间接证据不会说谎。"①但实际上,间接证据也会说谎,间接证据会因为客观自然环境的影响和主观人类活动而改变,从而影响其真实性。有学者将那些能够增加、改变、模糊、污染或者毁灭证据的影响称为"证据动态变化"(Evidence Dynamics)。② "证据动态变化既可能是自然因素所致,也可能是人为因素所致。"③ 为确保证据的真实性,不让证据撒谎,美国确立了"证据保管链规则",——"在犯罪现场发现相关的物证、书证等证据之后,直至将该证据提交给法庭之前,与该证据相关的所有人员、地点与处理工作都必须记录在案。这种记录通常被称为"证据保管链条(Chain of Custody)"。④ 为此,美国将证据收集后直到提交法庭前的证据移转环节分为了十个步骤:"1. 保护(免受环境及其他因素的影响),2. 记录(笔录、草图、照片、录像等),3. 收集/包装/标记,4. 在提交给法庭科学实验室前后予以保存,5. 运输(运送法庭科学实验室),6. 种类鉴别(基于证据的特征进行证据归类),7. 比对分析(与已知样本、未知样本与控制样本进行比对),8. 同一认定(认定为具有独特性的证据),9. 解释(结合案件中的其他证据),10. 处理(储存/销毁/丢弃/破坏)。"⑤ 对这些证据转移环节,都需要证据保管记录和证据表示、标识。"典型的证据保管记录包括:最初观察到特定证据的人员、侦查人员对该证据的保管、提交给鉴定结构、鉴定人员的保管、侦查人员取回该证据后提交给警方的证据存储部门以及最终将之提交给法庭。"⑥ 其中"证据标签所包含的信息或内容并无定式,一般该标签应当包含以下内容:(1)案件编号;(2)被告人的姓名;(3)被害人的姓名;(4)发现物证的侦查人员的姓名;(5)物证

---

① William Paley, The Priciples of Moral and Political Philosophy 551-552 (1785).
② [美] 威廉·奇泽姆等:《犯罪重建》,刘静坤译,中国人民公安大学出版社 2010 年版,第 162 页。
③ 刘静坤:《证据动态变化与侦查阶段证据保管机制之构建》,《山东警察学院学报》2011 年第 1 期总第 115 期。
④ [美] 诺曼·嘉兰等:《执法人员刑事证据教程》,但彦铮等译,中国检察出版社 2007 年版,第 404 页。
⑤ [美] 威廉·奇泽姆等:《犯罪重建》,刘静坤译,中国人民公安大学出版社 2010 年版,第 162 页。
⑥ 刘静坤:《证据动态变化与侦查阶段证据保管机制之构建》,《山东警察学院学报》2011 年第 1 期总第 115 期。

被发现的日期、时间和地点；（6）物证的简要介绍（这一点在该标签与物证处于分离状态时尤为重要，同时，有些物证仅从外表无法予以识别）；（7）发现物证的侦查人员的签名；（8）移交人员的姓名和移交原因；（9）移交的日期和时间；（10）该物证的最终处理结果，即该物证未能作为证据使用时的处理方式。"[①] 其中，物证的保存环节很关键，也是发现问题比较多的环节，需要构建物证分类保存制度、证据监管链条记录制度、专门保管封存制度等。[②]

根据两高三部的《办理死刑案件证据规定》的相关规定，我国已经确立了证据保管链规则的基本思想。比如《办理死刑案件证据规定》第6条（一）、（二）、（三）规定了物证、书证的文字说明记录要求；第9条规定了勘验、检查笔录的记录保管规范是定案根据的审查条件；第23条（四）提出鉴定检材保管要符合法律规范要求；第25条（一）、（二）提出了勘验、检查笔录的制作要求和记载内容详细规范，并通过第27条（二）、（三）、（四）和28条规定为勘验、检查笔录的定案根据条件；第29条（二）、（三）、（四）对电子证据也规范了文字记录规范要求，等等。可以说这些证据审查规范，反向地规范了证据保管的基本要求。但是，还是可以理性地看出，我国"证据保管链规则"还有很多不完善的地方。上述法律规范仅仅是从证据审查环节规范了取证环节证据资格的保管规范要求，但是对证据的保护、取证的法律程序规范、证据移转交接环节要求、存档保管等缺乏指导性规范，所以我国《办理死刑案件证据规定》离完善的证据保管链规则体系还有很大的差距。

为此，我国应以死刑案件证据规范为切入点，推动我国"证据保管链规则"体系构建：一是提高立法位阶，确立证据法律规范的法律地位。二、扩充证据保管的证据种类，不仅限于物证、书证等实物证据，还应该包括主观性很强的言词类证据。这是因为我国诉讼模式要求非常注重庭前言词性证据的证明力。三是建立证据发现、收集、固定时的标识、记录制度；交接移转的背书转移制度以及存档分类、保密、存取审批制度。不仅从证明的各个环节进行证据保管规范，还要从证据保管的方式、方法上继续深入研究，进行实践总结。四是突出死刑案件证据保管链规则的特殊

[①] 刘静坤：《证据动态变化与侦查阶段证据保管机制之构建》，《山东警察学院学报》2011年第1期总第115期。

[②] 参见刘静坤《证据动态变化与侦查阶段证据保管机制之构建》，《山东警察学院学报》2011年第1期总第115期。

性，进行更为严格的证据保管链规则规范。以此推动我国证据保管链规则的严格规范。

2. 充分质证规则

《办理死刑案件证据规定》第4条规定："经过当庭出示、辨认、质证等法庭调查程序查证属实的证据，才能作为定罪量刑的证据。"并且分别从"二、证据的分类审查与认定"和"三、证据的综合审查和运用"两个方面对各种类死刑证据的审查、认定规则和死刑证据的综合认定规则进行了规范，比如，间接证据定案规则、存疑证据审查规则、死刑案件量刑证据认定规则。对此，学界大致形成了以下三种观点：一是认为我国《办理死刑案件证据规定》确立了"质证原则"，也有称"未经质证不得认证的规则"；二是认为《办理死刑案件证据规定》规范了证人应当出庭的情形，实体上有利于保障正确认定案件事实、程序上更有利于保障诉讼当事人的质证权利，因此确立了"有限的直接、言词原则"；三是认为《办理死刑案件证据规定》在证人出庭作证制度、证据资格规范以及庭前、庭上证据能力上进行了完善，吸收了英美法系的"传闻证据规则"。

虽然，《办理死刑案件证据规定》主要围绕证据的审查、认定与运用问题进行了规范，是在第4条的指引下进行规则构建的，就本规定本身而言，认为《办理死刑案件证据规定》确立了"质证原则"，有其一定的合理性，也反映了"立法者"构建以庭审为中心的证据规则的初衷相符合——"要树立证据的提取、审查、判断以法庭审理为准的观念"[①]。但是就死刑证据控制而言，审查质证环节仅是死刑证明程序中的一个环节，不符合证据原则应是贯彻始终的特征要求，因此，就死刑证据控制体系而言，《办理死刑案件证据规定》第4条的规定，更应该是质证规则而不是质证原则。"直接、言词原则"是大陆法系的基本原则，以维护职权主义诉讼模式，强调诉讼各方是诉讼参与性（"在场原则"）、法官查证、认证的直接性（"直接采证原则"）和庭审证据表现形式的言词性、辩论性（"言词原则"）为特点[②]，非常注重法官的亲历性和证据的原始性。[③] 此项原则以维护公开审理、直接审理的审判模式为目的，确保事实查明的准

---

① 张军主编：《刑事证据规则理解与适用》，法律出版社2010年版，绪论（代序）第21页。
② 宋英辉等：《证据法学研究述评》，中国人民公安大学出版社2006年版，第113页。
③ 宋英辉、李哲：《直接、言词原则与传闻证据规则之比较》，《比较法研究》2003年第5期。

确性和对质权的实现。有利于保证自由心证结果的正确性[1]、促进程序公正价值的实现，更多地体现为刑事诉讼的基本程序原则。我国刑事诉讼法已经确立了公开审理原则，规范了"直接言词"原则的基本内涵，可以说我国刑事诉讼的原则中已经基本确立了"直接言词"原则。在《办理死刑案件证据规定》的上述规定中，并不是以确立直接、言词原则为目的（因为这个原则已经在刑诉法中确立了），而是以确立充分的质证规则为目的，以规范证据审查的内容，来确保证据的合法性，确保案件质量，死刑适用的公正性。因此，这也不能说《办理死刑案件证据规定》确立了"有限的直接、言词原则"，当然，更不能说死刑证据控制体系也确立了"直接、言词原则"。而"传闻证据规则"是英美法系特有的证据规则，也是"英美证据法中最古老、最复杂和最令人感到迷惑的一项证据排除规则"[2]。传闻证据规则以当事人主义诉讼模式、陪审团制度、保障当事人对质诘问权、确保真实发现等为理论背景[3]，以规范证据能力为内容的证据规则。虽然，《办理死刑案件证据规定》第15条规范了证人出庭作证义务，第16条规范了证人保护制度，第22条确立了庭前、庭上证言的采信规则，具有了"传闻证据规则"的基本性规范。但是，仍不能说我国死刑案件已经确立了"传闻证据规则"。首先，我国诉讼模式不是当事人主义诉讼模式，法官在庭审中的主导性仍是庭审模式的主要特点。证人出庭义务的规定，虽有保障人权的意味，但更根本的是保障法庭审查证据的充分性，确保真实实现的目的。其次，证人出庭作证义务和保障措施，仅是传闻证据规则实现的前提条件，并不能反映传闻证据规则强化保护当事人对质诘问权的根本要义；再次，也是最根本的，《办理死刑案件证据规定》并没有直接排除庭前陈述的证据资格，而是采取了综合审查判断的认定方法，目的主要还是在真实性保障上，而不是在当事人对质权的维护上。最后，传闻证据规则作为被告人对质诘问权的基本保障措施[4]，关键的规则内容是交叉询问的质证程序。《办理死刑案件证据规定》

---

[1] 参见劳东燕《论言词、直接原则》，《法学》1998年第2期。

[2] 宋英辉主编：《刑事诉讼法学研究述评（1978—2008）》，北京师范大学出版社2009年版，第614页。

[3] 参见齐树洁主编《英国证据法》，厦门大学出版社2002年版，第458—467页；朱立恒《传闻证据规则研究》，中国人民公安大学出版社2006年版，第106—131页；刘玫《传闻证据规则及其在中国刑事诉讼中的运用》，中国人民公安大学出版社2007年版，第185—207页。

[4] 参见王超《警察作证制度研究》，中国人民公安大学出版社2006年版，第44页。

虽然规范了审查、判断证据的内容，但关于对质诘问的质证程序规范仍是不充分的。因此，我国《办理死刑案件证据规定》仅仅是规范了我国死刑案件审查、认定和运用证据的规则，并没有真正确立"传闻证据规则"。按照我国职权主义诉讼模式要求、法庭主导庭审的特点、追求真实的诉讼目的、不断强化当事人权利保障的改革方向、我国的《办理死刑案件证据规定》的证据规范更应该是具有我国特色的"质证规则"。因为死刑刑罚的严酷性、生命的不可再生性，死刑的证据控制规则体系中，不仅应确立"质证规则"，而且应确立"充分的质证规则"，以确保死刑证据审查的充分性、诉讼当事人权利保障的充分性和死刑适用的准确性。

通过证据控制死刑，有必要构建"充分质证规则"：

一是确立证人出庭作证制度，包括证人出庭作证的义务、例外、证人保护制度、经济补偿的保障等，还要规范侦查人员出庭作证制度。可喜的变化是 2012 年刑事诉讼法已经就证人、鉴定人和被害人的人身保护，证人、鉴定人和警察出庭作证进行了规范，并确立科学证据质证审查的专家辅助人规定以及不出庭的后果等。[①]

二是构建严格、规范的庭审交叉询问规则，确保当事人对质诘问权的实现，其中当事人的质证启动权（含申请权和要求证人出庭权等）和法官的质证决定权的平衡是设计的关键，这取决于当事人权利保障的发展进程。

三是定罪、量刑程序适用不同的质证规则，量刑程序中质证规则可以自由，质证证据种类更加丰富而充分，质证形式更加灵活，当事人质证启动权保障应更加充分，以切实维护被告人的人权。当然，法官也应有关键证据必须启动质证的权力，强制启动质证的义务。

四是构建配套制度，比如改变卷宗移送方法、构建证据开示制度、公开审判制度、质证权利救济制度等。

目前，我国现有证据规范在"充分质证规则"的构建上已经迈出了一大步。刑事诉讼法确立了"公开审判制度"，保障了质证的庭审形式；《办理死刑案件证据规定》和 2012 年刑事诉讼法确立了比较完善的证人、鉴定人乃至警察出庭作证制度，并规范了证据审查判断的内容，规范了证据资格条件，明确了庭审前后证据的证据资格判断标准。

---

① 《中华人民共和国刑事诉讼法》（根据 2012 年 3 月 14 日第十一届全国人民代表大会第五次会议《关于修改〈中华人民共和国刑事诉讼法〉的决定》第二次修正，2013 年 1 月 1 日起施行）第 57 条、59 条、62 条、63 条、187 条、188 条等。

但是，整体来看，我国死刑案件的"充分质证规则"仍有很多的缺陷，需要进一步完善：一是侦查人员出庭作证制度需要进一步充实与保障，不应仅限于非法证据排除程序，而应拓展出庭作证的案件类型，尤其是死刑案件中的重要证据应出庭作证，并应建立完善的出庭保障制度。二是构建完善的庭审质证程序规范，构建交叉讯问制度、确保死刑案件当事人对质诘问权的实现；完善质证权利分配，构建当事人启动质证程序的权利——比如提出质证某新证据的申请权，平衡法官质证决定权与当事人质证申请权关系；构建不同情形质证程序规范，比如量刑程序质证程序规范，被告人认罪程序、简易程序等质证程序规范。三是构建更加完善的配套制度，比如律师辩护制度、证据开示制度、卷宗移送方式、证据协力义务等。

3. 无证裁判规则

案件事实需有证据证明是总的原则，违反这个原则被认为是触犯自然司法（natural justice）。但由于"事实审理者的头脑不完全是一张白纸，等待当事人在上面写字"因此，也存在一切事实必须以证据予以证明的总原则的例外。① 这就是无证据裁判的情形。无证裁判的突出特点即免证性，免去了取证、举证、质证等环节，但证据仍具有证明效力，大大减轻了它们的证明负担，减少了司法资源的消耗，直接凸显了刑事诉讼的效益价值或效率价值。无证裁判，顾名思义是指有些证明对象是不需要证据进行证明的。具体包括免证事实，比如众所周知的事实、公理等；依据逻辑、经验的推定规则；司法私知的情形，比如法律的规定等。

有关无证裁判，我国1996年刑事诉讼法中没有规定，2012年刑事诉讼法对此也未涉及。2012年最高人民检察院《人民检察院刑事诉讼规则》第437条对无证裁判的适用范围作了界定，是目前刑事诉讼实践中无证裁判的主要依据，根据该司法解释，在法庭审理中，下列事实不必提出证据进行证明："（一）为一般人共同知晓的常识性事实；（二）人民法院生效裁判所确认的并且未依审判监督程序重新审理的事实；（三）法律、法规的内容以及适用等属于审判人员履行职务所应当知晓的事实；（四）在法庭审理中不存在异议的程序事实；（五）法律规定的推定事实；（六）自然规律或者定律。"2010年《办理死刑案件证据规定》又根据死刑案件的特殊性增加了被告人年

---

① 沈达明：《英美证据法》，中信出版社1996年版，第60页。

龄推定的内容，即其第 40 条规定的："审查被告人实施犯罪时是否已满十八周岁，一般应当以户籍证明为依据；对户籍证明有异议，并有经查证属实的出生证明文件、无利害关系人的证言等证据证明被告人不满十八周岁的，应认定被告人不满十八周岁。"

在笔者看来，在贯彻证据裁判原则的前提下，死刑案件的裁判有必要重视无证裁判的情形，以减轻证明负担，提高死刑案件的办案效率。为此应当推动无证裁判的立法化进程，将无证裁判情形纳入立法，以提高其规范层次与规范内容，增强执行力。并且由于这些情形只有通过程序载体才能变为行动中的法律，从而充分彰显其功能与价值，因而还应在上述司法解释规定的基础上增加对适用程序的规定。无证裁判的适用程序至少应当包括以下内容：一是适用的阶段。无证裁判可以适用于刑事审判的各个阶段，即从法庭调查至合议庭评议前的任何阶段，既适用于一审程序也适用于二审和再审程序。二是程序启动。建议建立以下两种启动方式：（1）申请启动。控辩双方发现属于无证裁判的事项可以申请法官予以裁判。（2）依职权启动。法官发现有可以无证裁判的情形，可依职权启动程序。三是调查程序。对于需要经过调查才能裁判的，应宣布休庭，延期审理；对不需调查的，或需调查而调查完成后，合议庭一致通过并双方无异议的，即可进行无证裁判，作为定案依据。四是复核程序。控辩双方对无证裁判事项有异议的，可以提请审判委员会复核。经复核后作出的决定，合议庭必须采纳。

第三节 应当创设的规则

通过理论与实务界的努力，我国证据规则体系（广义的）的研究取得了比较大的成就，体现在两个《证据规定》的出台和 2012 年刑事诉讼法的通过，很多研究成果已经转化为具体的法律规范。以死刑案件为先导推动我国证据法律体系的完善，除了上述主要的证据规则外，还要针对死刑案件的特殊性，创设一些重要的证据规则。这里重点研究 DNA 证据强制鉴定规则和口供必要性规则。

一 DNA 证据强制鉴定规则

"科技是第一生产力"，这是社会发展历史得出的重要结论。在刑事司法领域，科技的进步也大大推进了司法发展的进程。每一次新的科技手段的司法应用往往会带来司法领域的革命性变化：笔迹、足印、指纹、血液分析等司法鉴定技术的应用，将司法证明从以"人证"为核心转向以"物证"为中心的新时代。DNA鉴定技术的出现，更是极大地推进了人身识别技术的跨越式前进，成为纠正冤假错案的破曙之光。截至2004年5月，在美国共有包括一些死刑犯在内的143名服刑人员被无罪释放，正是保存在警察局的物证材料，为DNA鉴定技术恢复这些人的清白提供了可能。[1] 为此，美国于2004年通过了《无辜者保护法案》，为纠正司法错案打开了一扇宽敞的大门。[2] 据统计，截至2007年，美国凭借DNA鉴定技术已经恢复了200多人的清白[3]。DNA鉴定技术以其前所未有近乎百分之百的检测精度为司法准确认定人身提供了几乎完美的证据。不仅在纠正错案方面，而且在证实犯罪，准确认定罪犯方面，DNA鉴定技术都在发挥着关键性的作用。因此，有关DNA强制采样与鉴定立法如雨后春笋般呈现，"代表性的立法有美国1994年《联邦DNA鉴定法》，英国1994年《样本提取条例》，德国1998年《DNA身份确认法》，加拿大1997年《DNA鉴定法》。除这些单行法律以外，英国《1984年警察与刑事证据法》《1994年刑事审判与公共秩序法》以及德国、日本的刑事诉讼法等也对强制采样及DNA司法鉴定问题进行了相应的规定"[4]。

不能亦步亦趋，但应充分尊重科学、尊重真理，我国应在DNA鉴定立法上迎头赶上。为此，我国两高三部《办理死刑案件证据规定》第7条[5]规定对生物样本的采集要求，确立了涵盖DNA鉴定检

---

[1] 参见［美］John M. Butler《法医DNA分型——STR遗传标记的生物学、方法学及遗传学》(*Forensic DNA Typing—Biology, Technology, and Genetics of STR Markers*)，侯一平、刘雅诚主译，科学出版社2007年8月版，第7页。

[2] 张君周：《美国定罪后DNA检测立法评析》，《环球法律评论》2008年第5期。

[3] 参见《DNA检测揭开美国冤案冰山一角》，《参考消息》2007年5月25日第6版。

[4] 陈学权：《中国科技证据立法基本问题研究》，《证据科学》2007年第15卷（第1、2期）。

[5] 最高人民法院、最高人民检察院、公安部、国家安全部、司法部《关于办理死刑案件审查判断证据若干问题的规定》第7条："对在勘验、检查、搜查中发现与案件事实可能有关联的血迹、指纹、足迹、字迹、毛发、体液、人体组织等痕迹和物品应当提取而没有提取，应当检验而没有检验，导致案件事实存疑的，人民法院应当向人民检察院说明情况，人民检察院依法可以补充收集、调取证据，作出合理的说明或者退回侦查机关补充侦查，调取有关证据。"

材的应当取证的规范要求，明确了生物物证鉴定在司法证明中的重要地位。2012年《刑事诉讼法》第103条规定①，人身检查时"可以提取指纹信息，采集血液、尿液等生物样本"。通过基本法的形式确立了生物样本的采集规范要求，填补了1996年刑事诉讼法在生物样本采集上的法律空白。2012年刑事诉讼法是否确立了强制采样要求呢？对此学界有不同的观点，有学者认为"该规定是不全面的，缺乏对采集生物样本是否可以适用强制力的规定；收集对象仅限于犯罪嫌疑人和被害人过于狭窄。建议增加规定'犯罪嫌疑人、被告人如果拒绝采样，侦查人员认为必要的时候，可以决定强制采样'"。②但是，笔者认为，根据该条规定，生物样本采集是在人身检查过程中进行的，是人身检查的内容之一，理应适用该条第二款规定的强制检查的规定，即对犯罪嫌疑人拒绝检查的，则可强制检查，涵盖生物样本采集的强制性内容。当然，伴随新刑事诉讼法的颁布施行，后续的司法解释需要跟进，在生物样本采集的规范上需要有所体现。2012年12月《最高人民法院关于适用〈中华人民共和国刑事诉讼法〉的解释》第69条第（四）项和第72条③规定了生物样本应当鉴定的要求，并有了强制提取的规范。最高检《人民

---

① 《中华人民共和国刑事诉讼法》（根据2012年3月14日第十一届全国人民代表大会第五次会议《关于修改〈中华人民共和国刑事诉讼法〉的决定》第二次修正，2013年1月1日起施行）第130条规定："为了确定被害人、犯罪嫌疑人的某些特征、伤害情况或者生理状态，可以对人身进行检查，可以提取指纹信息，采集血液、尿液等生物样本。犯罪嫌疑人如果拒绝检查，侦查人员认为必要的时候，可以强制检查。检查妇女的身体，应当由女工作人员或者医师进行。"
② 陈光中主编：《〈中华人民共和国刑事诉讼法〉修改条文释义与点评》，人民法院出版社2012年版，第202页。
③ 《最高人民法院关于适用了〈中华人民共和国刑事诉讼法〉的解释》（法释〔2012〕21号）第69条第（四）项："物证、书证与案件事实有无关联；对现场遗留与犯罪有关的具备鉴定条件的血迹、体液、毛发、指纹等生物样本、痕迹、物品，是否已做DNA鉴定、指纹鉴定等，并与被告人或者被害人的相应生物检材、生物特征、物品等比对"；

　　第72条："对与案件事实可能有关联的血迹、体液、毛发、人体组织、指纹、足迹、字迹等生物样本、痕迹和物品，应当提取而没有提取，应当检验而没有检验，导致案件事实存疑的，人民法院应当向人民检察院说明情况，由人民检察院依法补充收集、调取证据或者作出合理说明。"

检察院刑事诉讼规则》第213条①以及公安部发布的《公安机关办理刑事案件程序规定》第208条均规定生物样本采集的强制要求。从国外来看，为了发现实体真实，很多国家都已经规范了生物样本采集的强制规范要求，仅有少数国家不允许强制采集生物样本。②

从我国现行立法情况看，我国已经开始关注DNA类生物样本采集的必要性，这必将为生物类样本的鉴定提供了前提性条件，丰富了证据范围，必将有助于司法证明的更加真实与准确。但是，我们也应看到，关于高科技司法鉴定技术的应用在立法上还有很多的不足。就以死刑案件为例，为慎重死刑适用，防止不可挽回的生命损失，对死刑案件的司法证明应该更加严格而规范。DNA鉴定技术作为当代高科技的司法证明手段，在确保司法证明的准确性，防止冤枉无辜具有举足轻重的重要作用。因此，应该建立死刑案件有生物样本条件的，必须进行采集并进行鉴定的规则，否则，不得适用死刑。让高科技的DNA鉴定技术发挥死刑适用的标准阀的功能，不失为一项重要的死刑案件证据规则。为此，死刑案件不仅采集生物样本是必须的，DNA鉴定也是必须的，并且可以强制进行采样和鉴定。当然，追求实体真实的同时，也不能忽略对人权的保障，强制采样与鉴定只能是对犯罪嫌疑人、被告人拒绝采样、鉴定时才可实施，而对证人、被害人则不可以强制采样。根据2012年刑事诉讼法的规定，生物样本采样的对象仅限于犯罪嫌疑人、被告人，对此，未来立法也需要在采样对象上进行扩展，应包括对证人、被害人及有血缘关系的亲属及其他人员。③ 此外，死刑案件DNA强制鉴定规则，还需要在以下几个方面进行完善。

---

① 《人民检察院刑事诉讼规则》（2012年10月16日最高人民检察院第十一届检察委员会第八十次会议第二次修订，2013年1月1日试行）第213条："为了确定被害人、犯罪嫌疑人的某些特征、伤害情况或者生理状态，人民检察院可以对人身进行检查，可以提取指纹信息，采集血液、尿液等生物样本。必要时，可以指派、聘请法医或者医师进行人身检查。采集血液等生物样本应当由医师进行。犯罪嫌疑人如果拒绝检查，检察人员认为必要的时候，可以强制检查。检查妇女的身体，应当由女工作人员或者医师进行。"
② 参见 Professor Carlos M Romeo—Casabona, Professor Aitziber Emaldi—Cirion, Amelia Martin Uranga and Pilar Nicolas-Jimenez. Spain, Don Chalmers, Genetic Testing And The Criminal Law, first published in Great Britain by UCL Press, 2005, p. 180。
③ 陈光中主编：《〈中华人民共和国刑事诉讼法〉修改条文释义与点评》，人民法院出版社2012年版，第202页。

一是赋予犯罪嫌疑人、被告人 DNA 鉴定人的选择权利,以维护其对司法鉴定中立性、公正性的心理预期。

二是 DNA 生物样本保存制度,保存期限要在死刑执行后 20 年,为纠错提供机会。

三是确立有采样、鉴定条件而没有进行 DNA 鉴定的案件,对被告人不得判处死刑的规则,以慎重控制死刑。

四是确立 DNA 鉴定意见独证不能定案规则,任何证据都有出错的可能性,证据地位都是平等的,不能凸显 DNA 鉴定意见的支配地位[1]。

五是构建 DNA 鉴定结论的专家辅助人质证规范要求,确保 DNA 鉴定意见能够得到公正、全面、准确、平等的审查判断机会,确保其证据资格和证明力。

这里,第三项完善建议是该规则的核心思想,即没有进行 DNA 鉴定以确保案件的真实性的前提下,适用死刑需要特别慎重,原则上不建议适用死刑。当然,这里 DNA 鉴定必须是对于认定犯罪嫌疑人人身有决定性意义的证据,如果对本案证明起片面、间接性证明意义的 DNA 鉴定意见则并不是本规则的含义所在,比如 DNA 鉴定意见表明被害人是某某人,则对认定犯罪嫌疑人人身并不具有很强的指向性证明意义。本规则的确立是强化公安司法人员在刑事诉讼活动中,尤其在侦查环节注重对生物样本的采集,对 DNA 鉴定样本和检材的收集,为事实查明、真实发现提供更为可靠的证明保障。如果有 DNA 样本采集条件和鉴定条件,而由于司法人员主观原因导致鉴定不能,则原则上不适用死刑,但也不是不能适用死刑,以防止该原则适用上过于僵化。比如,因被告其他罪行已经可以适用死刑,或者其他数罪已经非常严重,或者其他证据已经完全达到证明标准要求,并且有从重处罚的犯罪情节等,则可突破该规则限制,适用死刑。当然,从维护人权角度、从司法文明角度、从死刑国际潮流看,不适用死刑也是有其积极意义的,但在我国依然保留死刑的情形下,无 DNA 鉴定意见则不适用死刑的强制性规则需要有例外情形,也是合理的。为更好地保障死刑案件中 DNA 鉴定意见证据的司法适用,需要对失职的司法人员进行非常严厉的法律或者行政处罚,确保其在死刑案件中注重 DNA 类生物样本的发现、采集和鉴定应用。

---

[1] 参见吕泽华《DNA 鉴定技术在刑事司法中的运用与规制》,中国人民公安大学出版社 2011 年版。

二 口供必要性规则

在人类司法证明的历史长河中，口供曾以"证据之王"的角色长期统治着司法证明活动。随着人类认识水平的提高，指纹、DNA 等高科技证据的出现，不仅冲击了口供证据之王的地位，而且也破除了"证据之王"的错误观念。[1] 因为，在司法证明活动中，案件事实是依靠各种证据结成完整的证据锁链来证明的，是一种体系性的证明，各个证据都在证据锁链的不同环节发挥着相应的功能，其间并无地位高低之分，也无权威大小之别。"证据之王"的表述暗含着"证据歧视"，是不平等看待证据的观念反映，有违司法证明的本质属性。更严重的是，"证据之王"的提法不但会促成司法人员养成不均衡收集证据的习性，其更大的危害在于，引致司法人员过于倚重"证据之王"，从而发生片面认证的危险。[2]这样，口供在司法证明中的地位江河日下，不仅法律规定"口供独证不为证"，甚至出现了"零口供"定案的判例。[3] 那么，口供是否在司法证明中可有可无了呢？笔者认为，口供虽然有其不稳定和容易出错的可能性，甚至是很多冤假错案的重要原因，但是不可否认，口供仍具有其独立的证据地位，有其不可替代的证明价值。因为，诉讼证明是回溯式的证明，历史不可重现，这是司法证明的一道永恒的难题。只有犯罪人本人才是对自己犯罪历史最为清晰的人，因此，其对犯罪的陈述是最有可能揭露真实的陈述，这也是"口供是证据之王"的原因所在。虽然，零口供定案反映了司法证明手段的丰富性，提升了司法证明的整体水平，但就事实的查明而言，有口供比没有口供更有助于事实的查清，也更有助于维护被告人的诉讼权利。作为刑事犯罪中量刑最为严厉的死刑案件，为了确保查明事实，慎重适用死刑，有必要收集更为充分的证据材料。口供作为犯罪事实实施者的陈述，具有揭露真相的最大可能性，理应得到充分的尊重。同时，获取口供有助于增强犯罪嫌疑人、被告人的诉讼参与性、保障其辩护权的自我充分行使。通过听取犯罪嫌疑人、被告人的供述或者辩解，不仅可以辅助事实的查明，还有助于犯罪嫌疑人、被告人

---

[1] 参见吕泽华《DNA 难堪"证据之王"之责》，《中国社会科学报》2010 年 10 月 19 日刊，第 6 版。

[2] 同上。

[3] 辽宁省抚顺市顺城区人民检察院 2000 年 10 月初，推出了三易其稿而成的《主诉检察官办案零口供规则》，在司法界引起震动。

死刑前的自我救赎，实现"遗嘱性"的临终关怀。因此，死刑案件应确立"口供必要性"规则。

所谓"口供必要性"规则，是指在死刑案件中，要判定死刑，必须要获取犯罪嫌疑人、被告人的口供，如果不能获得，则死刑原则上不得判定，即适用死刑要慎重，应确保死刑案件被告人的口供（含供述或辩解）能够竭力取得。当然，并不是说要以非法的方式取得口供，而是说口供的存在在死刑案件司法证明中具有不可或缺的重要地位，应当获取口供。尤其在死刑量刑问题上，要积极听取被告人的口供，给予其最后的辩护权利，给予其最充分的质疑死刑的机会，防止不可挽回的冤枉无辜事实的发生。为此，为确保口供能够合理、合法的获得，在司法人员不能取得口供的情况下，有必要建立以下几项举措，竭力取得被告人口供或者"变相形式"的"转述"口供。

（1）心理咨询师等心理辅助人员进行心理疏导，借以打开被告人的心理症结，进而如实"开口说话"，必要时可采信心理咨询辅导记录或者录音、录像材料作为口供证据材料或者辅助证明材料。

（2）死刑救助委员会辅助帮助，我国并无此协会存在，但死刑的适用涉及生命的剥夺，笔者主张社会应关注死刑人员的临终关怀工作，让有公益热心人士、热爱生命人士成立此组织，给予其对死刑人员的临终帮助与精神关怀，其与被告人的沟通获得的书面材料或者录音、录像可以作为死刑适用的口供证据转化材料或者辅助证明材料。如果能直接打开被告人的心扉说出对案情的表述内容则可直达目的。

（3）指定法律援助律师或者自聘律师帮助。辩护律师不仅要依法维护犯罪嫌疑人、被告人的合法权益，而且应对死刑被告人进行法律引导，让其就案件情况进行开口陈述，必要的时候，可借助辩护律师获取的犯罪嫌疑人、被告人的口头或者书面陈述内容作为其"口供"证据材料或者辅助证明材料。

（4）近亲属、法定代理人的代为陈述，此种陈述也是转化型的被告人"口供"陈述。借助亲属关系、委托信任关系更能达到获取其口供材料的机会和可能，让其更能如实地敞开心扉说明案情和内心想法，将此种陈述材料作为被告人口供的替代证据或者辅助证明材料是合理的。

（5）进行司法精神鉴定。通过上述这些手段打开被告人的心扉，通过书面、录音、录像等方式转述犯罪嫌疑人、被告人的心声。当这些变相措施实施后，穷尽了救济仍不能取得口供或者变相的"转述"口供，则被告人原则上不能判处死刑立即执行（但可判处死刑限制减刑等轻刑）。

那么如何来判断是否穷尽了救济手段呢？如何保证救济的质量呢？无口供的例外情形有哪些呢？和原来的"零口供"定案有何关系呢？这里需要有一个判断救济实现程度的标准。笔者认为标准就是救济方法用尽原则，也就是上述几种方法都试过了，仍不能取得其陈述（或者转述）。至于每种方法实现的程度，则是一个很难主观判断的问题，需要结合具体的制度构建来客观保证。至少上述方法均已施行，仍不能取得"口供"，也说明救济已经用尽了，相对还是比较合理的，也具有可行性。"零口供"可以定案，表明在没有口供的情况下，其他证据已经形成了完整的证据锁链，能够满足证明标准要求，可以判定被告人有罪并施以刑罚。但是，死刑刑罚的适用则要特别慎重，即使可以"零口供"定其有罪，如果需要判处死刑，则需要有被告人的口供或者变相口供。此时，既然判定死刑需要口供，则定罪裁判的依据也应该需要口供来支持，即死刑案件的定罪与量刑应有被告人口供支持。

第五章 死刑控制的证明责任

"证明责任是诉讼的脊梁。"伴随诉讼的产生,事实查明的责任分配问题就应运而生了,而历经几千年的发展,证明责任既内部分离细化又外延发展成为了横跨实体裁判与诉讼证明的复杂问题。从古罗马的"原告负证明责任"的朴素认识,到近代罗森贝克、汉斯·普维庭的客观证明责任论和赛耶、威根摩尔的证明责任分层理论,证明责任成了一个概念林立、观点纷呈的论题。证明责任,因其客观证明责任的理论深邃性和证明责任概念体系的庞大以及证明责任分配学说的林林总总,甚难为常人所驾驭,成为令人望而生畏而又充满学术诱惑的海市蜃楼。①为了控制和限制死刑的适用,对死刑案件证据控制离不开证明责任问题的研究。2012年刑事诉讼法的颁布实施,又大大冲击了我国传统证明责任分配体系,亟须跟进研究。对此学界尚未给予充分的关注。正因为证明责任在死刑证据控制中的重要地位,有必要对我国刑事诉讼证明责任进行研究;又因为其理论复杂,有必要针对我国立法实践进行具体化研究而免于陷入纯理论抽象;更因为我国诉讼立法的更新与程序制度的丰富与发展,有必要充实我国证明责任分配理论,形成新的证明责任分配体系。本章拟对2012年刑事诉讼法颁布实施以来我国传统证明责任分配体系面临的挑战进行分析,进而提出更新的构想。

第一节 传统证明责任分配理论面临的挑战及更新

新中国成立以来,经过几代法律人的努力,我国已经基本形成了分配形式单一而简洁的证明责任分配体系:以定罪证明为核心,非法证据排除程序证明为例外,形成以检控机关为证明责任主体,以法官

---

① 陈卫东主编:《刑事诉讼基础理论十四讲》,中国法制出版社2011年版,第352页。

审查、核实为验证,以自诉证明为补充,以被告证明为例外的权利与义务型的证明责任分配体系。此种证明责任分配模式徒具证明责任分配的形式外表,更多地体现出我国职权主义诉讼模式、客观公正义务性要求的实质内涵。随着人权"入宪"与"进讼",当事人主体地位日益凸显,随之而来的量刑程序的分离趋势、程序法事实证明的日益突显,诉讼结构调整以及证明责任理论融合的现代特色,我国证明责任分配应在证明主体多元化、证明对象多样化、诉讼多态性、证据协力等方面进行制度更新。

一 我国刑事证明责任分配体系的基本内容和特点

相比西方法治发达国家复杂的证明责任理论体系而言,我国证明责任分配体现出职权性、主动性、强调义务性、客观性以及简洁性的特点。有效调整了诉讼证明的公平关系,虽然不乏缺陷与不足之处,但从司法实践运行状况而言,还是基本合理的。

1. 我国刑事诉讼证明责任分配体系的基本内容

依据我国刑事诉讼法及其相关司法解释,我国证明责任分配体系的基本内容主要包括以下几点。

(1) 定罪证明责任的主要承担者是检控机关。2012年《刑事诉讼法》第49条规定:"公诉案件中被告人有罪的举证责任由人民检察院承担,自诉案件中被告人有罪的举证责任由自诉人承担。"本条是"新《刑事诉讼法》首次对举证责任作出明确规定。"[①] 依据无罪推定的现代法治思想和我国检控机关是国家法律追诉机关的性质,检控机关负担证明犯罪嫌疑人、被告人有罪的证明责任,如果证明不能达到"案件事实清楚、证据确实充分"的标准要求,则被追诉者无罪。无论是从法理还是我国法律的规定,检控机关承担着定罪证明的主体责任。

(2) 无罪证明责任的承担者也是检控机关。我国实行社会主义法律制度,沿袭苏联诉讼模式,检察机关是国家的法律监督机关,代表国家对法律的统一、正确实施法律监督。检控机关除了有追诉犯罪的职能外,还有保障无罪的人不受法律追究的客观义务。因此,证明犯罪嫌疑人、被告人无罪的证明责任也是检控机关。按照"法院统一定

---

① 陈光中主编:《〈中华人民共和国刑事诉讼法〉修改条文释义与点评》,人民法院出版社2012年版,第52页。

罪权原则"①，任何公民在法律最终定罪之前，他在法律上无罪。既然在法院定罪之前，从法律角度是无罪的，那么任何被追诉者都没有证明自己无罪的义务或者责任，更准确地说，证明无罪应是被告人的权利而非义务。相反，作为国家机关代表的检控机关，负有客观、公正司法的义务性要求，负有维护公民权利的职责，所以其有证明无罪的责任要求。

（3）被告方承担部分实体法事实的证明责任。原则上证明有罪、无罪的证明责任都是检控机关，但根据证明责任分配的证明程度难易的分配原理，有些情形下，由被告人承担证明责任是更为合理和可行的，比如巨额财产来源不明罪、非法持有类犯罪等。但这些实体法事实的证明也不是完全由被告方承担的，以巨额财产来源不明罪为例，证明被告人财产超出其合法收入且差额巨大的证明责任仍是检控机关，如果检控机关能够证明差额巨大部分的财产是非法所得或者合法所得，则追究被告人刑事责任或者不予追究刑事责任。只有当检控机关穷尽证明，仍无法查清其差额财产的来源时，为维护国家机关工作人员职务行为的廉洁性，推定成立巨额财产来源不明罪。此时，如果被告方能够证明其财产来源的合法性，则可推翻巨额财产来源不明罪的推定。此时，因为推定关系的存在，所以，被告方例外地承担了证明责任。

（4）非法证据排除程序证明责任在被告方与检控机关之间转移。依据两高三部《非法证据排除规定》第6条的规定②和2012年《刑事诉讼法》第56条第2款的规定③，被告方如果提出了非法证据排除的动议，

---

① 《中华人民共和国刑事诉讼法》（根据2012年3月14日第十一届全国人民代表大会第五次会议《关于修改〈中华人民共和国刑事诉讼法〉的决定》第二次修正，2013年1月1日施行）第12条："未经人民法院依法判决，对任何人都不得确定有罪。"

② 最高人民法院、最高人民检察院、公安部、国家安全部、司法部《关于办理刑事案件排除非法证据若干问题的规定》第6条的规定："被告人及其辩护人提出被告人审判前供述是非法取得的，法庭应当要求其提供涉嫌非法取证的人员、时间、地点、方式、内容等相关线索或者证据。"

③ 《中华人民共和国刑事诉讼法》（根据2012年3月14日第十一届全国人民代表大会第五次会议《关于修改〈中华人民共和国刑事诉讼法〉的决定》第二次修正，2013年1月1日施行）第56条第2款规定："当事人及其辩护人、诉讼代理人有权申请人民法院对以非法方法收集的证据予以排除。申请排除以非法方法收集的证据的，应当提供相关线索或者材料。"

则应当承担证据收集是非法的初步责任,一般要求,提供非法取证的"相关线索或者材料"即可。初步责任的证明标准相对比较低,只要达到使法官认为有非法取证的怀疑即可。之后实行证明责任倒置(或者说回归),由检控方承担取证合法性的证明责任。[1]

(5)自诉案件、附带民事诉讼案件实行"谁主张、谁举证"的证明责任分配规则。自诉案件不同于公诉案件,追诉犯罪由自诉人承担控诉职能,检控机关不介入。2012年《刑事诉讼法》第49条规定:"公诉案件中被告人有罪的举证责任由人民检察院承担,自诉案件中被告人有罪的举证责任由自诉人承担。"因此,自诉案件证明责任分配适用"谁主张、谁举证"的证明责任分配规则。附带民事诉讼程序实质是民事诉讼程序,因此,证明责任适用民事诉讼的证明责任分配规律,即基本实行"谁主张、谁举证"的证明责任分配制度。因为附带民事诉讼案件与刑事案件的附带性关系,刑事案件的证明会有助于推动民事案件诉讼的解决,因此,对检控方或自诉人在刑事诉讼中依据证明责任完成的证明事实可以为民事诉讼所利用,变相的,检控方和自诉人在民事诉讼中也对部分事实承担了证明责任。

(6)法官在刑事诉讼中承担了证据调查、核实的权利。根据2012年《刑事诉讼法》第191条[2]的规定,法官承担庭审阶段证据调查、核实的权利。这是我国传统的职权主义诉讼模式使然,公、检、法既有明确的分工,也有互相的配合,共同完成惩罚犯罪的诉讼目的。在诉讼运行的过程中,公、检、法机关才是诉讼活动的真正程序主体,控制着诉讼程序的运行及最终结果。在庭审阶段主要由庭审法官控制审判程序的运行,主导证据调查与法庭辩论活动,因此,为保证法官认知事实的真实性、准确

---

[1] 《中华人民共和国刑事诉讼法》(根据2012年3月14日第十一届全国人民代表大会第五次会议《关于修改〈中华人民共和国刑事诉讼法〉的决定》第二次修正,2013年1月1日施行)第57条规定:"在对证据收集的合法性进行法庭调查的过程中,人民检察院应当对证据收集的合法性加以证明。现有证据材料不能证明证据收集的合法性的,人民检察院可以提请人民法院通知有关侦查人员或者其他人员出庭说明情况;人民法院可以通知有关侦查人员或者其他人员出庭说明情况。有关侦查人员或者其他人员也可以要求出庭说明情况。经人民法院通知,有关人员应当出庭。"

[2] 《中华人民共和国刑事诉讼法》(根据2012年3月14日第十一届全国人民代表大会第五次会议《关于修改〈中华人民共和国刑事诉讼法〉的决定》第二次修正,2013年1月1日施行)第191条第1款规定:"法庭审理过程中,合议庭对证据有疑问的,可以宣布休庭,对证据进行调查核实。"

性、合法性，法官可以依法依职权主动地查明犯罪事实。这里需要注意，庭审法官开展的证据调查、核实活动，并不是表明法官有收集证据的义务要求，也就是说法官并没有收集证据的义务，其仅仅是为核实证据真实性、合法性而进行的证据调查活动。不管怎么说，职权主义诉讼模式的特点使然，法官具有一定的事实查明的职责与权利。

2. 我国刑事诉讼证明责任的基本特点

通过对我国现行立法有关刑事诉讼证明的规范性要求，不难发现我国刑事诉讼的证明责任呈现如下特点。

（1）证明责任分配方式比较单一。从前述我国证明责任的基本内容看，我国证明责任分配方式比较简洁、形式单一。证明责任分配的基本原则是检控方承担证明责任，既包括有罪的证明责任，也包括无罪的证明责任，此外还承担非法证据排除程序中取证行为合法性的证明责任。被告方、辩护方基本不承担证明责任，只有例外情形下才承担证明责任，并且承担的证明对象比较狭窄、明确，证明标准要求也不高。刑事诉讼活动中，被告方提交庭审证据是其证明权利的体现，而不是其证明责任与义务的要求。同时，法官具有职权审查、判断证据，调查、核实证据的权力，这基本是其职权所在，是其承担事实查明义务的职能体现。因此说我国证明责任分配方式相对比较单一。

（2）证明责任实质是证明义务要求。证明义务与证明责任是有区别的。义务是权利的对应物，有起诉的职权，就有了起诉的义务；责任是对权利不行使或行使不当的后果。职权主义诉讼构造下，检察机关更多的是负证明义务，而非证明责任，即败诉并不是检控方或法院所应承担的不利后果。检控机关承担证明的义务来源于起诉法定主义、强制起诉原则、调查原则（实体真实的诉求），是其客观义务的使然。检察机关甚至会因审判或审查起诉时发现的有利于被告之情事而为不追诉甚或主张无罪之判决，并且有为被告为抗诉救济之义务。①

从我国证明责任分配的立法现状看，证明责任分配的动力不是"证明不能，不利后果的承担责任"而是法定诉讼职权所能。依据我国宪法，检察机关除是追诉犯罪的公诉机关外，更是国家的法律监督机关，其既具有公诉职能，也具有法律监督职能。对事实真相的查明与证明是其执行法律监督职能的重要体现，因此，其具有客观公正的义务，既有承担证明有罪的证明义务，也承担证明无罪的证明义务。实际上这两种证明对象是完

---

① 参见林钰雄《严格证明与刑事证据》，法律出版社 2008 年版。

全对立的，如果胜败都承担证明责任的话，则检控方的责任是双重的，而且是相对的，这不能说是证明责任的本质意义所在。所以说，我国证明责任实质是证明义务，是法律监督职权的具体体现。

（3）证明责任分配集中于定罪事实的证明。虽然，我国有了比较明确的证明责任分配体系：既有公诉案件证明责任分配，也有自诉案件证明责任承担；既有实体法事实的证明责任，也有程序法事实的证明分配；既有刑事证明责任，也涵盖附带民事诉讼证明责任。但是，从立法规范来看我国证明责任分配仍然有很多的不足：其一，对实体法事实中的罪与刑没有进行区分，量刑事实的证明基本等同于定罪事实的证明，甚至可以说没有明确的量刑事实的证明责任规范。其二，程序法事实虽然有了证明责任规范，比如非法证据排除程序中证明责任的分配，但在其他程序事实的证明上，还略显薄弱，证明责任和证明标准要求基本是泛化的规范。此外，证据法事实一般认为不需要证明，否则会产生循环证明的悖论。但是，本质上证据法事实也应当成为证明对象，因为证据的真实性、合法性、关联性也应该有证明责任的分配要求。

（4）证明责任分配更多地体现证明关系原理。证明责任发展至今天，证明责任分配问题不仅关涉诉讼证明问题，也关涉司法裁判问题。按照大陆法系客观证明责任理论，证明责任是案件证明真伪不明时，不利后果的承担责任[1]。因此，按照证明责任理论发展的结果来看，证明责任既有形式意义上的证明责任，也有结果意义上的证明责任。证明责任不仅是证明关系的体现，而且是裁判关系的影射。正是结果意义上的责任要求，才产生了形式意义上的证明责任分配。而从我国职权主义诉讼模式来看，检控方具有客观、公正义务，同时承担着有罪、无罪的双重对立的证明责任，这种证明责任已经没有结果意义上的责任要求了，基本是证明关系的一种体现而已。证明责任只是一种形式要求，一种表征而已，实质是证明职能和证明义务的体现。

（5）证明责任分配体现很强的职权主义特色。学者们普遍认为，证明责任是与辩论主义（对抗主义、当事人主义）诉讼原则密切相关的，即只有在当事人进行的、平等主体对抗的庭审模式下，才有真正的证明责

---

[1] 客观证明责任是一种法定的风险分配方式，是"对真伪不明的风险分配，即对事实状况的不可解释性的风险所进行的分配。这种抽象的风险分配在每一个诉讼开始前就已存在，就像实体法的请求权规范一样"。转载于［德］汉斯·普维庭《现代证明责任问题》，吴越译，法律出版社2000年版，第27页。

任。而在职权主义（调查主义、指令主义）诉讼构造下，则不存在纯粹意义上的证明责任。因为此时，法官并不是当事人主义模式下的中立状态，法官有查明事实真相的义务。同时，检察官也有客观公正的义务，有查明事实真相的义务。这种职权探知义务成为了事实查明的原动力，而不是诉讼主张不成立或者诉讼证明不能的不利后果的败诉风险的承担责任在推动司法证明，所以职权主义诉讼模式下是不存在证明责任的，有的是证明的协助义务。[①] 但是，大陆法系国家客观证明责任的发现，却摆脱了诉讼模式的限制，成了统一适用的证明责任类型，因为无论何种诉讼类型，只要采行自由心证裁判模式，那么在诉讼终结之时对事实的证明都会出现真、伪和真伪不明三种不同的心证状态。因为"只要有真伪不明的存在而法官又必须裁判，与此相应的客观证明责任在各个程序中就是必须的"[②]。

按照职权主义诉讼制度，法官具有职权调查义务，即检、法"具有践行法治国司法程序的前提下，发现案件真相，毋枉毋纵，进而达到法定的安定与和平"[③] 的最高理想。即检、法具有客观义务。检查官的证明义务产生于各种原因，比如无罪推定原则、法定强制起诉义务、客观公正义务、检察权属性、公诉职能等。从我国诉讼构造模式来看，学界基本认同我国具有很强的职权主义诉讼模式的特点，虽然自1996年《刑事诉讼法》第一次修正以后，大量引入了英美当事人主义诉讼模式的有益改革，但公、检、法分工负责、互相配合、互相制约的基本原则思想，导致诉讼活动的真正程序主体只有国家专门机关，甚至法官也有查明事实的义务要求和程序控制的权力。这种职权主义诉讼构造必然导致证明责任分配体系体现很强的职权主义的特点。

3. 我国刑事诉讼证明责任分配的理论依据分析

我国刑事诉讼证明责任分配体系的形成离不开我国的法律制度及其体现出的诉讼模式与诉讼理念。

（1）法律监督权的宪法依据。根据我国《宪法》第129条，人民检察院是国家的法律监督机关，其基本职能是代表国家对法律的适用进行监督，纠正和查处一切违法行为。这一宪法规定，确立了检察机关的基本法律性质。体现在诉讼活动中，公诉权仅是检察机关法律监督权的下位概

---

① 参见林钰雄《严格证明与刑事证据》，学林文化，2002年版。
② 普维庭：《现代证明责任问题》，吴越译，法律出版社2006年版，第60页。
③ 林钰雄：《严格证明与刑事证据》，法律出版社2008年版，第225页。

念，下位职能，因此，公诉权不仅仅是公诉职能，更根本的是其法律监督职能。法律监督职能的存在，打破了检察机关诉讼职能的单一性要求，使其具有了客观性、公正性的基本义务。这样，就打破了检察机关从结果意义上分配证明责任的功能和价值，证明的负担基本是其客观、公正义务的使然。

（2）职权主义诉讼模式构造的理论。大陆法系国家客观证明责任的发现，摆脱了诉讼模式的限制，成为统一适用的证明责任类型，因为无论何种诉讼类型，只要采行自由心证裁判模式，那么在诉讼终结之时对事实的证明都会出现真、伪和真伪不明三种不同的心证状态。因为"只要有真伪不明的存在而法官又必须裁判，与此相应的客观证明责任在各个程序中就是必需的。"① 大陆法系客观证明责任理论的产生，使得证明责任的分配呈现了脱离诉讼模式而独立存在的可能。但我国公、检、法分工负责、互相配合、互相制约的基本诉讼原则，以及法官在客观性、中立性、消极性司法裁判权能上的不足，导致证明结果既是检控方的责任，也是审判者的责任。同时，客观、公正义务的要求，使得检、法机关都有查明事实、防止冤枉无辜的义务。这样就出现了对立的证明责任要求落在同一机关身上的现象。这种有罪与无罪、控诉与辩护对立性的主张由同一个主体承担，违背了诉讼对抗的基本原理，违背了对立统一的基本规律。这种侧重职权主义的诉讼模式使然，我国证明责任承担就产生了不同于对抗式诉讼证明模式下的分配特色。

（3）无罪推定的思想。我国 1996 年《刑事诉讼法》第 12 条规定："未经人民法院依法判决，对任何人都不得确定有罪。"该条明确规定了定罪权力统一由法院行使的基本原则，也就是说，在法院依法定罪之前，被追诉者是无罪的。这也暗合了无罪推定原则的基本含义——"在刑事诉讼中，任何受到刑事追诉的人在未经司法程序最终判决为有罪之前，都应被推定为无罪之人。"② 也就是说，在法院定罪之前，任何人都被推定为法律上"无罪"的人。既然推定为无罪之人，那么控诉其有罪的主体就要承担推翻此"无罪"的推定，证明其有罪。因此，控诉方（自诉人）就要承担证明有罪的责任，证明责任因此而衍生。因此，可以说无罪推定的思想，是证明责任分配机制形成的直接推动力。

---

① 普维庭：《现代证明责任问题》，吴越译，法律出版社 2006 年版，第 60 页。
② 谢佑平、万毅：《刑事诉讼法原则：程序正义的基石》，法律出版社 2002 年版，第 243 页。

(4) 证明成本、难易的关系。从诉讼经济、诉讼证明可能性角度，由更加容易证明的一方承担证明责任，会节约司法成本，而且证明难度更小。比如巨额财产来源不明罪、非法持有类犯罪等，由被告方证明差额巨大的财产来源的合法性（或者持有是合法的）更加容易，也更为可能，遂改变由检控方承担证明责任的分配规律，由被告方来承担会更为合理。同理，对刑讯逼供的非法证据排除问题，如果由被告方承担则难度大，证明成功的可能性小。相反，实行举证责任倒置，由非"刑讯"的主张方——检控方来承担取证行为的合法性则更为可能。或者也可以理解为，只要刑讯主张方承担了提供线索和怀疑可能性的前提责任，则推定一定存在刑讯逼供，要想推翻此推定，就要由检控方承担取证行为合法性的证明责任。无论何种理解，此时影响证明责任分配的基本要素是证明的成本和证明的难易程度。

综上所述，我国传统的证明责任分配理论是以法律监督权为核心，以职权主义诉讼构造为制度环境，以无罪推定为基本原则，兼顾证明难易、司法公平与诉讼效率等因素的证明责任分配体系。

二　我国刑事证明责任分配体系面临的挑战

虽然我国证明责任分配理论极大地推动了我国诉讼证明的发展，形成了基本符合我国国情、政治法律制度特点的证明责任体系。但随着诉讼文化的交流，司法实践的发展，传统证明责任理论面临新的挑战。

1. 诉讼模式的转型推动证明责任的发展

两大法系证明责任因诉讼模式的分野，出现了证明责任概念、内容与体系上的分离，但随着文化的交流、诉讼模式的互相学习与借鉴、司法公正理念上的共通性，现在两大法系证明责任出现不断的融合与发展的趋势。[1] 在如此的背景下，我国证明责任制度的发展必然要融入这一文化融合的趋势之中，伴随诉讼制度的不断完善，证明责任在制度设计、分配理论、概念体系等方面趋向同一。

自 1996 年《刑事诉讼法》第一次修改之时起，我国就已经大力地推进诉讼模式的转型，在沿袭传统苏联诉讼模式的基础上，不断融合当事人主义诉讼模式的有益成分，出现了职权主义为本，体现当事人主义形式特色的混合模式。诉讼模式的转型必然带来不同诉讼理念、诉讼模式的相互冲突，强职权主义的诉讼模式和注重检察机关法律监督权的诉讼制度必然

---

[1] 刘广三、吕泽华：《证明责任的分离与融合》，《人民检察》2011 年第 15 期。

会对强调"控辩平等对抗、司法裁判为核心"的诉讼模式产生"免疫排斥"反应，因此，也必然带来我国证明责任分配上的自我矛盾与关系冲突。但诉讼模式的转型与发展已经成为我国诉讼模式发展的必然趋势，理顺法律监督权与"审判权为核心"的诉讼理念的冲突关系，实现诉讼模式的现代转型与融合将伴随我国诉讼模式的改革与发展的全过程。因此，我国诉讼证明责任的分配与调整将成为必然之势。在检察机关法律监督权与被告方的辩护权之间进行更合理的权力（权利）与责任分配，实现更融洽的互补关系，将是我国证明责任有效调整的基础；适度赋予辩护方更多的证明责任要求，实现诉权与法律监督权的有效分离，将会更有利于诉讼模式转型与证明责任分配的合理调整，促进诉讼的公正。

2. 因程序权利保障与救济措施的加强而面临的程序法事实证明责任的分配调整

2012年《刑事诉讼法》将"尊重和保障人权"写入第二条[①]——刑事诉讼法的任务条款，标志着我国人权保障法律思想在刑事诉讼活动中的立法确立。这是我国刑事诉讼程序公正的重大进步，程序权利的保障以及发现侵权行为的救济制度成了刑事诉讼程序丰富与完善的重要内容。随着辩护权利的扩展，各诉讼阶段，尤其是侦查阶段辩护权的充分介入、辩护权内容的不断充实[②]，辩护方在程序事实、实体事实上的作用日益凸显，则证明责任的分配应有所调整。另外，救济程序、非法证据排除程序、量刑程序等程序的日益完善，证明对象更加多样，证明关系更加繁杂，又必然对证明责任进行更为细致的调整，以确保证明责任的合理分配。

2010年两高三部的《非法证据排除规定》和《办理死刑案件证据规定》的出台，尤其是2012年刑事诉讼法对非法证据排除程序的立法完善，标志着我国已经基本确定了非法证据排除的程序制度。这一制度的确立，

[①] 《中华人民共和国刑事诉讼法》（根据2012年3月14日第十一届全国人民代表大会第五次会议《关于修改〈中华人民共和国刑事诉讼法〉的决定》第二次修正，2013年1月1日起施行）第2条："中华人民共和国刑事诉讼法的任务，是保证准确、及时地查明犯罪事实，正确应用法律，惩罚犯罪分子，保障无罪的人不受刑事追究，教育公民自觉遵守法律，积极同犯罪行为作斗争，以维护社会主义法制，保护公民的人身权利、财产权利、民主权利和其他权利，保障社会主义建设事业的顺利进行。"

[②] 根据《中华人民共和国刑事诉讼法》（根据2012年3月14日第十一届全国人民代表大会第五次会议《关于修改〈中华人民共和国刑事诉讼法〉的决定》第二次修正，2013年1月1日起施行）第四章的相关规定，侦查阶段犯罪嫌疑人可以聘请律师作辩护人、扩充法律援助的适用阶段。

不仅完善了我国诉讼证明法律制度,实现了人权保障与发现真实目标的有机统一,而且,也推动了我国诉讼证明理论的发展,比如,非法证据排除程序的程序法事实的证明责任分配问题就是重要体现。目前,我国基本确立了刑讯逼供等的非法言词证据的排除程序,其中的证明责任分配也基本确立——由被告方承担非法刑讯的线索、材料提出责任,让法官产生刑讯的怀疑即可,转而由检控方证明取证行为的合法性的证明责任,证明要求是"确认或者不能排除非法取证"。[①] 此程序事实的证明是证明责任分配的一个缩影,实际上诉讼运行的过程中,有很多程序法事实需要证明,需要明晰证明责任分配。在不同的诉讼阶段,针对不同的程序法事实,需要确定谁是具体程序法事实的证明责任主体,谁是被证明的对象。而这会有别于传统的、一般性的证明责任分配的基本规律。比如是否需要逮捕,则应由公安机关承担证明责任,检控方是证明的对象,而否定逮捕,则需要辩护方参与,新刑事诉讼法已经确立了逮捕讯问被告人、听取辩护人意见的基本规定,随着权利保障的日益贯彻与落实,被告方、辩护方的证明诉求会更深刻,参与性也会更强,就有可能参与进证明责任分配的体系。

3. 因量刑程序的独立而面临的量刑事实证明责任的分配界定

我国传统证明责任分配是以定罪事实的证明为核心的,量刑事实的证明责任分配基本是定罪事实证明的附庸,参照适用定罪证明责任分配理论。而随着量刑事实证明的日益凸显,量刑事实证明的重要性日益突出,量刑程序改革成为近年学界探讨的热点问题,而且司法改革也在凸显量刑程序独立性的重要性。因量刑事实不同于定罪事实,因程序上的分离需要,有必要确立更为细致的证明责任分配。从证明责任分配的权利理论来看,求刑权既是检控方的权力,也是被告方的参与权利体现,而不单单是法官适法的过程。因此,量刑事实的证明不同于定罪事实的证明,证明责任分配应体现更多的权利保障意识,从而形成量刑事实独特的证明责任分配体系。相比较而言,量刑事实的证明更能体现诉讼活动的平等性、参与性的特点,更符合求刑不能的不利后果的责任承担,更具有证明责任的本质特色。

[①] 《中华人民共和国刑事诉讼法》(根据 2012 年 3 月 14 日第十一届全国人民代表大会第五次会议《关于修改〈中华人民共和国刑事诉讼法〉的决定》第二次修正,2013 年 1 月 1 日起施行)第 58 条:"对于经过法庭审理,确认或者不能排除存在本法第五十四条规定的以非法方法收集证据情形的,对有关证据应当予以排除。"

4. 特殊程序的出现，面临证明责任的再认识

2012年《刑事诉讼法》规范了四种情形特殊程序，其中"犯罪嫌疑人、被告人逃匿、死亡案件违法所得的没收程序"和"依法不负刑事责任的精神病人的强制医疗程序"属于非刑事责任追究的特殊程序。违法所得没收程序是在"刑事无罪"前提下进行的涉案财产处理，此时，刑事公诉程序的一些法理是否适用成为问题，比如"无罪推定"原则是否适用，"有利被告"思想是否适用，因此，此时不是解决被追诉人是否有罪和刑事责任问题，而是解决其涉案财产问题。同时，对涉案财物具有利益请求的利害关系人诉讼权利如何保障，此时的诉讼程序性质认定等都将直接影响到证明责任的具体分配问题。强制医疗程序则是在刑事有罪但刑事责任不予追究诉讼状态下进行的强制医疗的司法决定。此程序或者与公诉并行或者因为作出不起诉决定而单独进行强制医疗的审判程序，其属于司法决定而非司法裁判（判决、裁定）的诉讼终局处理。为了防止"被申请人"恶意被医疗现象的发生，被申请方的诉讼权利保障的充分性值得关注，因而证明责任分担具有了特殊性，尤其是在庭审期间由法院主动启动的强制医疗程序，如何确立证明责任分配以充分调动诉讼积极参与性是不可回避的一个问题。

5. 证据信息多样化，亟待拓展证明主体的多元化

针对死刑等特别案件程序，为确保量刑的正确，有必要拓宽证明的对象范围，尽可能多的提供有助于准确定罪与公正量刑的证据。而证明对象的扩充、证据收集的更加广泛，根据证明责任分配的公平、证明难易、诉讼经济等原理，有必要拓展证明承担主体的范围，明确普通民众和单位的证据协助证明义务要求。而为贯彻对犯罪的未成年实行"教育、感化、挽救"的方针，2012年刑事诉讼法在"未成年人刑事案件诉讼程序"中增加了"调查报告"证据形式，拓展了证据信息来源，增加了未成年人保护组织等的证据协力义务要求。如此，我国诉讼证明制度的发展，诉讼证明对象多元、证据信息量激增、证明讼累加剧，亟须突破简洁、单一的证明责任分配模式，构建主体多元的证明责任分配体系，实现司法证明的最优化。

三 我国刑事证明责任分配体系的更新

随着我国诉讼制度的不断丰富与发展，证明责任分配体系需要更新与发展。除了因循传统的共识性分配理论，比如无罪推定、证明难易、诉讼便利、公正等思想外，结合我国诉讼制度发展的现状和特殊性，有必要进

行证明责任分配理论的更新。

1. 适应诉讼模式构造的改变，重新调整证明责任的分配关系

从我国诉讼模式构造的发展历史来看，我国诉讼模式经历了三个发展阶段，一是沿袭苏联的超职权主义诉讼模式的阶段，非常强调国家司法机关的分工负责、互相配合、互相制约的原则，强调国家司法机关协同配合，共同主导诉讼进程的模式。二是1996年刑事诉讼法确立的，以职权主义为本质，合理吸收当事人主义形式特点的阶段，诉讼模式的改革，带动了诉讼制度的一些变化，虽然职权主义的实质特色并没有改变，但形式上、思想上的进步还是比较明显的。比如注重了被追诉者的权益保障，吸收了起诉状一本主义的形式要求，被告人诉讼主体地位有了显著提升等。三是近几年的反思，以及2012年《刑事诉讼法》的出台，我国开始进入研究本国诉讼国情特点的新阶段，注意吸收大陆职权主义诉讼模式的合理内核，以及当事人主义诉讼模式的有益成分，进行我国诉讼模式构造的特色构建。比如2012年《刑事诉讼法》取消了起诉状一本主义，增加了侦查阶段辩护权利的保障，强化了被追诉者的诉讼参与性。量刑建议权、非法证据排除程序、量刑程序分离等新的制度设计都强化了被告方在诉讼程序上的平等性与参与性。这种诉讼模式的转变，需要重新调整证明责任的分配关系，让诉讼参与主体，乃至普通民众都有诉讼参与的权利、义务和责任，推进我国证明责任分配体系的完善。

2. 融入证明责任融合发展的趋势，深化证明责任分配的体系性

伴随两大法系证明责任理论体系的日益融合，伴随我国诉讼立法和证明理论体系的日益丰富与发展，我国证明责任分配体系需要深入、细化的发展，既有内容上的扩展与细化，也有证明责任形式上的更新、深化。比如主张责任、提出责任、形式责任、结果责任、积极责任、消极责任等不同形式的证明责任理论需要进一步更新发展。当然，证明责任分配理论需要结合我国诉讼模式特点进行构造，依据不同诉讼阶段、不同的诉讼行为进行具体的证明责任分配，形成特色的证明责任分配体系。当然，也应该是合理、科学的证明责任体系。

3. 由以定罪为核心，转向程序、量刑与定罪多元并重

我国传统证明责任分配是以定罪为核心确立的证明责任分配体系。这与我国诉讼模式属于初创期，突出定罪重点进行诉讼制度构造的司法背景有关，是符合我国国情和诉讼制度发展现状的。随着我国诉讼制度的日益完善与进步，程序制度的日益丰满，量刑程序的日益独立化、诉讼模式的融合与转型，我国的证明责任分配的侧重点将由定罪一维转而向程序、量

刑和定罪等多维发展转变，从检控一元论为主体转向多元参与的证明责任分配。依据不同的证明对象，确立不同的证明责任分配关系。当然，在具体的证明责任分配关系上，也需要沿袭传统的基本证明责任分配理论，比如公平、公正、诉讼效率、证明难易等原理。

4. 调动非诉讼参与者更多地融入司法活动，采行证据协力义务

为了有效开展司法证明，保障诉讼权利和民众权利，有必要让更多的人参与司法，以公平与公正地司法。在此发展趋势下，证明责任可从广义理解，吸收更多的人参与司法证明，构建证明责任的宽阔领域。积极引入证据协力义务，填补证明责任分配理论体系的不足，实现司法证明的更加充分性、有效性、合理性，会更有助于司法证明乃至诉讼目的的实现。具体来说，程序性事实的证明，强化见证人见证制度，拓展见证证明诉讼程序合法性的证明；量刑调查报告制度亟待拓展到所有刑事案件，尤其是重特大案件中，明晰调查报告的责任分配，规范调查报告的证据规则；明确强制医疗机构定期提供被强制医疗人医疗情况的报告制度，实现证据信息的及时性，合理维护被强制医疗人的权利；实现行政证据向刑事证据的规范转化，拓展证据来源的多样性，实现协助司法证明的目的；构建警察出庭作证制度，强化警察的证明协助义务，如果可能甚至强化警察对侦查行为合法性的证明责任要求，淡化检察官的证明责任等。

5. 注重特殊程序证明责任的合理分配

特殊程序不仅限于2012年《刑事诉讼法》第五编中的程序，还包括自诉案件诉讼程序、附带民事诉讼程序、变更执行诉讼程序等。伴随辩护权的保障日益充分，给予辩护方更多的诉权基础上，赋予其更多的主张责任和提出证据责任。针对违法所得没收程序刑事责任待定、涉案财产司法处理先行的特点，确立财产涉案的推定性规范，明晰检控机关的证明责任范围，给予利害关系人充分的诉讼权利，赋予其主张责任和财产权属合法性的优势证明标准的证明责任以及推翻推定的证明责任要求。强制医疗程序中，在强化检控机关刑事责任追求与强制医疗双重证明责任的基础上，赋予被申请方主动启动精神病司法鉴定的权利，并承担无须强制医疗主张的证明责任，实现强制医疗司法裁定的适度诉讼平等性。同时，要进一步明晰法院主动启动强制医疗程序的证明责任分配，实行审判组织更换，证明责任由检控机关承担，被强制医疗方承担积极抗辩主张的证明责任。

6. 规范特定量刑证据的强制证明责任

虽然，我国最高院《刑诉法解释》对自首、立功、累犯、再犯等影响量刑的法定情节规定法院有权主动进行庭审调查认证的权利，① 但是，因为缺失此类法定量刑情节强制举证的义务（或者说责任）规范，导致司法实践中检、法机关在证明责任承担上存在认识冲突，举证困难。因此，笔者主张，为突出量刑证明的重要性，有必要确立法定量刑情节强制举证的义务规范，明确检控机关的强制举证的义务性要求。同时，给予辩护方法定情节主张的初步证明责任，并对酌定情节，给予被害人和被告人双方一定的平等证明权利和证明责任分配，既实现了证明信息的充分性要求，体现对检控机关司法证明的证据协力义务，也可有效约束量刑裁判的公正性。

7. 针对死刑等特殊证明对象，突出证明责任分配的特殊性研究

死刑案件是"杀头"的案件，是决定人之生死的刑事案件，一旦出现错误将无法弥补。因此，其证明责任的合理分配会影响到司法的公正性，影响到死刑适用的准确性、合理性。尤其是量刑程序独立化的发展趋势，死刑控制的立法主导思想，针对死刑应确立更广泛的证明对象，更充足的量刑信息来源，这些都需要更多证明主体、证明责任的要求，需要进行证明责任分配的细致与深入发展，尤其是特殊性的研究。比如，为确保死刑能有更多的人参与其中，有更多的影响量刑信息的介入，有必要扩充量刑的证明主体对象的范围，以获取更多的量刑信息，维护人的生命权益和辩护权利、参与权利。同时，为保证死刑适用的合理性，应增加辩护方的证明责任要求，让其有更充分的证明责任承担义务，确保其死刑量刑参与的充分性。同时，针对死刑，应该体现更多民众的观念和思想，让更多的民众成为死刑定罪、量刑的参与者，确保裁判者判决的死刑经得起社会考验、历史检验，同时，也会减轻国家司法的责任重担，让死刑适用更得民心。当然，先进思想理念需要进行思想引导和制度推进，如何有效平衡舆情与司法理念的协调，是一个立法技

---

① 《最高人民法院关于执行〈中华人民共和国刑事诉讼法〉若干问题的解释》（法释〔2012〕21号）第110条第2款："对被告人及其辩护人提出有自首、坦白、立功的事实和理由，有关机关未予认定，或者有关机关提出被告人有自首、坦白、立功表现，但证据材料不全的，人民法院应当要求有关机关提供证明材料，或者要求相关人员作证，并结合其他证据作出认定。"第111条："证明被告人构成累犯、毒品再犯的证据材料，应当包括前罪的裁判文书、释放证明等材料；材料不全的，应当要求有关机关提供。"

术问题了。

第二节 死刑控制证明责任分配应当引入新理论

纵贯证明责任的历史发展，虽思想深邃、理论繁杂，但永恒不变的是公平、正义的自然法理念和永远脱离不开的司法制度与司法文化实证背景。[①] 伴随我国证明责任理论的发展，死刑控制的证明责任分配不仅要因应其发展，更应该有所创新，以进一步提升死刑的证据控制。

一 理论更新的必要性

死刑因其刑罚的特殊性，其立法现状代表国家法治文明的进行程度与国际声誉，尤其死刑案件证明的特殊性使然，使得死刑案件的证明责任理论更新具有必要性。

1. 死刑案件事关重大

随着诉讼的日益文明、顺应"废除死刑"的国际潮流，我国也在不断地控制与限制死刑的适用。死刑的适用情况是一个国家法治文明的重要标志，直接影响到一个国家的形象，乃至国际声誉。尤其是误判死刑的事件更会给一个国家造成恶劣的影响。同时，死刑适用的不当，也会造成恶劣的社会影响，导致司法公信力降低。更为关键的是，死刑适用的不当，会错杀无辜，放纵犯罪，给涉案之人造成巨大的精神和心理伤害。因此，死刑司法适用时，需要明晰证明责任分配关系，构建合理的证明责任分配制度，确保死刑司法证明的科学性、合理性，以有效控制死刑适用，达到死刑适用合情、合理、合法的目的。

2. 死刑案件司法证明的特殊性

死刑案件不同于其他案件的特殊性，主要是在刑罚上，即死刑的适用。因生命的不可重生性，死刑裁判的准确性非常关键。同时，文明、公正的司法要求，死刑案件的司法证明应更公平、公正。唯此，方显死刑适用的顺乎民心、符合国情。死刑案件性质上的重要性，具体体现在证明责任分配领域上，其特殊性有以下几个方面。

（1）死刑适用的不可错误性。死刑一旦适用，则将成为既成事实，

[①] 陈卫东主编：《刑事诉讼基础理论十四讲》，中国法制出版社2011年版，第374页。

如果错误了，则无法更改，因此死刑定罪、量刑的司法证明的准确性至关重要。为确保其准确性，需要构建最高规格的证明要求：证明标准更加规范，证明对象更加充分，尤其是死刑量刑问题上的证明对象会更广泛，信息更全。因此，在证明责任分配上因证明对象的丰富性而更加丰满。

（2）死刑权益保障的充分性。为确保死刑适用的公正性，不仅需要实体真实的保障，即结果公正外，还要关注程序公正的权益保障问题，而且应更为突出。那么诸如非法证据排除程序、死刑复核程序、定罪与量刑分离程序等证明的需求会更多、更规范、更完善。这样就会产生多重的证明责任分配关系，使得死刑案件证明责任体系内容更多。

（3）辩护权的充分性。为确保死刑适用的正确与公正，应充分保障被告人辩护权利。辩护权更多的赋予和贯彻，伴随的就是义务和责任的加重。死刑能否适用，辩护方应承担更多的责任与义务，确保其更好地监督、参与死刑案件的公正运行和权益保障。如此，则其证明责任的要求就是应运而生了。

（4）民众的参与性。为了死刑能顺乎民意，死刑适用能更公正、合理，民众应有更广泛的死刑程序参与权，对死刑的司法适用和司法证明应提供更广泛的材料与信息。这样，死刑的司法证明就有了更多的参与主体和信息来源以及民意意志体现。体现在证明责任上就会有民众死刑司法适用上的参与权利和义务要求，就会有证明责任上的协助义务要求。

（5）诉讼程序的复杂性。为了确保死刑适用的准确与公正，死刑案件在贯彻两审终审制的基础上，增加了死刑复核程序。同时，《办理死刑案件证据规定》和《非法证据排除规定》以及2012年《刑事诉讼法》确立了非法证据的排除程序。另外，近几年量刑程序分离理论与司法实践的研究，量刑程序脱离定罪程序成为独立的程序规范，死刑案件理应成为量刑程序分离的先行者。日益复杂多样的诉讼程序，不同于传统的定罪证明程序，在证明对象、证明标准、证据规则以及证明责任上都会因程序制度的不同而要求不同。就以死刑量刑程序而言，量刑除了裁量权外，量刑建议权、求刑权也需要充分地给予关注和保障。这样求刑权的实现，就会产生证明义务、证明责任的出现。

二 证据协力义务理论及对死刑案件的意义

民事诉讼中的证据协力义务理论的引入，可为死刑案件的证据控制提供新的视角，拓展证据信息的来源。

1. 证据协力义务理论的主要内容

证据协力义务是民事诉讼领域的重要概念，随着刑诉构造日益的当事人化，证据协力义务也在刑事领域有了重要发展。一般认为不负举证责任的当事人及第三人向法院提供证据方法或以本人为证据方法以协助法院进行证据调查的义务，即证据协力义务。[1] 据此概念，证据协力义务主要是由非证明责任的承担者承担提供证据方法的义务，目的是协助司法证明的义务。按照证据协力义务理论，其主要包括以下几方面内容。

（1）警察的证据协力义务。在刑事诉讼活动中，警察是真正的证据提供者，辅助检控机关实现司法证明任务。一般认为，检控机关是证明责任的承担者，公安机关是司法证明责任的协助者。这样，警察具有了证据协力的基本义务，这种义务是由其侦查职能而来的。在实质意义上，实际上警察也承担着证明责任，比如侦查终结移送审查起诉需要满足证明标准要求，如果不能达到证明标准要求，审查起诉时就会被退回补充侦查，如果二次补充侦查后仍然事实不清、证据不足，检察院会作出证据不足的不起诉决定[2]。这就说明公安机关侦查不力，间接承担了起诉责任。同样，在侦查活动中，一些程序性事实的证明责任也是由公安机关承担的，最突出的就是逮捕程序。此外，侦查阶段的非法证据排除问题，此次新刑事诉讼法进行了规定，非法证据排除程序需要由侦查机关协助承担"取证合法性"的证明责任。[3] 因

---

[1] 参见占善刚《证据协力义务之比较法研究》，中国社会科学出版社 2009 年版，第 8 页。

[2] 《中华人民共和国刑事诉讼法》（根据 2012 年 3 月 14 日第十一届全国人民代表大会第五次会议《关于修改〈中华人民共和国刑事诉讼法〉的决定》第二次修正，2013 年 1 月 1 日起施行）第 171 条第 3 款规定："对于二次补充侦查的案件，人民检察院仍然认为证据不足，不符合起诉条件的，应当作出不起诉的决定。"

[3] 《中华人民共和国刑事诉讼法》（根据 2012 年 3 月 14 日第十一届全国人民代表大会第五次会议《关于修改〈中华人民共和国刑事诉讼法〉的决定》第二次修正，2013 年 1 月 1 日起施行）第 57 条："在对证据收集的合法性进行法庭调查的过程中，人民检察院应当对证据收集的合法性加以证明。现有证据材料不能证明证据收集的合法性的，人民检察院可以提请人民法院通知有关侦查人员或者其他人员出庭说明情况；人民法院可以通知有关侦查人员或者其他人员出庭说明情况。有关侦查人员或者其他人员也可以要求出庭说明情况。经人民法院通知，有关人员应当出庭。"

此，警察从辅助检控机关司法证明角度具有证据协力义务，而从一些具体的证明对象上看，其也是证明责任的承担者。

（2）其他诉讼参与人的证据协力义务。依据我国刑事诉讼法，当事人以外的诉讼参与者是其他诉讼参与人。[①] 这些人因与刑事诉讼结果没有直接的利害关系，因此，诉讼结果对其没有实质性影响，因此其并不承担败诉风险。但在诉讼活动中因为司法正义的需要，我国法律规定，其他诉讼参与人有积极提供证据、协助司法机关诉讼证明活动的基本义务。比如证人、鉴定人都有作证的义务，2012 年《刑事诉讼法》也规定了证人、鉴定人的出庭作证义务。[②] 此外，辩护人有依据法律和事实维护被追诉者合法权益的义务。[③] 这些诉讼活动的参与者为维护司法公正所提供的帮助行为，即是证据协力义务的基本内容。

（3）案外人的证据协力义务。根据 2012 年刑事诉讼法的规定，有关单位和个人有配合公安司法机关收集、调取证据活动，具有证据协力义务，甚至是强迫配合义务；行政机关在行政执法和查办案件过程中收集的

---

① 参见《中华人民共和国刑事诉讼法》（根据 2012 年 3 月 14 日第十一届全国人民代表大会第五次会议《关于修改〈中华人民共和国刑事诉讼法〉的决定》第二次修正，2013 年 1 月 1 日起施行）第 82 条的规定。我国刑事诉讼活动的诉讼参与人包括两大类：一是与案件审理结果有直接利害关系的诉讼参与人，我们称之为当事人，比如被害人、犯罪嫌疑人、被告人、自诉人、附带民事诉讼的原告人、附带民事诉讼的被告人。二是其他诉讼参与人，比如证人、鉴定人、辩护人、翻译人员等。其中公、检、法机关的代表不是诉讼参与人，而是专门机关，比如侦查人员、检察人员、审判人员、书记员、人民陪审员。

② 《中华人民共和国刑事诉讼法》（根据 2012 年 3 月 14 日第十一届全国人民代表大会第五次会议《关于修改〈中华人民共和国刑事诉讼法〉的决定》第二次修正，2013 年 1 月 1 日起施行）第 187 条："公诉人、当事人或者辩护人、诉讼代理人对证人证言有异议，且该证人证言对案件定罪量刑有重大影响，人民法院认为证人有必要出庭作证的，证人应当出庭作证。人民警察就其执行职务时目击的犯罪情况作为证人出庭作证，适用前款规定。公诉人、当事人或者辩护人、诉讼代理人对鉴定意见有异议，人民法院认为鉴定人有必要出庭的，鉴定人应当出庭作证。经人民法院通知，鉴定人拒不出庭作证的，鉴定意见不得作为定案的根据。"

③ 《中华人民共和国刑事诉讼法》（根据 2012 年 3 月 14 日第十一届全国人民代表大会第五次会议《关于修改〈中华人民共和国刑事诉讼法〉的决定》第二次修正，2013 年 1 月 1 日起施行）第 40 条："辩护人收集的有关犯罪嫌疑人不在犯罪现场、未达到刑事责任年龄、属于依法不负刑事责任的精神病人的证据，应当及时告知公安机关、人民检察院。"

证据可以直接或者间接转换为刑事证据使用。① 比如，为保证技术侦查措施的有效施行，有关单位、个人有配合、保密义务；② 邮局有配合检交扣押邮件义务，银行等金融机构有配合查询、冻结等侦查取证行为的义务；③ 任何单位和个人都有保护现场的义务④。为确保侦查等诉讼活动的合法性，有效监督司法活动，新闻媒体、人大代表以及民众等有监督司法活动的权利。比如，为确保勘验、检查、搜查活动的合法性，需要邀请与案件无关、为人公正的公民做见证人⑤；为保证送达的有效性，需要邻居

---

① 《中华人民共和国刑事诉讼法》（根据2012年3月14日第十一届全国人民代表大会第五次会议《关于修改〈中华人民共和国刑事诉讼法〉的决定》第二次修正，2013年1月1日起施行）第52条规定："人民法院、人民检察院和公安机关有权向有关单位和个人收集、调取证据。有关单位和个人应当如实提供证据。行政机关在行政执法和查办案件过程中收集的物证、书证、视听资料、电子数据等证据材料，在刑事诉讼中可以作为证据使用。"

第135条："任何单位和个人，有义务按照人民检察院和公安机关的要求，交出可以证明犯罪嫌疑人有罪或者无罪的物证、书证、视听资料等证据。"

② 《中华人民共和国刑事诉讼法》（根据2012年3月14日第十一届全国人民代表大会第五次会议《关于修改〈中华人民共和国刑事诉讼法〉的决定》第二次修正，2013年1月1日起施行）第150条第4款："公安机关依法采取技术侦查措施，有关单位和个人应当配合。并对有关情况予以保密。"

③ 《中华人民共和国刑事诉讼法》（根据2012年3月14日第十一届全国人民代表大会第五次会议《关于修改〈中华人民共和国刑事诉讼法〉的决定》第二次修正，2013年1月1日起施行）第141条："侦查人员认为需要扣押犯罪嫌疑人的邮件、电报的时候，经公安机关或者人民检察院批准，即可通知邮电机关将有关的邮件、电报检交扣押。不需要继续扣押的时候，应即通知邮电机关。"

第142条："人民检察院、公安机关根据侦查犯罪的需要，可以依照规定查询、冻结犯罪嫌疑人的存款、汇款、债券、股票、基金份额等财产。有关单位和个人应当配合。犯罪嫌疑人的存款、汇款、债券、股票、基金份额等财产已被冻结的，不得重复冻结。"

④ 《中华人民共和国刑事诉讼法》（根据2012年3月14日第十一届全国人民代表大会第五次会议《关于修改〈中华人民共和国刑事诉讼法〉的决定》第二次修正，2013年1月1日起施行）第127条："任何单位和个人，都有义务保护犯罪现场，并且立即通知公安机关派员勘验。"

⑤ 《中华人民共和国刑事诉讼法》（根据2012年3月14日第十一届全国人民代表大会第五次会议《关于修改〈中华人民共和国刑事诉讼法〉的决定》第二次修正，2013年1月1日起施行）第137条：在搜查的时候，应当有被搜查人或者他的家属，邻居或者其他见证人在场。

等见证人见证①；为保证讯问的合法性，需要录像见证②，等等。在有见证人在场的情况下，侦查取证行为的合法性和真实性得到了外部监督，这些案外人具有了证据协力的基本义务。对于死刑案件、未成年人案件等为确保刑罚适用的合理性，一些保护组织和单位有义务提供关于被告个人社会情况的材料，以利于更好地判断其人身危险性等③。这样，这些案外人也有了证据协力的义务。

2. 对死刑案件证明的重要意义

刑事诉讼程序有必要引入证据协力义务，尤其是死刑案件的诉讼程序有必要引入证据协力义务。

（1）有助于提高死刑案件信息来源的广泛性和丰富性，确保死刑案件证明的充分性。通过引入证据协力义务，诉讼证明主体增加，证据信息增量，可以为死刑案件的司法证明提供更充足的证据材料。这样，死刑定罪与量刑会考虑更多的因素，更广泛的信息，做出的裁判才能有更广泛的代表性。其准确性、合理性才能更好地保证。

（2）有助于诉讼权益的维护，保证程序公正的践行。引入证据协力义务，为死刑的司法证明提供了广泛的信息来源和多样的证明角度，这样，诉讼参与者、当事人等的权益会得到最大的帮助与支持，从而有助于诉讼参与者的程序权益的维护和司法公正的实现。另外，证据协力义务的参与主体也会因诉讼活动的运行，自己的诉愿、司法的参与权利等得到了体现。司法的共识性、裁判的社会可接受性能得

---

① 《中华人民共和国刑事诉讼法》（根据2012年3月14日第十一届全国人民代表大会第五次会议《关于修改〈中华人民共和国刑事诉讼法〉的决定》第二次修正，2013年1月1日起施行）第105条："送达传票、通知书和其他诉讼文件应当交给收件人本人；如果本人不在，可以交给他的成年家属或者所在单位的负责人员代收。

收件人本人或者代收人拒绝接收或者拒绝签名、盖章的时候，送达人可以邀请他的邻居或者其他见证人到场，说明情况，把文件留在他的住处，在送达证上记明拒绝的事由、送达的日期，由送达人签名，即认为已经送达。"

② 《中华人民共和国刑事诉讼法》（根据2012年3月14日第十一届全国人民代表大会第五次会议《关于修改〈中华人民共和国刑事诉讼法〉的决定》第二次修正，2013年1月1日起施行）第121条："侦查人员在讯问犯罪嫌疑人的时候，可以对讯问过程进行录音或者录像；对于可能判处无期徒刑、死刑的案件或者其他重大犯罪案件，应当对讯问过程进行录音或者录像。录音或者录像应当全程进行，保持完整性。"

③ 《人民检察院刑事诉讼规则》（2012年10月16日最高人民检察院第十一届检察委员会第八十次会议第二次修订，2013年1月1日试行）第486条第2款："人民检察院开展社会调查，可以委托有关组织和机构进行。"

到最大程度的满足。

第三节　死刑案件证明责任的分配及证据协力义务的制度保障

证明责任的合理分配是通过证据控制死刑目标实现的重要环节。通过构建合理的证明责任分配体系，可实现证明义务分解、证据信息广泛收集、证明标准达成的效果。证据协力义务的制度构建离不开配套的保障制度建设，因之可实现证明责任理论体系的丰富与发展。

一　死刑案件证明责任的分配体系

死刑案件作为刑罚最为严厉的刑事案件，为确保其适用的公正与合法，理应构建最高规格的证明体系。基于此，不仅可以完善死刑案件的司法证明，而且，可以推动整个刑事诉讼司法证明。在我国刑事诉讼证据立法相对比较薄弱的情形下，司法解释在死刑案件司法证明上进行了开创性的、比较全面的证据规范，极大地推动了死刑案件司法证明的公正与合法，也推动了我国 2012 年《刑事诉讼法》在证据立法上的完善。依据现行立法现状、我国诉讼模式特征以及诉讼制度的背景与理论，我国死刑案件证明责任分配体系需要走在前头，积极进行制度完善。

1. 死刑案件证明责任分配的基本原则

以死刑案件为典型，进行证明责任理论、立法的完善，不仅可以确保死刑司法证明的严格与规范，而且可以推动我国相关诉讼制度的进步与发展。

（1）沿袭传统立法证明责任分配的基本原则。经过数十年学界的共同努力，我国诉讼法律制度形成了具有我国特色的证明责任分配基本原则。注重公权力在诉讼中的职能作用、检察机关法律监督权的宪法性质以及被告方取证能力薄弱的现状，形成了我国检控机关是证明责任主要承担者的证明体系——无论有罪、无罪的证明责任都由检控方承担。并且，法院依据职权主义诉讼模式的要求，依据分工负责、互相配合、互相制约的原则，具有证据调查核实的义务。虽然，学界对法院是否承担证明责任有不同的声音，但法院休庭调查核实证据的义务和主导审判工作的立法现实，确实有了证明责任的一些含义。此外，针对巨额财产来源不明罪、非法持有类犯罪等，因为证明的难易程度使然，适当调整证明责任分配关系，形成了被告方适度承担证明责任的规范。

这些证明责任分配规范是符合我国诉讼制度现状和司法制度背景要求的，同时，也是符合证明责任分配的一些基本法理，比如证明难易决定了证明责任的适当调整等。随着我国诉讼模式的进一步转型，人权保障的日益加强，诉讼证明的领域更加细化、具体，我国证明责任体系会更加丰富与完善。但改革的步伐要稳健、谨慎，因此，符合当前司法实践现状，沿袭传统的证明责任分配体系是基础性的，在此基础上再逐步地进行改革与深化发展。

（2）拓展证明责任分配的领域。我国传统证明责任分配基本集中于定罪证明责任的分配，这在1996年刑事诉讼证据法律制度尚不完善之时尤显突出。2012年刑事诉讼法也只是对传统的证明责任分配现状进行了立法确认，而并没有新的发展[1]。相比较而言，我国2012年刑事诉讼法虽然在立法上明确了证明责任上的规定，但此规范在内容上还是比较原则的，需要司法解释对证明责任进一步细化，比如被告方证明责任问题，无罪的证明责任承担问题等[2]。

近年来，量刑规范化改革成为人民法院司法改革纲要的重要议题，量刑在司法裁判中的重要地位日益凸显。就当事人而言，关注的重心不是定罪问题，而是量刑事实，量刑轻重直接关涉其人身、财产和民主自由[3]。无论是理论研究还是司法实验，我国量刑程序的独立化发展趋势已经日渐明晰，这必然带来量刑证明上新的变化。就证明责任而言，量刑事实的证明、量刑轻重的主张等都需要检控方、辩护方合理分担。为有效保障被告人的合法权益，需要赋予其在量刑程序上的充分参与权，参与权利的增强，必然导致量刑主张责任、量刑事实证明责任的强化，证明责任分配领域必然扩展到量刑程序之中。

再者，随着"尊重与保障人权"思想的入宪、入法，标志着我国诉

---

[1] 《中华人民共和国刑事诉讼法》（根据2012年3月14日第十一届全国人民代表大会第五次会议《关于修改〈中华人民共和国刑事诉讼法〉的决定》第二次修正，2013年1月1日起施行）第49条规定："公诉案件中被告人有罪的举证责任由人民检察院承担，自诉案件中被告人有罪的举证责任由自诉人承担。"

[2] 参见陈光中主编《〈中华人民共和国刑事诉讼法修改条文〉释义与点评》，人民法院出版社2012年版，第57页。

[3] 2012年4月28日，中国政法大学诉讼法研究中心举办"新刑事诉讼法贯彻实施研讨会"，会议当中有学者提出：被告人对罪名的关注远小于对量刑的重视——宁可重罪轻刑也不想轻罪重刑。

讼制度人权保障的日益加强。能够有效贯彻人权保障思想的程序公正问题日益突出，体现在程序事实的证明上将更加完善。比如，对逮捕的审批，2012年刑事诉讼法规定检察院审查批准逮捕时，讯问被告人、询问证人、听取辩护律师意见等①，强化了逮捕的审批程序要求，增加了被告人、辩护人申辩的权利，加大了强制措施检察监督的力度，确保了逮捕强制措施适用的合理性、合法性。同时，赋予了检察机关对逮捕合法性的证明责任，如果出现逮捕不当、不法的诉求后，就需要检察院承担逮捕适用合法性的证明责任。当然，在逮捕的审批程序中，也有了被告人、辩护人的主张责任和证明主张合理的证明责任要求。此外，强制措施的变更、回避、立案等程序事实会有复议、复核、申诉、控告等程序设计，这些都需要证明责任或曰证明义务的界定。

此外，依据《非法证据排除规定》和2012年刑事诉讼法的规定，我国已经确立了非法证据排除程序的基本要求，并对证明责任的分配进行了基本的规范：明确了被告方提供"线索或材料"的初步证明责任，明确了检控方证明"取证合法性"的证明责任。可以说，非法证据排除程序的证明责任在我国刑事诉讼制度中已经基本确立了。但是，这里仍有很多问题：2012年刑事诉讼法规定了庭审阶段的非法证据排除的基本程序规范，同时，要求侦查阶段、审查起诉阶段也需要对非法证据进行排除，不得作为起诉意见、起诉决定和判决的依据。② 这样，在侦查阶段、审查起诉阶段非法证据如何排除？基本的程序设计如何？谁承担证明责任则需要进一步细化和具体。笔者主张，在侦查、起诉阶段应由公安机关或者取证方证明取证行为的合法性，由主张方承担主张责任的初步证明责任要求。

---

① 《中华人民共和国刑事诉讼法》（根据2012年3月14日第十一届全国人民代表大会第五次会议《关于修改〈中华人民共和国刑事诉讼法〉的决定》第二次修正，2013年1月1日起施行）第86条："人民检察院审查批准逮捕，可以讯问犯罪嫌疑人；有下列情形之一的，应当讯问犯罪嫌疑人：（一）对是否符合逮捕条件有疑问的；（二）犯罪嫌疑人要求向检察人员当面陈述的；（三）侦查活动可能有重大违法行为的。人民检察院审查批准逮捕，可以询问证人等诉讼参与人，听取辩护律师的意见；辩护律师提出要求的，应当听取辩护律师的意见。"

② 《中华人民共和国刑事诉讼法》（根据2012年3月14日第十一届全国人民代表大会第五次会议《关于修改〈中华人民共和国刑事诉讼法〉的决定》第二次修正，2013年1月1日起施行）第54条第2款规定："在侦查、审查起诉、审判时发现有应当排除的证据的，应当依法予以排除，不得作为起诉意见、起诉决定和判决的依据。"

这样，证明责任体系会因量刑程序的分离、程序事实和非法证据排除程序的日益丰富与完善而不断发展，形成多元化的证明责任体系。

（3）强化辩护方、警察的证明责任。因人权保障思想在我国 2012 年刑事诉讼法上的确立，被告人、辩护人的诉讼权利会得到更大的维护和保障，被告方诉讼参与性更强，取证能力更强，这样诉讼的平等性会更高。同时，我国 2012 年刑事诉讼法又强化了侦查权力，侦查机关取证的能力更强。因此，有必要突破传统"客观公正"义务要求下检控方全面承担证明责任的现状，适度增加辩护方、警察的证明责任与证明义务要求。以国外被告人负担举证责任的相关规定来看，美国对占有毒品罪的指控，法律只要求控方证明被告人占有吗啡粉等毒品，其指控即可成立，而关于占有毒品是否为合法持有则由被告人证明。[①] 德国《反有组织犯罪法》就要求被告人在举证责任上对某些辩护主张举证，否则就被推定为有罪。在日本，被告人不仅要负某些程序事实的举证责任，而且还要负某些实体事实的举证责任。如根据日本刑法第 207 条规定，二人以上实施暴力致使他人受到伤害，在不能辨认所加伤害的轻重或不能辨认是何人所伤，即使非共犯也应依共犯规定处断。根据第 8 届联合国预防犯罪和罪犯待遇大会通过的《反腐败的实际措施》第 70 条指出：在反腐败的斗争中，颠倒举证责任这项程序性办法可能在本国内具有巨大的重要意义，它不公正或犯错误的可能性很小。依据我国诉讼模式特点，我国诉讼制度背景，在不同的证明对象要求下，在不同的诉讼程序设计上，根据公平原则、证明难易等证明责任分配影响因素，确立更为合理的证明责任分配规范，应强化辩护方、警察的证明责任要求。比如，在非法证据排除程序、在强制措施适用上，检察侦查监督工作中以及控告、申诉程序上强化警察和辩护人的证明责任要求，以切实维持诉讼的公正、诉讼参与、辩护权的保障以及侦查权的合法行使。

（4）弱化法院的证明义务要求。法院在证据调查上的义务要求，违背了法院消极中立进行司法裁决的裁判本质。在我国诉讼模式日益转型，被告人权益日益强化的今天，我国诉讼审判构造也面临新的挑战与新的发展。为了让法官能专职于司法审判，确保司法独立地位的强化，有必要弱化甚至消除法院依据职权进行证据调查的义务性

---

① 王以真：《有关刑事证据法中证明责任问题》，《外国刑事诉讼法参考资料》，北京大学出版社 1995 年版，第 393 页。

要求。

同时，裁判者应有更为广泛的公民担当，尤其是量刑问题需要广泛的社会参与性。裁判者究竟是法官还是普通民众，这涉及司法权是政治权还是民权的冲突问题。如果是国家政治控制的目的，则司法权必然由法官等国家机关行使，尤其是在法官的独立性不能真正确立之时。如果是民权的体现，则司法权应更多体现民意，司法者是民意的代表者、执行者。

(5) 构建证据协力义务体系。为了确保死刑适用的合理、合情和合法，需要有更多的死刑信息的介入，因此不断地拓展死刑案件的证据信息和证据材料成为死刑案件证明程序设计的重要内容。为此，需要强化诉讼参与人、利害关系人乃至诉讼外人的证据帮助义务，即证据协力义务。比如，社会调查报告、年龄的证明、诉讼见证、证人出庭等活动，都是证据协力义务的重要体现。同时，这也满足了死刑司法适用贴近民意，可接受性的程度，更会让死刑的适用在更为充分、广泛的信息基础上，在充分提取各方意见的基础上进行裁判。确立了死刑司法适用的权威性和合情、合法、合理性。

2. 制度保障

(1) 诉讼模式的当事人化。诉讼模式当事人化是司法去行政化，实现诉权保障的进路。诉讼模式当事人化，会强化被告方诉讼权利的同时，也会强化其证明义务性要求，也才能让其更为充分地参与诉讼活动。在量刑程序、程序事实的证明以及非法证据排除程序中，应更多地构建诉讼模式的当事人化，以切实维护程序的公正与公平。相比较而言，定罪程序受限于传统的职权模式设计，以及我国注重公权的诉讼构造，因此，其当事人化相对比较难，但这些诉讼活动中的程序性事项理应推行当事人化。当然，诉讼模式的当事人化是实现职权主义诉讼模式与当事人主义诉讼模式有机融合的需要，而非丰富证明责任分配体系的使然。诉讼模式当事人化发展趋势必然导致证明责任分配的丰富化。

(2) 辩护权更为广泛的保障。人权保障，最为核心的是保障被告方的辩护权，只有辩护权得到了充分的保障，才能构建更为平等的诉讼构造，当然，当事人主义诉讼模式也才能真正建立。目前，我国2009年的律师法和2012年刑事诉讼法在辩护权保障上取得了巨大进步。突出表现在侦查阶段辩护权的强化，律师从法律帮助人"进化"到辩护人，实行三证会见、了解涉嫌罪名以及申诉控告等权利。甚至有提出未达法定刑事责任年龄、不在犯罪现场、不负刑事责任的证据材料的权利①，变相拥有了调查取证的权利。但是，我们也应看到，律师的辩护权利仍有很大的上升空间，比如，我国仍有对侦查讯问如实回答的义务，反对强迫自证其罪思想需要进一步贯彻落实。这样，辩护权利提升的立法现状和发展空间表明，在诉讼证明活动中，辩护权利会得到越来越多的关注和发展，司法的平衡会越来越强，证明责任分配会更加的丰富。

(3) 侦查权力司法审查的强化。为了有效制约公权力，让其在合法的轨道上运行，我国刑诉法制度有必要进一步引入司法审查机制。通过检察监督或者司法审查来控制侦查权力的行使，我国 2012 年刑事诉讼法已经在检察院监督权的维护与保障上作了新的规范，不仅监督范围扩展、监督的手段、信息来源、监督力度等方面也都有较大的进步。侦查监督的强化，必然带来侦查权行使合法性的证明需要，侦查程序司法化会更为突出。这样，侦查行为合法性、非法性的证明责任分配就会更加具体与丰富，比如，逮捕措施的适用、非法证据的排除等，都需要证明责任的进一步完善。

二 死刑案件证据协力义务制度及保障机制

"作为不负举证责任之当事人及当事人以外之第三人协助法院进行证据调查（客观效果上讲，其亦乃协助举证人收集证据）所尽之义务，也即证据调查协力义务。"② 证据协力义务是由非举证责任承担人承担的提供证据进行证明的义务，具有辅助事实查明，贯彻落实举证责任实现，确保当事人主义适用实效性的重要作用。相比民事诉讼法确立的证据协力义务法律规范，我国刑事诉讼法也有了证据协力的相关规定，比如勘验、检查的见证义务，技术侦查的配合、保密义务，查询、扣押的辅助执行义务等，丰富了我国司法证明的证据范围。因死刑案件的特殊性，为保证死刑司法适用的公正，有必要拓展丰富的证据资源，因此，推进证据协力义务的立法完善，是我国死刑证明责任制度的重要支撑制度。

1. 我国证据协力义务法律规范现状及发展

我国传统刑事诉讼制度确立了以检控方为主的证明责任分配体系，为

---

① 《中华人民共和国刑事诉讼法》（根据 2012 年 3 月 14 日第十一届全国人民代表大会第五次会议《关于修改〈中华人民共和国刑事诉讼法〉的决定》第二次修正，2013 年 1 月 1 日起施行）第 40 条："辩护人收集的有关犯罪嫌疑人不在犯罪现场、未达到刑事责任年龄、属于依法不负刑事责任的精神病人的证据，应当及时告知公安机关、人民检察院。"

② 占善刚：《证据协力义务之比较法研究》，中国社会科学出版社 2009 年版，引言。

保障证据调查的充分性、司法证明的准确性，法律已经规范了很多证据协力义务。比如，辩护方可以申请检察院、法院调查证据的权利；检控方要求公安机关就侦查行为提供说明的规定；非法证据要求警察出庭作证的义务规定；查封、扣押、查询、冻结的有关单位协助义务；未成年保护组织提供的社会调查报告等。可以说我国已经基本确立了证据协力义务的基本思想，对警察的证据协力义务、当事人的证据协力义务、诉讼参与人（证人、鉴定人）等的证据协力义务以及案外人的证据协力义务都进行了立法规范。但是，总体来看，我国证据协力义务还存在着制度设计上的缺陷，宣言式的立法方法导致仅有证据协力义务的宣言式规范，却没有证据协力的奖惩与救济的制度保障。这导致的后果就是证人、鉴定人出庭不高，警察书写情况说明草草了事，检法不能充分维护当事人尤其被告人证据调查义务要求。而且，对有关不协助进行证据调查的单位、个人缺乏法律制裁，更多的是通过行政、纪律处分为之。因此，我国有必要在完善证据协力义务基本规范基础上，对证据协力义务的贯彻实施进行深入立法。

2. 死刑案件证据协力义务的制度构建设想

死刑案件作为刑事案件中最为严重的犯罪案件，需要在司法证明上更加完整。因此，在证明责任与证据协力义务上应大有作为。

（1）警察证据协力义务的完善。侦查机关是证据收集最为重要的机构，如果能依据证明责任推动其证据收集能力最好，否则应通过证据协力义务推动侦查机关的证明义务要求。基于我国警察是取证最为强势机关的司法现状，应对其证据协力的义务要求更为具体和规范。比如，对检察机关提出的取证要求，侦查机关必须有义务完成。因为，这是其协助检控机关指控犯罪协助义务的根本体现。具体来说，侦查机关的证据协力义务需要在以下几个方面进行强化：一是警察出庭作证制度，不仅需要在非法证据排除程序上出庭作证，在死刑案件的定罪、量刑司法证明上必要的情况下也需要出庭作证，确保死刑司法证明的直接参与者能得到有效的质证审查，确保证据的真实性、合法性。二是警察客观义务要求，应充分保障被告人及其辩护人对无罪、罪轻证据的协助收集、移交、提供义务，切实维护被告人的辩护权益。三是完善补充侦查制度，协助检察院做好司法证明活动。

（2）当事人证据协力义务的完善。在刑事诉讼活动中，依据我国证明责任分配的基本规则，当事人一般不承担证明责任，当事人的陈述（被害人陈述、犯罪嫌疑人的供述与辩解）仅是作为非常重要的证据种类，或曰证据方法。但作为重要的证据方法，当事人理应负有确保司法证明实现实体和程序公正的义务。对此,我国规定了"犯罪嫌疑人如实陈述的义务",告知被害人、被告人不得诬告、陷害的法律责任,讯问前告知犯罪嫌疑人、被告人坦白从宽的规定[①]等。这些协力义务的规范,除了确保真实实现目的外,还应该从人权保障方面进行权衡,比如"如实陈述义务",是否可以删除,或者采取默认推定供述的义务规定。还有,为了确保掌握证据的当事人能提供义务,是否可以在刑事诉讼证明中确立"掌握证据一方不提交证据,则推定提出一方主张成立"的制度,确保证据协力义务的真正实现。因此,才能确保死刑司法证明的信息全面性。

(3) 其他诉讼参与人证据协力义务的完善。在刑事诉讼活动中,其他诉讼参与人虽然与案件无直接的利害关系,但其参与诉讼活动的充分性和质量直接影响到司法证明的成效。死刑案件以获取更充分的证据信息为目的,以司法证明的完整性为基本要求,在证据协力义务规范上也需要进一步完善。2012年刑事诉讼法在证人、鉴定人的出庭作证义务,人身保护、经济补偿等方面进行了立法改善。这些措施进一步推进了证人、鉴定人的证据协力义务。同时,对未成年人的法定代理人有了讯问、询问通知到场的义务,强化了当事人在诉讼活动中保护当事人合法权益的义务性要求,同时,为了切实保障当事人的合法权益,对不能、不愿到庭的法定代理人,又提供了替代保护义务性要求,比如可由教师、未成年人保护组织到场等。[②] 此外,对辩护律师的会见权、阅卷权、调查取证权以及保密义务等方面进行了具体规范,这些都是强化非证明责任主体的其他诉讼参与人参与诉讼司法证明的义务性要求。既为人权保障提供了可能,也为司法证明提供了保障。除此之外,死刑案件中,需要对其他诉讼参与人的证据协力义务进一步完善:一是深化证人出庭人身保护与质证充分性的冲突矛

[①] 《中华人民共和国刑事诉讼法》(根据2012年3月14日第十一届全国人民代表大会第五次会议《关于修改〈中华人民共和国刑事诉讼法〉的决定》第二次修正,2013年1月1日起施行)第118条第2款:"侦查人员在讯问犯罪嫌疑人的时候,应当告知犯罪嫌疑人如实供述自己罪行可以从宽处理的法律规定。"

[②] 《中华人民共和国刑事诉讼法》(根据2012年3月14日第十一届全国人民代表大会第五次会议《关于修改〈中华人民共和国刑事诉讼法〉的决定》第二次修正,2013年1月1日起施行)第270条第1款:"对于未成年刑事案件,在讯问和审判的时候,应当通知未成年犯罪嫌疑人、被告人的法定代理人到场。无法通知、法定代理人不能到场或者法定代理人是共犯的,也可以通知未成年犯罪嫌疑人、被告人的其他成年家属,所在学校、单位、居住地基层组织或者未成年人保护组织的代表到场,并将有关情况记录在案。到场的法定代理人可以代为行使未成年犯罪嫌疑人、被告人的诉讼权利。"

盾，即在容貌改变、声音改变，甚至视频作证等情形下，确保庭审质证的真实性、准确性和充分性的问题。二是强化死刑案件被告人的法定代理人保护、辩护权的充分保障，以使得这些人能在死刑定罪、量刑上有更多的参与权利和辅助证明义务。三是完善专家辅助人制度，确保科技证据质证义务的有效贯彻落实，实现科技证据司法证明的有效性、合法性和准确性。

（4）案外人、利害关系人的证据协力义务。司法实践的发展，诉讼监督的需要，诉讼活动越来越需要案外人、相关利害关系人的协助。在司法证明中尤其需要他们的密切配合与协助。我国刑事诉讼立法已经在案外人的证据协力义务上有了一些规范：比如，在侦查活动中，在勘验、检查、搜查、辨认等活动中都有作为见证人监督、辅助司法证明的义务性要求；在技术侦查措施、查询、冻结等措施中，有关单位和个人有协助配合义务要求；行政执法证据刑事转化，确立了行政执法主体在刑事司法证明上的义务性要求；[①] 针对未成年人犯罪主体，为贯彻教育、感化、挽救的方针，未成年人保护组织、教师等有替代或者协助法定代理人进行司法辅助活动的义务。这些立法规范都有力地推动了我国证据协力义务的完善，推动了我国司法证明的全面、准确和合法。但冷静地思索，我国案外人的证据协力义务仍需要进一步的完善：一是对死刑被告人的权益保护组织、单位等需要有提供、协助提供死刑信息的证据协助义务；二是死刑案件中，对各项取证行为，应有见证的证据协助义务，确保死刑证据的真实性、合法性；三是强化检察机关在死刑复核等程序中的监督义务职能，确保死刑适用的合法性，通过检察机关介入死刑复核程序，强化其司法证明上的证据协力义务；等等。

3. 机制保障

对于承担证明责任的主体而言，因为败诉风险的存在，促使他们会自觉、努力地承担证明责任，但是，对于不需要承担证明责任的主体，其证据协力义务的履行必须要靠相应的制度保障才能履行。

[①] 《中华人民共和国刑事诉讼法》（根据 2012 年 3 月 14 日第十一届全国人民代表大会第五次会议《关于修改〈中华人民共和国刑事诉讼法〉的决定》第二次修正，2013 年 1 月 1 日起施行）第 50 条："人民法院、人民检察院和公安机关有权向有关单位和个人收集、调取证据。有关单位和个人应当如实提供证据。行政机关在行政执法和查办案件过程中收集的物证、书证、视听资料、电子数据等证据材料，在刑事诉讼中可以作为证据使用。对涉及国家秘密、商业秘密、个人隐私的证据，应当保密。凡是伪造证据、隐匿证据或者毁灭证据的，无论属于何方，必须受法律追究。"

(1) 惩罚机制。如果证据协力义务仅仅是宣言式的规范，缺乏制度约束和责任追究机制，那么证据协力义务就会成为一纸空文。因此，在证据协力义务规范上，不仅要规定证据协力义务的内容，而且要规范违反证据协力义务的法律后果以及制裁措施。比如程序性制裁、违反义务的法律后果、对义务人违反义务的法律制裁、不具证据效果的结局等。对此，我国刑事诉讼法已经有相关的规定，如经人民法院通知，证人没有正当理由不出庭作证的，人民法院可以强制其到庭。证人没有正当理由拒绝出庭或者出庭后拒绝作证的，根据不同情形，可以采取训诫、拘留等措施；又如经人民法院通知，鉴定人不出庭作证的，鉴定意见不得作为定案的根据。[1] 但也要看到，我国证据协力义务的立法规范保障仍有很多不足，主要体现在以下几个方面：一是立法虽然对诉讼参与人的证据协力义务及其法律后果设定了规范，但还缺乏救济手段，还需要进一步完善。以警察出庭作证为例，法律虽然规定了警察出庭作证的义务，但具体的落实机制，不出庭的法律后果等都没有进一步的规范。再以证人出庭作证制度为例，虽然有了比较完备的证人应当出庭（及例外）的具体情形要求、不出庭或者出庭后拒绝作证的法律后果规范，但缺失有关证人拒绝作证的特权与例外，以及程序规范等。二是法律仅是对诉讼参与人的证据协力义务及制裁、救济有比较详细的规范，但对案外人等的证据协力义务之制度规范尚存在不足。比如仅是规定了在技术侦查措施中，有关单位、个人的协助义务，却没有义务违反的法律后果和制裁、救济程序规范。同理，见证人的义务违反、查询、冻结等协助单位的义务违反等都是缺乏法律后果规范与制裁、救济规范的。三是有关证据协力义务的审批程序规范上也有一定的

---

[1] 《中华人民共和国刑事诉讼法》（根据 2012 年 3 月 14 日第十一届全国人民代表大会第五次会议《关于修改〈中华人民共和国刑事诉讼法〉的决定》第二次修正，2013 年 1 月 1 日起施行）第 187 条："公诉人、当事人或者辩护人、诉讼代理人对证人证言有异议，且该证人证言对案件定罪量刑有重大影响，人民法院认为证人有必要出庭作证的，证人应当出庭作证。人民警察就其执行职务时目击的犯罪情况作为证人出庭作证，适用前款规定。公诉人、当事人或者辩护人、诉讼代理人对鉴定意见有异议，人民法院认为鉴定人有必要出庭的，鉴定人应当出庭作证。经人民法院通知，鉴定人拒不出庭作证的，鉴定意见不得作为定案的根据。"第 188 条："经人民法院通知，证人没有正当理由不出庭作证的，人民法院可以强制其到庭，但是被告人的配偶、父母、子女除外。证人没有正当理由拒绝出庭或者出庭后拒绝作证的，予以训诫，情节严重的，经院长批准，处以十日以下的拘留。被处罚人对拘留决定不服的，可以向上一级人民法院申请复议。复议期间不停止执行。"

不足。比如侦查、起诉乃至审判过程中，如果提出新的证据调查要求，证据协力义务的判断、决定和执行以及不执行的程序规范，都存在需要进一步完善的地方。因此，我国刑事诉讼的证据协力义务有进一步深入研究与详细、具体规范的必要性。基于立法的稳健性，一是可以对基本的证据协力义务及法律制裁、救济等进行原则性的指导规范，确立一个基本的证据协力义务规范体系，以为参考执行依据；二是可对突出的证据协力义务进行具体的规范，比如证人出庭、警察出庭、鉴定人出庭等进行比较具体的规范。当然，过于繁杂的立法规范，除了人大立法外，更需要相关司法解释的补充与完善跟进。

（2）激励机制。只有制裁而没有激励，证据协力义务就会成为一种精神与经济负担。因此为确保证据协力义务制度的实现，一定程度的激励机制是必要的：一是可以消除其思想顾虑，追求正义与公正理想；二是可以消除其经济负担，安心地支持司法工作；三是可以消除其人身安全顾虑，保全自己并伸张正义。我国刑事诉讼法，尤其是2012年刑事诉讼法对此有了比较大的进步，比如该法第62条、第63条分别对证人、鉴定人、被害人证据协力义务过程中的人身保护和经济补偿进行了规范，[①] 一定程度上缓解了证据协力义务带来的经济损失和安全问题，为保证证据协力义务的实现扫清了障碍。但也应该看到，证据协力义务的激励机制和保障制度仍有进一步规范与完善的地方：一是对警察、行政执法机构及其人员证据协力义务的实现，还需要进一步规范。比如，警察出庭、行政执法人员对证据的解释说明等活动，应纳入其正常的工作范围与义务要求，不

[①] 《中华人民共和国刑事诉讼法》（根据2012年3月14日第十一届全国人民代表大会第五次会议《关于修改〈中华人民共和国刑事诉讼法〉的决定》第二次修正，2013年1月1日起施行）第62条："对于危害国家安全犯罪、恐怖活动犯罪、黑社会性质的组织犯罪、毒品犯罪等案件，证人、鉴定人、被害人因在诉讼中作证，本人或者其近亲属的人身安全面临危险的，人民法院、人民检察院和公安机关应当采取以下一项或者多项保护措施：（一）不公开真实姓名、住址和工作单位等个人信息；（二）采取不暴露外貌、真实声音等出庭作证措施；（三）禁止特定的人员接触证人、鉴定人、被害人及其近亲属；（四）对人身和住宅采取专门性保护措施；（五）其他必要的保护措施。证人、鉴定人、被害人认为因在诉讼中作证，本人或者其近亲属的人身安全面临危险的，可以向人民法院、人民检察院、公安机关请求予以保护。人民法院、人民检察院、公安机关依法采取保护措施，有关单位和个人应当配合。"第63条："证人因履行作证义务而支出的交通、住宿、就餐等费用，应当给予补助。证人作证的补助列入司法机关业务经费，由同级政府财政予以保障。有工作单位的证人作证，所在单位不得克扣或者变相克扣其工资、奖金及其他福利待遇。"

可因此而损害其工作利益。同时，对其人身保护也应有所顾虑，尤其是线人、特殊侦查措施取证行为人的人身保护需要重点关注与完善。二是案外人的证据协力义务的激励机制基本是空白，需要规范。比如，诉讼活动的见证人、诉讼取证活动的协助单位和个人以及人权特殊保障需要的教师、社会组织参与司法活动的激励机制都需要立法落实。同样，也需要经济补偿、工作利益、人身保护的制度完善做后盾，才能让更多的单位、个人消除顾虑，竭尽可能辅助司法证明活动。

第六章 死刑控制的证明标准

由于在我国立法上，长期以来都采行定罪量刑程序合一模式，程序规范主要是围绕定罪问题而展开的，并未有明确的定罪与量刑之分，量刑问题并未获得足够重视。近年来随着量刑不公案件不断曝光，量刑问题日益凸显，有关量刑程序的独立设置问题成为理论界的研讨热点，实务部门也纷纷展开试点实践。然而，遗憾的是，这些研讨与实践基本局限于程序设置方面，尚未深入至证据法中。[①] 本章有关死刑案件证明标准的探讨，除对深化死刑案件证明标准本身的学理研究，以及完善相关法律规范具有积极意义之外，更重要的是，通过死刑案件定罪与量刑证明标准的二分式探讨，将会开辟证据法与证据法学的崭新领域，从而为证据法的立法与研究做出增量贡献。在笔者看来，与传统的刑事诉讼程序法一样，传统的刑事证据法也主要是适用于定罪方面的。既然已有的关于定罪的证据法规范与理论难以解决实践中日益突出的量刑问题，那么我们就应当依托但不囿于现有量刑程序的独立化改革实践，着手创建以量刑为中心的证据理论与证据法，构筑更加完整意义上的证据法学。当然，这一美好愿景的实现仅靠学界的智慧显然不够，还需要立法部门、实务部门，乃至社会各界的集体力量与齐心合作才能成行。若本章能够在这个层面上有所助推，则可谓文尽其意了。

---

① 近年来，一些法学研究者基于完善刑事证据制度的考虑，提出了刑事证据法的专家建议稿，就中国未来刑事证据规则的确立提出了理论上的设想。这些建议稿大多从英美证据法中获得了灵感，几乎都有意无意地将定罪问题作为未来证据规则加以规范的对象，而对量刑程序问题则没有提出有针对性的证据规则。参见陈瑞华《论量刑程序的独立性——一种以量刑控制为中心的程序理论》，《中国法学》2009 年第 1 期。

第一节 有关死刑案件证明标准的主要观点

在死刑案件证明标准问题上,学界可谓观点纷呈、众说纷纭。但归纳起来,大致可以包括以下四种观点。

一 死刑案件与普通刑事案件采行相同的证明标准

依据我国现行刑事诉讼法的规定,死刑案件和普通刑事案件适用同一证明标准,即"案件事实清楚,证据确实、充分"。有些学者认为,立法这样的规定是适宜的,理由是:第一,如果规定死刑案件的证明标准高于普通刑事案件,将会导致普通刑事案件定罪标准降低、案件质量下降;第二,对死刑案件的高标准、严要求完全可以通过严格的程序、制度来实现,如上报审判委员会、死刑复核程序等,没有必要规定比普通刑事案件更高的证明标准。[1]

二 死刑案件采行最高的证明标准

学界有些学者主张,死刑案件的定罪应当采用比普通刑事案件严格的最高的证明标准,这可以说是目前学界的主流观点。但对于最高标准的具体表述又有所差异,大致包括以下几种:一是认为"死刑案件的证明标准应当为案件事实清楚,证据确实、充分,具有排他性和唯一性"。[2] 二是认为"将'对事实没有任何解释余地'作为死刑案件的证明标准。"[3] 三是认为,"对于重大案件,如死刑案件,就其关键事实情节的证明上,应达到完全确定的绝对性标准。"[4] 四是认为,"死刑案件的证明标准应当达到'以排他的与令人信服的证据为根据'的标准,把死刑办成'铁案'"。[5] 主张死刑案件应当采用最高证明标准的理由主要是因为死刑案件刑罚最重,一旦错杀不可挽回,应采取最为严格的证明标准。通过增加

---

[1] 李玉华等:《诉讼证明标准研究》,中国政法大学出版社 2010 年版,第 134 页。
[2] 黄芳:《死刑适用的国际标准与国内法协调》,《法学评论》2003 年第 6 期。
[3] 杨正万:《死刑的正当程序与死刑的限制》,载赵秉志、邱兴隆主编《死刑正当程序之探讨》,中国人民公安大学出版社 2004 年版,第 105 页。
[4] 龙宗智:《相对合理主义》,中国政法大学出版社 1999 年版,第 440—441 页。
[5] 汪建成:《冲突与平衡——刑事程序理论的新视角》,北京大学出版社 2006 年版,第 272 页。

证明的难度，将有助于提高案件的质量，不仅有助于减少死刑的适用，达到控制死刑的目的，而且可以减少冤假错案危害后果的发生。

在尚且保留死刑的美国，学界也有类似的观点。众所周知，在美国，对于被告人定罪的证明标准是"排除合理怀疑"（beyond a reasonable doubt）。权威的法律词典《布莱克法律词典》的解释是，"排除合理怀疑"的证明并不排除轻微可能的或者想象的怀疑，而是排除每一个合理的假设，除非这种假设已经有根据。"排除合理怀疑"的证明是"达到道德上的确定性"的证明，是符合陪审团的判断和确信的证明。作为理性的人，陪审团成员在根据有关指控犯罪是由被告人实施的证据进行推理时，如此确信以至于不可能作出其他合理的结论。从概率上说，就是每个陪审员必须95%或99%相信被告人有罪。① 这是美国司法实践中适用的最高证明标准。鉴于近年来出现的一些死刑错案，② 美国有些学者开始呼吁，死刑案件的证明标准应当高于"排除合理怀疑"的标准。具体而言，该标准应当是"排除一切怀疑（beyond any doubt）"。③ 显然，这一证明标准基本可以说是等同于"绝对确定"这一美国证明标准体系中的最高标准了。④

---

① ［美］爱伦·豪切斯泰勒等：《美国刑事法院诉讼程序》，中国人民公安大学出版社2002年版，第72页。

② 美国密歇根大学等有关专家对最近17年间的328个有争议的死刑大案进行了全面复查，结果表明，全部是冤假错案。专家们按照调查的比例进行了推算，并得出结论说，在今日美国的监狱里，尚住着数万名无辜公民。研究专家们还根据现有的复查情况得出了另一个重要结论：美国冤假错案比例最高的是谋杀案，而谋杀案中冤假错案最高的又是死刑案。他们说："事实已经明白无误地告诉我们，这两个'最高'加在一起意味着什么！"《美国冤假错案何其多 监狱中尚关押数万名无辜者》，http://www.ce.cn/xwzx/gjss/gdxw/200606/14/t20060614_7337161.shtml，2006年6月14日。

③ 参见［美］布莱恩·福斯特《司法错误论——性质、来源和救济》，刘静坤译，邹明理审校，中国人民大学出版社2007年版，第277—278页。

④ 在美国证据法和证据理论中，证明标准分为以下九个等级：（1）绝对的确定（Absolute Certainty，可以作为任何法律行为的依据）；（2）排除合理怀疑（Beyond Reasonable Doubt，作出刑事判决的依据）；（3）证据明晰可信（Clear and Convincing Evidence，否定死刑案件被告的保释；牵涉刑事指控的特定民事案件的判决）；（4）证据优势（Preponderance of Evidence，民事案件的判决；刑事案件中被告的积极抗辩）；（5）合理根据（Probable Cause，有证或无证逮捕；起诉和移送大陪审团审查起诉；取消缓刑和假释）；（6）合理的相信（Reasonable Suspicion/Belief，截留盘问和搜身）；（7）合理的怀疑（Reasonable Doubt，释放嫌疑人）；（8）怀疑（Suspicion，开始侦查）；（9）没有任何依据（不能采取任何法律行为）。卞建林：《美国刑事诉讼简介》，《美国联邦刑事诉讼规则和证据规则》（中文版），中国政法大学出版社2006年版。

三 死刑案件采行较高的证明标准

学界还有些学者主张死刑案件采行较高证明标准。这种观点具体又包括以下两种不同的情形：一是主张死刑案件设计高于现行证明标准的标准，但非最高标准，比如美国有些学者希望法官和陪审团能够倾向于在杀人案件中，采用高于其他不甚严重的刑事案件的证明标准，因为这些死刑案件通常会导致更为严厉的量刑裁决；同时也希望某些辖区对于那些可能作出死刑判决的刑事案件，采用较高的证明标准。① 这种观点之所以主张死刑案件适用高于一般案件的较高标准而不是最高的标准，因为美国法学界认为"绝对确定"是司法实践中不可能达到的标准。② 二是通过降低其他案件的标准来凸显死刑案件的证明标准。我国学界持这种观点的学者认为，以"案件事实清楚，证据确实、充分"作为死刑案件的证明标准是恰当的、可行的，而试图设计出较之更高证明标准的努力，可能是缘木求鱼，所以死刑案件的证明标准应当与非死刑案件有所差别，并高于非死刑案件。但是，这种差别只能是通过适度降低非死刑案件的证明标准，而不是通过提高死刑案件的证明标准来体现。③

四 死刑案件证明标准研究的无为与转向

早在 21 世纪初学界有关证明标准的大论战中，就有学者提出："所谓标准，必须具有统一性、外在性、可识别性。实践表明，建立这样的标准的努力——包括细化和客观化——还没有成功的先例。因此作为一种确定的、统一的、具有可操作性的证明标准的建构只能是乌托邦。④ 还有学者进一步指出："从可操作性的证明标准来说，法律已经不再有自己的判断真实的标准了，而只能服从于科学或者常识的关于真实的判断标准。法律对于证明标准的规定，所能做到的只能是明确提出裁判者关于信念程度的要求，而不可能是具有绝对确定而普适的、具有可操作性的证明标准。这个结论之所以有意义，主要是因为，我们据此可以将关于证明标准问题的讨论作战略性转移，从关于案件事实真相的具有可操作性的判断标准问

---

① 参见 [美] 布莱恩·福斯特《司法错误论——性质、来源和救济》，刘静坤译，邹明理审校，中国人民大学出版社 2007 年版，第 277—278 页。
② 杨宇冠主编：《死刑案件的程序控制》，中国人民公安大学出版社 2010 年版，第 409 页。
③ 杨文革：《死刑程序控制研究》，中国人民公安大学出版社 2009 年版，第 244 页。
④ 参见张卫平《证据标准建构的乌托邦》，《法学研究》2003 年第 4 期。

题的研究，转变为关于证据规则问题的研究。这才是需要我们予以努力研究的真问题。"① 这些观点的意图可以从以下两方面解读：一方面，通过揭示证明标准研究的无为，试图结束学界有关证明标准的论战；另一方面，在舍弃证明标准研究后，将学理研究引向证据规则与程序领域。

近年来有关死刑案件证明标准研究的无为与转向的观点与上述观点可谓一脉相承。有些学者提出，"确保死刑案件的质量，除了反复向审判人员强调'案件事实清楚，证据确实、充分'是一个很高的证明标准，对待死刑必须慎之又慎之外，防止冤案发生的根本之道还在于完善诉讼程序，并在实践中严格遵守这些程序。其理由主要是，证明标准是一个非常具有主观性，且非常抽象的标准，难以量化。对于主观性色彩很浓厚的标准，应当借助一系列程序设置来实现，并且大力完善死刑程序，比如完善死刑二审开庭审理程序、加强死刑案件的律师辩护、实行讯问全程录音录像等"②。

第二节　死刑案件证明标准研究的反思

前述四种观点，基本包含了死刑案件证明标准问题上学界的不同认识。我们不难发现这四种观点实际上可以分为三大类：一是同一论，即主张死刑案件的证明标准等同于普通刑事案件的证明标准；二是分层论，即主张死刑案件证明标准采行最高或较高的证明标准（或是高于普通刑事案件证明标准的证明标准，或是降低其他普通刑事案件证明标准以凸显死刑案件较高的标准）；三是放弃论，即主张放弃死刑案件证明标准的研究，转向程序或证据规则研究。这样，有关死刑案件证明标准问题集中于以下两方面内容：一是死刑案件证明标准的研究与设计是否还有意义？二是死刑案件证明标准的研究与设计如果有意义的话，究竟该如何设计？死刑案件的证明标准是否应与其他案件有所区别，如果应当有区别的话，应如何区别？

---

① 参见王敏远《一个谬误、两句废话、三种学说》，载王敏远主编《公法》第4卷，法律出版社2003年版，第268—269页。
② 参见杨文革《死刑程序控制研究》，中国人民公安大学出版社2009年版，第247—249页。

一 证明标准的研究与设计问题不应被回避

司法证明活动是一个主观见之于客观的诉讼认识活动，是主观认识层面的活动，是主观性的判断行为，因主体的经验、好恶、品性、道德、认知能力等的不同会出现认识判断上的差异。基于此，司法证明标准的确立既是建立统一性的指导准则，实现认识上的准确性和统一性，同时也是立足于主观认识上的个体差异性特点，建构可行性证明标准的规范，从而实现"在证据量及其证明力不变的情况下，通过证明标准设置和实际把握的宽严在一定情况下决定案件的实体处理"[①]。既然在司法实践中，证明标准贯穿于整个刑事证明过程的始终，对于规范控制裁判者的主观活动，以及统一司法裁判具有重要意义，那么"放弃论"的观点就是值得商榷的。在笔者看来，"放弃论"实际上采取的是一种回避策略，不能正视"证明标准"问题本身，将证明标准看作是一个"乌托邦"式的话题，转而求助于程序或证据规则寻找问题解决的突破口。我们不能说此种观点全无道理，但既然证明标准是研究死刑案件质量与死刑控制问题难以绕过的问题，对死刑案件的证明标准仍需要有准确、清楚的认识。倘若此问题不解决，徒有程序的改进与证据规则的完善，仍不足以全面提升死刑案件的质量，确保控制死刑目的的最终实现。

二 定罪标准应统一

1. 证明标准的层次性理论不能被滥用

近年来，随着对证明标准研究的深入，学界已普遍认识到，针对不同的诉讼类型，在不同的诉讼阶段、针对不同的证明主体、不同的证明对象，应分别适用不同的证明标准，即证明标准呈现多元化、层次性表征。这即是证明标准的层次性理论。也许是这种理论使然，在死刑案件证明标准的构建中，也出现了多元化、层次性的观点——死刑案件实行更高或者最高的定罪证明标准。对此，笔者不敢苟同。因为死刑案件的定罪标准在诉讼类型、证明对象、诉讼阶段、证明主体和证明责任等方面与其他案件并没有实质性的区别：诉讼类型同是公诉案件、证明对象均是定罪问题，诉讼阶段也都是审判阶段的定罪认识，证明主体是公诉机关，由其承担证明有罪的责任。也就是说死刑案件定罪标准就是解决刑事案件的定罪问

[①] 熊秋红：《对刑事证明标准的思考——以刑事证明中的可能性和确定性为视角》，《法商研究》2003年第1期。

题，并不涉及诉讼类型、证明对象、诉讼阶段、证明主体与证明责任等的差异问题，因而在死刑案件定罪证明标准问题上，不宜生搬硬套证明标准的层次性理论。

2. 定罪问题不能分层

死刑案件与普通刑事案件在定罪方面所涉及的都是犯罪事实的认定问题。刻意人为地将死刑案件的定罪标准提高是值得商榷的。

首先，将死刑案件与普通刑事案件定罪标准区别对待违背了诉讼认识的基本规律。因为定罪标准解决的是罪与非罪的问题，而非罪大罪小的量刑问题，这是行为的定性问题，岂可分别对待？如果分别对待就会发生罪名不同，而被区别定罪——同样证据和事实条件下，犯 A 罪不会定罪而犯 B 罪就可能会定罪。这种人为定罪标准的差异设计必然导致定罪问题上的不平等，有违诉讼基本认识规律。有鉴于此，由于共同的"定罪"性质，死刑案件定罪证明标准应与普通刑事案件的证明标准相同。

其次，设置最高的证明标准并非理性的选择。学界主张对于死刑案件设置最高证明标准的观点是值得商榷的。最高的证明标准，即"绝对的确定"或者"绝对真实"，是一种难以实现的标准。因为这种证明标准达到了主观与客观的完全符合，是人类认识的终极目标。而人类在特定时空条件下对事物的认识只能达到一种相对真实的状态。如果以这种最高标准界定死刑案件的证明标准，则死刑何止是减少适用，简直就是无法适用了。

最后，设置死刑案件定罪的较高证明标准，将导致司法实践中的诸多问题，前述两种设置死刑案件较高证明标准的观点存在疑问。在证明标准的层次划分上，无论是英美法系、大陆法系还是我国，在现行定罪证明标准之上的证明标准，基本都是最高标准了（即"绝对确定""绝对真实"），并不存在中间地带。能否真正创设这种中间地带的证明标准，值得怀疑。如若通过相对降低普通刑事案件定罪证明标准的方法以使死刑案件适用较高证明标准，将会导致普通刑事案件的定罪更加容易，势必会造成更大、更多的冤假错案。更为可怕的是，定罪证明标准的不统一与多层次性，还会导致司法裁判人员认识混乱、无所适从，势必贻害司法公正与权威。显然，该观点极其荒谬，不值一驳。

三　量刑标准应分层

死刑案件定罪标准不能分层设计，那么量刑标准是否可以分层呢？笔者认为可以从以下两个方面来阐释这一问题。

一是死刑案件应否与普通刑事案件的量刑标准有所差别？死刑是剥夺犯罪分子生命权最严厉的刑罚方法，生命权之所以重要，是因为生命是个人承担社会权利和义务的物质载体，拥有生命是人作为社会成员的最基本、最原始的权利，享有生命权是享有其他各项权利和自由的前提，并且生命不同于人身自由、财产等，一旦被剥夺不可恢复。① 从这个意义上说，死刑应当比普通刑事案件适用更高的证明标准。

二是死刑量刑的证明标准能否与普通刑事案件有所差别？通常认为，我国刑事诉讼法上规定的"案件事实清楚，证据确实、充分"系有罪证明标准，也即定罪标准。② 我国立法上并无量刑标准的规定。如若将"案件事实清楚，证据确实、充分"的定罪标准作为量刑标准的话，前面已经论及，目前这一标准已经是现行司法实践中能够达到的最高证明标准了。那么对量刑事实的证明而言，也不应再有什么更高的标准了。试想，如果死刑适用的证明标准高于其他刑罚的证明标准会出现什么情况呢？该适用死刑的案件因为死刑证明标准过高而难以证成，因而不得不适用较轻的刑罚或者不适用刑罚，这必然造成死刑个案在刑罚适用上的不平等。同理，在死刑案件与非死刑案件的刑罚适用上，因为非死刑刑罚能被正常适用，而死刑难以适用，必然会导致不同案件刑罚适用机会上的不平等，从而导致刑罚适用上的不平衡。

在笔者看来，不应简单地将目前立法上的定罪证明标准等同于量刑证明标准。正如有学者提出，由于很多在定罪裁决阶段被严格禁止出现在法庭上的证据，如品格证据、意见证据、传闻证据甚至非自愿的证据等，都可以在量刑阶段提出，并作为量刑的依据，因而公诉方对本方的量刑意见以及各种量刑情节所承担证明责任的证明标准并不需要达到"案件事实清楚，证据确实、充分"的程度，而应实行较低的证明标准，甚至有些量刑事实的证明只需达到民事诉讼上的"优势证据标准"即可。③ 在这一观点基础上，刑事案件的量刑标准就有了分层设计的基础，而死刑量刑证明标准的设计也就具有了与普通刑事案件相区分的空间。

---

① 参见李步云主编《人权法学》，高等教育出版社 2005 年版，第 123 页。
② 陈光中主编：《刑事诉讼法》（第三版），北京大学出版社、高等教育出版社 2009 年版，第 174 页。
③ 参见陈瑞华《论量刑程序的独立性——一种以量刑控制为中心的程序理论》，《中国法学》2009 年第 1 期。

第三节 死刑案件证明标准的分类建构

既然明确了死刑案件证明标准的研究与设计仍然是有意义的，以及定罪与量刑证明标准设计的原则性问题，那么接下来的任务就是建构死刑案件的证明标准了。在笔者看来，依据无罪推定、有利于被告人等基本刑事法原理，对于死刑案件的定罪与量刑证明标准有必要进行分类建构。

一 死刑案件定罪的证明标准

如前所述，虽说死刑案件的定罪与其他案件相比特殊性并不突出，死刑案件并没有比普通刑事案件特殊的定罪标准，但对于该问题的研究不应止于此，仍然有讨论的必要。这是因为，在笔者看来，为有效贯彻无罪推定原则的基本要求，定罪标准有必要进一步细化分类，分别建构肯定犯罪的积极规范标准和否定犯罪的消极规范标准，进而确定不同的证明标准要求，以更加明确地指导定罪实践。

1. 定罪的积极规范证明标准

所谓积极规范，是指肯定犯罪的法定规范，也就是我国现行刑法关于定罪要求的法律规范，其中主要是符合犯罪构成要件的规范，这些定罪的积极规范，必须达到"案件事实清楚，证据确实、充分"的基本证明标准要求，否则将有可能导致司法不公。

2. 定罪的消极规范证明标准

所谓消极规范，是指刑法规定的否定犯罪的那些法律规范。比如刑法总则中关于犯罪情节显著轻微不构成犯罪的规范、绝对正当防卫的规范等；刑法分则中具体个罪中有的要求必须是故意才入罪，那么过失情形就属于否定犯罪的消极规范等。在笔者看来，基于无罪推定、有利于被告人等基本刑事法原则的要求，这些否定犯罪的消极规范，其证明标准并不需要达到"案件事实清楚，证据确实、充分"的高度，而是介于"案件事实清楚，证据确实、充分"与"优势证明"之间的标准即可，笔者认为可构建"合理可信"的证明标准。

二 死刑案件量刑的证明标准

死刑案件与普通刑事案件的主要区别在于刑罚程度上的不同，因而为保证死刑适用的审慎与死刑适用上的准确、公正，死刑量刑证明标准的建构才是死刑案件证明标准建构的关键。在笔者看来，死刑案件量刑标准也应当从积极规范与消极规范两个方面分别建构。

1. 量刑积极规范的证明标准

死刑量刑的积极规范，是指对那些应当适用死刑的情形予以明确、具体规定的规范。依据我国刑法的规定，死刑只适用于罪行极其严重的犯罪分子。所谓极其严重，是"犯罪的性质极其严重、犯罪的情节极其严重、犯罪分子的人身危险性极其严重的统一"[1]。根据我国刑法的规定以及刑事司法实践，这些积极规范主要包括：刑法总则与分则个罪中关于从重、加重情节和应当适用死刑刑罚的具体规范，比如我国刑法总则中的教唆不满十八周岁的人犯罪的教唆犯、累犯等法定从重情节，以及分则中规定的为实施其他犯罪而杀人灭口的，杀人手段特别残忍的，以特别危险方法杀人的，雇凶杀人的，以残忍手段毁尸灭迹的，杀害两人以上或杀死一人但造成多人重伤的，明知是未成年人、孕妇、残疾人而故意杀害等法定情节，当然那些构成加重、从重的酌定情节也可以是死刑适用的积极规范。笔者认为，为慎重适用死刑，对这些积极规范应进行更为具体详细的规定，尤其是在保留死刑的个罪规范上更应明确和具体。另外，应将一些加重、从重的酌定情节立法化。对这些死刑积极规范应达到"案件事实清楚，证据确实、充分"的证明标准。这样既能够明确死刑适用的具体证明对象，也有助于明确具体的证明标准要求，从而更有利于司法实践中死刑适用的统一与具体把握。

2. 量刑消极规范的证明标准

除了应当适用死刑积极规范与证明标准要求外，为了保证死刑适用的科学、合理、公正，还应从否定方面规定不适用死刑规范的证明标准，即消极规范的证明标准。消极规范既包括刑法总则中法定从宽情节，也包括刑法分则中具体的否定死刑和法定从宽情节，此外还包括从宽的酌定情节。比如刑法总则中规定未成年人、孕妇、精神病人、限制行为能力、在国外受过处罚的人、从犯、又聋又哑的人、盲人、自首、立功、自首又有重大立功等为法定从宽情节；刑法分则中关于间接故意杀人、民间纠纷引发的故意杀人案件、犯罪后具有如实交代罪行并积极救助被害人等真诚悔罪表现的、事先无预谋而临时起意的激情杀人等法定或者酌定从轻情节。这些与消极规范有关的事实直接关系到死刑能否适用的问题，是司法证明

---

[1] 高铭暄、马克昌主编：《刑法学》，北京大学出版社、高等教育出版社 2007 年版，第 258 页。

中的重要对象。在笔者看来，这些消极规范事实的证明不需要达到"案件事实清楚，证据确实、充分"的证明标准要求，而应建立较低的"优势证明"证明标准即可。这是因为，一方面，量刑与定罪不同，需要考虑被定罪人的品行、平时表现、前科、身体健康状况等，以实现刑罚的个别化，这就使得因为适用传闻证据规则、品格证据规则、意见证据规则等在定罪阶段中不能被采纳的某些证据，在量刑阶段却有可能被适用。对这些量刑证据并不需要而且实践中也难以达到较高的证明标准。另一方面，消极规范采行"优势证明"标准既有助于减少死刑，又能在一定程度上保证死刑适用的准确与公正，从而贯彻"少杀、慎杀"的刑事政策，达致限制死刑的目的。另外，从保障犯罪嫌疑人、被告人人权角度看，对降低消极规范的证明标准要求，有利于维护死刑被追诉者的权益，符合人权精神，体现出时代的法治脉搏。

第七章 我国死刑案件证据规范中的若干问题及对策

2014年11月20日,内蒙古"呼格吉勒图案"进入再审程序,距离1996年6月10日,呼格吉勒图被执行枪决已有18年。这一起因"真凶出现"才引发再审的死刑冤案引起全国轰动。这起案件折射出我国死刑案件办理方面的诸多问题,毋庸置疑的是,因证据问题所导致的事实认定错误无疑是其中的核心所在。对此业内外人士讨论很多,再审程序结束后也会有定论。本章无意对该案进行就事论事的分析,而是试图结合司法实践对我国死刑案件证据规范中的问题进行集中的审视与反思并尝试提出完善对策。因为如果着眼于未来,只有发现规范中的疏漏并及时加以弥补才能够预防死刑冤案的重演,这比个案研究的意义更加深远。

本章将以我国证据法律规范最为丰富的《办理死刑案件证据规定》为蓝本,研究我国死刑控制证明过程中的一些问题,通过分析原因进而提出完善的措施、对策。也就是说,本章不囿于取证、举证、质证、认证的证明环节进行研究,而是从司法证明的角度,对我国现行证据立法规范中的一些问题进行具体、详细的阐述。相信,此种见微知著式的研究会更有利于我国证据法律制度的立法完善。

第一节 我国死刑案件证据运用中规范与适用问题

在我国刑事诉讼法中,死刑案件程序并未独立设置,仅单设死刑复核程序,而死刑案件人命关天,质量问题尤为重要。2007年3月,最高人民法院、最高人民检察院、公安部和司法部共同制定了《关于进一步严格依法办案确保办理死刑案件质量的意见》,使得我国死刑案件的诉讼证据规范开始从一般刑事诉讼规范中分离出来。然而,实践表明,程序的相对分离并不能解决死刑案件证据运用中的问题,死刑案件办理实践中存在的证据收集、审查、判断和非法证据排除尚有不尽规范、不尽严格、不尽统一的问题，经过充分调研，广泛征求各方面意见，最高人民法院、最高人民检察院、公安部、国家安全部、司法部共同起草了《关于办理死刑案件审查判断证据若干问题的规定》，[1] 从而首次确立了我国死刑案件的证据规范。《办理死刑案件证据规定》主要涉及死刑案件证据运用的一般规定、各类证据的分类审查与认定、证据的综合审查和运用三方面内容，涵盖了死刑案件证明程序的举证、质证、认证等多个程序环节，对于严格死刑案件证明程序、提高死刑案件办理质量、制约公权力、保障犯罪嫌疑人、被告人的人权等都具有积极意义。但司法实践表明，《办理死刑案件证据规定》仍然有进一步的完善空间。[2] 2012年刑事诉讼法仍未对死刑案件的证据问题进行专门的规范，只是在某些方面对《办理死刑案件证据规定》的内容有所修正，难尽如人意。在笔者看来，综观我国死刑案件证据规范，尚存在以下几个主要问题，这些问题的解决对于提升死刑案件证据运用水平，确保死刑案件的质量具有直接的现实意义。

一 关于"合理说明或解释"问题

根据《办理死刑案件证据规定》，遇有下列情形时，有关办案机关对其收集、调取证据行为作出合理的说明或者解释后，就可以作为法院定案的根据：[3]

（1）对在勘验、检查、搜查中发现与案件事实可能有关联的血迹、指纹、足迹、字迹、毛发、体液、人体组织等痕迹和物品应当提取而没有提取，应当检验而没有检验，导致案件事实存疑的，人民法院应当向人民检察院说明情况，人民检察院依法可以补充收集、调取证据，作出合理的

---

[1] 参见《确保办理的每一起案件都经得起法律和历史的检验——最高人民法院等五部门就两个〈规定〉答记者问》，载最高人民法院刑事审判第三庭编著，张军主编《刑事证据规则理解与适用》，法律出版社2010年版，第22页。

[2] 参见党建军、杨立新《死刑案件适用补强证据规则若干理论问题研究》，《政法论坛》2011年第5期；《突破与局限：特殊侦查措施所获证据材料适用研究——以〈关于办理死刑案件审查判断证据若干问题的规定〉第35条中心》，《证据科学》2011年第6期；何邦武、李珍苹《结论如何"唯一"？——基于〈办理死刑案件证据规定〉的演绎》，《中国刑事法杂志》2012年第3期；吕泽华《死刑案件证明标准研究的反思与分类建构》，《学术交流》2012年第6期等。

[3] 参见最高人民法院、最高人民检察院、公安部、国家安全部、司法部《关于办理死刑案件审查判断证据若干问题的规定》第7条、14条、21条、26条、28条、30条的规定。

说明。

（2）证人证言的收集程序和方式没有填写询问人、记录人、法定代理人姓名或者询问的起止时间、地点的；询问证人的地点不符合规定的；询问笔录没有记录告知证人应当如实提供证言和有意作伪证或者隐匿罪证要负法律责任内容的；询问笔录反映出在同一时间段内，同一询问人员询问不同证人等瑕疵的，通过有关办案人员的补正或者作出合理解释的，可以采用。

（3）讯问笔录有笔录填写的讯问时间、讯问人、记录人、法定代理人等有误或者存在矛盾的；讯问人没有签名的；首次讯问笔录没有记录告知被讯问人诉讼权利内容等瑕疵的，通过有关办案人员的补正或者作出合理解释的，可以采用。

（4）勘验、检查笔录存在明显不符合法律及有关规定的情形，并且不能作出合理解释或者说明的，不能作为证据使用。

（5）对视听资料的制作和取得的时间、地点、方式等有异议，不能作出合理解释或者提供必要证明的，不能作为定案的根据。

（6）主持辨认的侦查人员少于二人的；没有向辨认人详细询问辨认对象的具体特征的；对辨认经过和结果没有制作专门的规范的辨认笔录，或者辨认笔录没有侦查人员、辨认人、见证人的签名或者盖章的；辨认记录过于简单，只有结果没有过程的；案卷中只有辨认笔录，没有被辨认对象的照片、录像等资料，无法获悉辨认的真实情况等情形的，通过有关办案人员的补正或者作出合理解释的，辨认结果可以作为证据使用。

根据上述规定，对于"合理说明或解释"可以形成如下认识：一是"合理解释或者说明"适用于办案人员取证程序违法或者事实认定存疑的情形；二是"合理解释或者说明"涉及范围广泛。涉及合理解释或说明问题的事项涉及物证、证人证言、被告人供述和辩解、被害人陈述、勘验、检查笔录、视听资料、辨认笔录等绝大多数证据种类。三是"合理解释或者说明"的效力极高，一旦办案人员作出了"合理解释或者说明"，该证据即可作为定案的根据。

然而，对于这一涉及违法取证、案件事实认定，并被广泛适用且效力极高的"合理解释或者说明"的内涵，《办理死刑案件证据规定》中却语焉不详。2012年刑事诉讼法及有关解释中仍然沿用类似规定，对此也未予以明确。这不仅使得违法取证的办案人员在进行证据补救时无法可依，而且如此宽泛的自由裁量权也使得法官无所适从，甚至有可能酿成错案而要承担错判责任。另外，对于上述办案人员取证程序违法或者事实认定存疑的情形，只需作出解释或说明即可作为定案的根据，虽然此前该证据可能已经经过当庭出示、辨认、质证等法庭调查程序，但在发现取证程序违法或者事实认定存疑后，被告人、辩护人、被害人、代理人等就没有再次发表意见的机会了，程序参与性的缺失不但有违程序公正的基本要求，也难以确保实体公正的实现。

二　关于通过特殊侦查措施获取证据的审查问题

随着科技的发展，犯罪手段日趋多样化、隐秘化、高科技化，常规的侦查措施已经不足以应付犯罪活动，特殊侦查措施应运而生，成为现代刑事司法中揭露犯罪的重要方法。《办理死刑案件证据规定》第35条规定："侦查机关依照有关规定采用特殊侦查措施所收集的物证、书证及其他证据材料，经法庭查证属实，可以作为定案的根据。法庭依法不公开特殊侦查措施的过程及方法。"依据最高人民法院的解读，该条的含义包括以下两方面内容：一是对采用特殊侦查措施收集的证据材料，法庭采取两种审查方式：通常情况下应当以庭审质证的方式进行审查；特殊情况下可以庭下由法庭进行审查。这里所指的特殊情况，应该是采用庭审质证方式进行审查，可能导致国家机密泄露、国家利益受损、侦查人员的生命安全受到严重威胁等重大、危急的情况，而不能作扩大解释。此时对这些证据材料如何质证就可以由法庭在全面考查案情及其他证据的基础上作出裁量。法庭如能结合其他证据认定这些证据的客观性、关联性和合法性，就可将其作为定案的根据。二是无论以何种方式采用特殊侦查措施取得的证据，对特殊侦查措施的过程及方法，法庭依法均不能公开。①《最高人民法院关于执行〈中华人民共和国刑事诉讼法〉若干问题的解释》（法释〔2012〕21号，简称最高院《刑诉法解释》）第107条基本认可了这样的规定。

上述规定引发了特殊侦查措施证据审查中的三个问题：一是特殊情况下，通过特殊侦查措施获取的证据不听取辩方的意见，能否保证其真实性与合法性。二是以可能导致国家机密泄露、国家利益受损、侦查人员的生命安全受到严重威胁等重大、危急的情况为由而剥夺死刑案件被告人的辩护权是否适宜。三是对于通过采用特殊侦查措施取得的证据，对特殊侦查措施的过程及方法，法庭均不能公开，如何保障这些证据的合法性与真实性，以及被告人的质证权、辩护权。这些都需要配套立法规范进行完善。

---

①　最高人民法院刑事审判第三庭编著，张军主编：《刑事证据规则理解与适用》，法律出版社2010年版，第263—266页。

三 关于证人出庭作证及保护问题

证人出庭作证难一直是我国刑事司法中的难题之一。鉴于证人证言在死刑案件证明中的重要价值，《办理死刑案件证据规定》第 15 条明确了证人出庭作证的条件，并被 2012 年刑事诉讼法吸收和修正。据此，在具备以下三种情形时，证人应当出庭作证：一是公诉人、当事人或者辩护人、诉讼代理人对证人证言有异议；二是该证人证言对案件定罪量刑有重大影响；三是人民法院认为证人有必要出庭作证的。这是我国立法第一次规范"证人强制出庭作证"的义务，相关司法解释还规范了强制出庭作证的手段，可以说我国证人出庭作证制度有了巨大的进步。但这样的证人强制出庭作证义务适用于包括死刑案件在内的所有刑事案件。在笔者看来，对于死刑案件而言，这样的出庭作证条件并不严格，难以满足死刑案件对于案件事实认定的高标准要求。一是证人应当出庭的情形条件限制多，不仅需要双方有异议而且还需要对定罪量刑有重大影响，更为关键的是即使前两个条件满足了，证人应不应当出庭还需要法院认为有必要才决定出庭，也就是说法院对证人是否应当出庭有最终的决定权。此种立法无形中剥夺了控辩双方的对质权，变相限制了证人出庭的情形，也给法院增加了其不愿承担的义务（权力的拥有也面临着必须作出抉择的义务）和控辩双方"诟病"的可能。二是警察出庭作证的情形还不充分。2012 年刑事诉讼法仅在非法证据排除程序中规范了警察对取证行为合法性证明的出庭作证义务，这对于满足死刑案件事实认定的高标准要求显然不够充分。

为确保证人及其近亲属的安全，促使证人出庭作证，《办理死刑案件证据规定》第 16 条第 2 款规定："证人出庭作证，必要时，人民法院可以采取限制公开证人信息、限制询问、遮蔽容貌、改变声音等保护性措施。" 2012 年刑事诉讼法第 62 条从以下几个方面进一步完善了证人出庭作证的保护制度：一是明确了可以采取特别保护措施的案件范围，即危害国家安全犯罪、恐怖活动犯罪、黑社会性质的组织犯罪、毒品犯罪等案件；二是明确了实施保护的对象，即证人、鉴定人、被害人。三是明确了实施保护的主体，即人民法院、人民检察院和公安机关；四是明确了实施保护措施的条件，即因在诉讼中作证，本人或者其近亲属的人身安全面临危险的；五是保护措施的内容，即（1）不公开真实姓名、住址和工作单位等个人信息；（2）采取不暴露外貌、真实声音等出庭作证措施；（3）禁止特定的人员接触证人、鉴定人、被害人及其近亲属；(4) 对人身和住宅采取专门性保护措施；(5) 其他必要的保护措施；六是保护措施的启动，即证人、鉴定人、被害人认为因在诉讼中作证，本人或者其近亲属的人身安全面临危险的，可以向人民法院、人民检察院、公安机关请求予以保护；七是配合义务，即人民法院、人民检察院、公安机关依法采取保护措施，有关单位和个人应当配合。这规定对于实现立法者之"加强对证人的保护力度，以预防打击报复证人的事件发生，保证公民履行作证义务，保障诉讼活动的顺利进行。同时，通过切实保护公民的人身安全，支持和鼓励人民群众积极同犯罪行为作斗争，更好地实现刑事诉讼法'打击犯罪、保护人民'的立法目的"[①] 的初衷无疑具有重要意义。然而，法律的目的不在于颁布，而在于得到有效的实施，但是，法律制度一经颁布实施就不再是立法者所能完全操控的规范，而成为一种"生命有机体"。实践表明，立法有可能被规避，而出现"程序失灵"现象。[②] 上述有关证人保护制度由于其本身的缺陷就有可能被规避，而难以体现立法者的本意。具体而言，证人保护制度的缺陷主要体现在以下几个方面。

其一，保护机关权责不明。人民法院、人民检察院和公安机关都是保护证人等的法定主体，但并未明晰各自的责任，在多个保护机关并存权责不明的情况下有可能出现互相推诿，谁都不负责任的现象。而且，即使人民检察院、人民法院愿意承担保护责任，其是否有足够的能力有效完成保护任务也是值得怀疑的。而且，在实践中，法院一般只负责证人进入法庭以后的人身安全，至于证人离开法院，甚至就在法院门口，遭受被告人一方的人身攻击，法院一般也无能为力，只能求助于公安机关。[③]

其二，法律后果缺失。若人民法院、人民检察院和公安机关应当采取保护措施，但未规定人民法院、人民检察院和公安机关没有采取保护措施的法律后果，法律后果的缺失使得本条规定成为宣言式条款，执行力难以得到保证。

其三，救济条款缺失。正如有学者所言，"一般而言，成文法对某一权利的确立，最多只能算作立法者对保护该项权利所作的法律承诺，只要

[①] 全国人大常委会法制工作委员会刑法室编：《〈关于修改中华人民共和国刑事诉讼法的决定〉条文说明、立法理由及相关规定》，北京大学出版社 2012 年版，第 72 页。

[②] 参见陈瑞华《法律程序构建的基本逻辑》，《中国法学》2012 年第 1 期。

[③] 参见陈光中主编《〈中华人民共和国刑事诉讼法〉修改条文释义与点评》，人民法院出版社 2012 年版，第 89 页。

立法者不满足于权利的列举而追求权利的实现，那么权利救济问题就将是无法回避的立法问题"①。本条虽然规定了"证人、鉴定人、被害人认为因在诉讼中作证，本人或者其近亲属的人身安全面临危险的，可以向人民法院、人民检察院、公安机关请求予以保护"，但并未规定这种保护请求若被拒绝该如何救济，从而使得立法者的这一美好愿望难以落实。

四 关于自首、立功等证据的审查判断问题

根据《办理死刑案件证据规定》第39条的规定，对于下列内容未予认定的，应当要求有关机关提供证明材料或者要求相关人员作证，并结合其他证据判断自首是否成立：

一是被告人及其辩护人提出有自首的事实及理由；

二是被告人是否协助或者如何协助抓获同案犯的证明材料不全，导致无法认定被告人构成立功的；

此外，对于被告人累犯的证明材料不全，应当要求有关机关提供证明材料。

根据上述规定，可见"提供证据材料或者要求相关人员作证，并结合其他证据判断"是对于自首、立功证据"补充查证"②的方式。根据最高法的解释，"这里的作证包括出庭作证；相关人员既包括办案人员，也包括对被告人自首事实所了解的相关证人。"也就是说这里的作证包括出庭作证与不出庭作证两种方式，暗含这里的证人证言存在不被法庭质证的可能性。最高法并未对提供证据材料是否还要经过法庭质证，听取有关人员的意见等作出规定。在笔者看来，自首、立功是我国刑法规定的法定可以从轻、减轻刑罚的情节，对于犯罪嫌疑人、被告人的生命权、自由权的剥夺与限制都会产生实质性影响，因而在公安机关、检察机关等有关机关对于自首、立功情形进行补充证明而人民法院据此判断自首、立功是否成立时，不经法庭质证程序，不听取被告人及其辩护人的意见，显然是不适宜的。

五 关于通过录音录像获取口供的问题

我国1996年刑事诉讼法并未确立侦查讯问时的录音录像制度，然而，

---

① 陈瑞华：《法律程序构建的基本逻辑》，《中国法学》2012年第1期。
② 最高人民法院刑事审判第三庭编著，张军主编：《刑事证据规则理解与适用》，法律出版社2010年版，第281页。

由于录音录像对于确保讯问程序的合法性、判断犯罪嫌疑人、被告人供述和辩解的真实性等方面的重要作用，执法机关根据实践需要，在有关刑事诉讼法的司法解释、行政法规中确立了录音录像制度。1999年《人民检察院刑事诉讼规则》第144条规定："讯问犯罪嫌疑人，可以同时采用录音、录像的记录方式。"1998年《公安机关办理刑事案件程序规定》第184条规定："讯问犯罪嫌疑人，在文字记录的同时，可以根据需要录音、录像。"最高人民检察院于2005年12月下发《人民检察院讯问职务犯罪嫌疑人实行全程同步录音录像的规定（试行）》，至2007年10月1日，全国检察机关办理职务犯罪案件全部采用全程同步录音录像。我国专门针对死刑案件的录音录像制度始于2007年3月9日最高人民法院、最高人民检察院、公安部、司法部共同发布的《关于进一步严格依法办案确保办理死刑案件质量的意见》，该《意见》第11条规定："讯问可能判处死刑的犯罪嫌疑人，在文字记录的同时，可以根据需要录音录像。"《办理死刑案件证据规定》第18条规定："对被告人供述和辩解应当着重审查以下内容：……对于上述内容，侦查机关随案移送有录音录像资料的，应当结合相关录音录像资料进行审查。"

2012年刑事诉讼法对司法实践经验进行了总结，增设了对讯问过程的录音录像制度，以期规范侦查讯问工作，保证讯问活动的依法进行，保障犯罪嫌疑人的合法权利；以期固定和保存证据，防止被告人在庭审时翻供，保护侦查人员；并为非法证据排除制度服务，提供讯问过程是否合法几方面的证明材料。根据该法第121条的规定，录音录像制度主要包括以下几方面内容。

（1）适用案件范围。分为两种情形：一是对一般的犯罪案件，可以对讯问过程进行录音或者录像，是否要录音或者录像，由侦查机关根据案件情况决定。这主要是考虑到这项制度刚刚推行，录音录像设备需要司法成本投入，对于经济尚不发达的边远地区确实还存在一定困难，需要一个渐进的过程。二是对于可能判处无期徒刑、死刑的案件或者其他重大犯罪案件，要求必须对讯问过程进行录音或者录像。此类案件多由市级侦查机关来侦查，相对而言能承担起这个司法成本投入，而且，案件的严重性，确保准确定罪的需要，实现实体公正价值意义更大。

（2）录音或者录像的要求。录音或者录像应当符合两项要求：一是全程进行，一般应是从犯罪嫌疑人进入讯问场所到结束讯问离开讯问场所的过程。二是保持完整，即从侦查人员发现承办的案件属于本条规定的录音录像范围，应当对讯问过程进行录音录像开始，到案件侦查结束的每一次讯问都要录音或者录像，要完整、不间断地记录每一次讯问过程，不可作剪接、删改。①

对于死刑案件而言，这一规定比先前司法解释的进步之处突出体现在两个方面：一方面是由"选择性规定"到"强制性规定"，即对于死刑案件侦查讯问由原先的非强制录音录像改为强制录音录像，有助于发挥录音录像制度在死刑案件司法证明中的作用空间。另一方面是明确了全程与同步这两项录音录像要求，有助于录音录像制度能够有效发挥证明作用。

然而也应当看到的是，这一规定还存在与以往有关规范相比的退步之处，即立法采用了"录音或者录像"这样的表述，而先前的规范都采用"录音录像"的表述。"或者"在中文语境中是一个选择含义的词语，这样，在死刑案件侦查讯问过程中，录音和录像成为可以不被并行使用的方式，而可以任择其一，显然不利于录音录像制度功能的充分发挥。②

六 关于辩护律师获取证据问题

依据我国现行法，在辩护律师获取证据方面，并未对死刑案件有特殊规定。这样，辩护律师获取证据制度的缺陷同时体现在普通案件与死刑案件中。2012年刑事诉讼法对此也没有区分立法。在我国，总体而言，辩护律师获取证据制度主要存在以下两个突出问题。

1. 辩护律师获取证据权利的充分性不足

在我国，辩护律师获取证据主要有三种方式：自行调查取证；审判前查阅案卷和申请人民检察院、人民法院调查获取证据；法庭上获取证据。然而，这三种方式都存在问题，影响了辩护律师获取证据权利的充分性。

（1）辩护律师自行调查取证。依据1996年刑事诉讼法第37条的规定，辩护律师享有自行调查取证的权利。2012年刑事诉讼法对该条规定没有修改。但这一规定除赋予辩护律师调查权外，还规定了律师行使该权利的限制性条件：即向证人或者其他有关单位和个人调查取证的，需经其同意；向被害人或者其近亲属、被害人提供的证人调查取证，需经人民检察院或者人民法院的许可，并经其同意。这些限制条件增加了辩护律师调查取证的难度。虽然2007年律师法中取消了这些条件限制，但因为立法

---

① 全国人大常委会法制工作委员会刑法室编：《〈关于修改中华人民共和国刑事诉讼法的决定〉条文说明、立法理由及相关规定》，北京大学出版社2012年版，第156页。

② 在最早采行录音录像制度的英国，经历了从全程同步录音到全程同步录音录像制度并用的发展历程。

位阶的问题在实践中难以获得执行。2012年刑事诉讼法赋予了犯罪嫌疑人在侦查阶段可以聘请律师做辩护人的权利，①但辩护人的自行调查取证权利规范仍是模糊的。比如，2012年刑事诉讼法仅在第35条规定："辩护人的责任是根据事实和法律，提出犯罪嫌疑人、被告人无罪、罪轻或者减轻、免除其刑事责任的材料和意见，维护犯罪嫌疑人、被告人的诉讼权利和其他合法权益。"该条仿佛赋予了侦查阶段律师辩护人的调查取证权，但却仅限于无罪、罪轻或减轻、免除刑事责任的材料。这些材料是否是证据，是否取证范围不限于第35条规定的内容，则存在疑问。比如，是否可以对非法取证和程序违法事实自行调查取证呢？当然，侦查阶段更为具体、细致的律师调查取证的法律规范问题还有待补充完善，否则，无法确保律师调查取证的合法行使和证据资格认定。

（2）审判前通过辩护律师阅卷、申请调查取证获取证据。2012年刑事诉讼法在阅卷权方面与1996年刑事诉讼法相比，取得了实质性进步，即由原来的辩护律师自人民检察院对案件审查起诉之日起，可以查阅、摘抄、复制本案的"诉讼文书、技术性鉴定材料"修改为"案卷材料"，即"侦查机关移送人民检察院和人民检察院移送人民法院的案卷中的各种材料，包括其中的证明犯罪嫌疑人、被告人是否有罪、犯罪情节轻重的所有证据材料、诉讼文书等"②。这无疑大大扩充了辩护律师阅卷的范围。然而，该条还存在以下两个突出问题：一是该规定并未明确案卷材料的范围，这很可能导致律师难以知悉全部案卷材料，难以充分维护其当事人的合法权益；实践表明律师法实施后的状况，表明这种担心并非多余；③二是根据2007年律师法第34条的规定，受委托的律师自案件被人民法院受理之日起，有权查阅、摘抄和复制与案件有关的所有材料，既包括入卷材料，也包括非入卷材料。而该条并未对受委托的律师自案件被人民法院受理之日起，有权查阅的案卷范围作出与辩护律师自人民检察院对案件审查

---

① 《中华人民共和国刑事诉讼法》（根据2012年3月14日第十一届全国人民代表大会第五次会议《关于修改〈中华人民共和国刑事诉讼法〉的决定》第二次修正，2013年1月1日起施行）第33条第1款规定："犯罪嫌疑人自被侦查机关第一次讯问或者采取强制措施之日起，有权委托辩护人；在侦查期间，只能委托律师作为辩护人。被告人有权随时委托辩护人。"

② 全国人大常委会法制工作委员会刑法室编：《〈关于修改中华人民共和国刑事诉讼法的决定〉条文说明、立法理由及相关规定》，北京大学出版社2012年版，第27页。

③ 2007年《律师法》第34条规定："受委托的律师自案件审查起诉之日起，有权查阅、摘抄和复制与案件有关的诉讼文书及案卷材料。"

起诉之日起相区别的规定。这就使得律师自案件被人民法院受理之日起，所查阅的范围限于"案卷材料"，这样"非入卷材料"辩护律师就不得而知了。这就使得 2012 年刑事诉讼法第 39 条"辩护人认为在侦查、审查起诉期间公安机关、人民检察院收集的证明犯罪嫌疑人、被告人无罪或者罪轻的证据材料未提交的，有权申请人民检察院、人民法院调取"的规定难以落实，因为辩护人不知晓这些证据材料，何以提请人民检察院、人民法院调取呢？

（3）在法庭上获取证据。审判阶段是法官对案件作出最终裁判，解决被告人定罪量刑问题的阶段，在这一阶段，辩护律师理应能够获取法官将用以定案的全部证据。然而，由于以下三方面的问题，导致我国辩护律师并不能在法庭上获取全部证据。

一是证人、鉴定人出庭作证范围的严格限制。由于我国 1996 年刑事诉讼法并未对应当出庭作证的证人、鉴定人范围作出明确规定，导致司法实践中证人、鉴定人出庭率低，直接影响到辩护律师通过法庭质证了解、甄别证人证言、鉴定意见。2012 年刑事诉讼法第 187 条确定了证人、鉴定人必须出庭的情形，以期缓解证人、鉴定人出庭作证问题。然而，该条规定为必须出庭作证的证人、鉴定人规定了严格的限制条件，即证人出庭作证必须同时符合公诉人、当事人或者辩护人、诉讼代理人对证人证言有异议，且该证人证言对案件定罪量刑有重大影响，人民法院认为证人有必要出庭作证的三项条件；而鉴定人出庭作证必须同时符合公诉人、当事人或者辩护人、诉讼代理人对鉴定意见有异议，人民法院认为鉴定人有必要出庭作证的两项条件。可见，证人、鉴定人是否出庭作证人民法院可以有最终的决定权，而以往司法实践表明，证人、鉴定人不出庭作证的原因中除有证人、鉴定人不愿意出庭作证外，还存在法院基于各种考虑不想让其出庭作证的原因。因而，这样的规定能否切实保障当事人等的质证权，实现提高证人、鉴定人出庭作证率的立法初衷还未可知。

二是交叉询问机制尚未建立。根据《牛津法律大辞典》的解释，"交叉询问是由一方当事人向另一方当事人所提供的证人提出的诘问，一般是在提供证人的一方首先向自己的证人提问后进行的。交叉询问是意图使证人改变、修正或撤回提出的证据，使其证据失信，并从证人口中得到于询问方有利的证据"[①]。交叉询问被英美一些学者誉为发现真

---

① 《牛津法律大辞典》，光明日报出版社 1988 年版，第 230 页。

实的最重要的法律装置，同时也是使诉讼体现出对抗性质的最重要的法律机制。其程序环节包括举证方的主询问、对方的反询问、举证方的再主询问、对方的再反询问、举证方结束询问。并且交叉询问具有严格的限制规则，尤其是对主询问，比如不得质疑已方证人规则、禁止诱导性询问规则、反对符合式及其他混乱性问题的规则、意见规则，等等。①我国1996年刑事诉讼法借鉴了英美法系庭审中的对抗因素，吸收了交叉询问的精神，主要体现在以下三个方面：第一，对被告人、被害人的调查。首先由他们陈述案情，然后控辩双方可以对其进行发问。审判人员认为有必要时也可以发问。第二，被告人、被害人的程序调查之后，举证的顺序首先是控方，然后是辩方。对于证人、鉴定人，可划分为控方要求传唤的和辩方要求传唤的两种，法庭根据实际情况自行传唤的除外。第三，对证人、鉴定人的调查，在审判长核实其身份、告知其法律责任并让其在保证书上签字这一开头的程序结束后，询问的顺序首先由传唤证人的一方进行，对方经审判长许可后也可对其进行询问，审判人员认为有必要时，也可以询问证人、鉴定人。但立法未对交叉询问的具体规则等问题作出规定，也没有相关法规的规范，导致庭审质证难以有效实施，影响了对证据的审查判断的实效性。2012年刑事诉讼法对此未有完善之举，不能不说是一件憾事。

三是庭后移送案卷制度的存在。最高人民法院、最高人民检察院、公安部、国家安全部、司法部、全国人大常委会法制工作委员会1998年1月《关于刑事诉讼法实施中若干问题的规定》第42条规定："人民检察院对于在法庭上出示、宣读、播放的证据材料应当当庭移交人民法院，确实无法当庭移交的，应当在休庭后三日内移交。对于在法庭上出示、宣读、播放未到庭证人的证言的，如果该证人提供过不同的证言，人民检察院应当将该证人的全部证言在休庭后三日内移交。"这即是我国的人民检察院庭后移送卷宗制度。这一制度的存在导致辩护律师难以知悉人民检察院庭后的案卷材料，而这些材料却为人民法院定案的根据。2012年刑事诉讼法并未对该制度有否定性规定，也许表明这种做法在新刑事诉讼法中将不被允许，否定性规定是多余的。但是，这一惯性的司法做法值得我们警醒与关注。

2. 保障辩护方获取证据权利的有效性不足

有法谚道："无救济，无权利。"然而，1996年刑事诉讼法中仅赋予

---

① 参见龙宗智《刑事庭审制度研究》，中国政法大学出版社2001年版，第290—292页。

辩护律师获取证据的权利，而殊少有救济途径的规定。这使得辩护权利的规定成为难以兑现的"美丽谎言"。为解决这一问题，2012年刑事诉讼法增加了第47条的规定，即"辩护人、诉讼代理人认为公安机关、人民检察院、人民法院及其工作人员阻碍其依法行使诉讼权利的，有权向同级或者上一级人民检察院申诉或者控告。人民检察院对申诉或者控告应当及时进行审查，情况属实的，通知有关机关予以纠正"。该条规定虽然对解决辩护实践中的"阅卷难""调查取证难"等问题提供了法律依据，然而，仍然留下了诸多隐患，比如在辩护人、诉讼代理人提出申诉、控告以后，检察院不审查或者不及时审查怎么办？检察院要求办案机关进行纠正而办案机关不予纠正怎么办？

七 关于证据补强问题

补强证据规则意指一些证据需要其他独立来源的证据确认或者支持，以便于充分地支持一个既定的结果，诸如刑事犯罪的定罪。[①] 其直接价值在于规范证据的证明力，弥补主证据证明力上的不足，从而确保事实认定上的客观与准确。因此，对可靠性不是很强的主证据，有必要建立补强证据规则，确保主证据和补强证据相互印证共同证明案件事实。

《关于办理死刑证据的规定》第37条规定："对于有下列情形的证据应当慎重使用，有其他证据印证的，可以采信：（一）生理上、精神上有缺陷的被害人、证人和被告人，在对案件事实的认知和表达上存在一定困难，但尚未丧失正确认知、正确表达能力而作的陈述、证言和供述；（二）与被告人有亲属关系或者其他密切关系的证人所作的对该被告人有利的证言，或者与被告人有利害冲突的证人所作的对该被告人不利的证言。"2012年刑事诉讼法认可了这一规定。这样的规定丰富了我国刑事诉讼补强证据规则的适用范围，至少在死刑案件中，补强证据规则初步的适用范围已经基本确立起来了。与西方发达国家相比，我国的补强证据规则仍存在一些问题，需要进一步的立法完善：一是补强证据规则适用的范围过窄。我国补强证据规则的适用范围仅限于被告、未成年证人等言词性证据。二是补强证据的审查过多依赖经验判断，审查制度规范还有待加强。三是补强以印证方式来进行，导致印证证明与补强证明司法适用方式混淆，没有突出补强

---

① Richard Glover and Peter Murphy: *Murphy on Evidence* (13th edition), Oxford University 2013, p. 663.

证据对证据证明力的补强作用。四是补强证据采信自由裁量性大，完全交托法官认定。

八　关于 DNA 鉴定问题

DNA 鉴定技术号称当代的"证据之王"，由于其科学性与准确性，DNA 鉴定意见成为被现代刑事司法所青睐的证据种类。我国《办理死刑案件证据规定》第 7 条①规定了对生物样本的采集要求，确立了涵盖 DNA 鉴定检材应当取证的规范要求，明确了生物物证鉴定在司法证明中的重要地位。2012 年刑事诉讼法第 130 条规定②，人身检查时"可以提取指纹信息，采集血液、尿液等生物样本"。通过基本法的形式确立了生物样本的采集规范要求，填补了 1996 年刑事诉讼法在生物样本采集上的法律空白。2012 年刑事诉讼法是否确立了强制采样要求呢？对此学界有不同的观点，有学者认为"该规定是不全面的，缺乏对采集生物样本是否可以适用强制力的规定；收集对象仅限于犯罪嫌疑人和被害人过于狭窄。建议增加规定'犯罪嫌疑人、被告人如果拒绝采样，侦查人员认为必要的时候，可以决定强制采样'"。③ 但是，笔者认为，根据该条规定，生物样本采集是在人身检查过程中进行的，是人身检查的内容之一，理应适用该条第二款的强制检查的规定，即对犯罪嫌疑人拒绝检查的，则可强制检查，涵盖生物样本采集的强制性内容。从国外来看，为了发现实体真实，很多国家都已经规范了生物样本采集的强制规范要求，仅有少数国家不允许强制采

---

① 最高人民法院、最高人民检察院、公安部、国家安全部、司法部《关于办理死刑案件审查判断证据若干问题的规定》第 7 条："对在勘验、检查、搜查中发现与案件事实可能有关联的血迹、指纹、足迹、字迹、毛发、体液、人体组织等痕迹和物品应当提取而没有提取，应当检验而没有检验，导致案件事实存疑的，人民法院应当向人民检察院说明情况，人民检察院依法可以补充收集、调取证据，作出合理的说明或者退回侦查机关补充侦查，调取有关证据。"

② 《中华人民共和国刑事诉讼法》（根据 2012 年 3 月 14 日第十一届全国人民代表大会第五次会议《关于修改〈中华人民共和国刑事诉讼法〉的决定》第二次修正，2013 年 1 月 1 日起施行）第 130 条规定："为了确定被害人、犯罪嫌疑人的某些特征、伤害情况或者生理状态，可以对人身进行检查，可以提取指纹信息，采集血液、尿液等生物样本。犯罪嫌疑人如果拒绝检查，侦查人员认为必要的时候，可以强制检查。检查妇女的身体，应当由女工作人员或者医师进行。"

③ 陈光中主编：《〈中华人民共和国刑事诉讼法〉修改条文释义与点评》，人民法院出版社 2012 年版，第 202 页。

集生物样本①。从我国现行立法情况看，我国已经开始关注 DNA 类生物样本采集的必要性，这必将为生物类样本的鉴定提供了前提性条件，丰富了证据范围，必将有助于司法证明的更加真实与准确。但是，我们也应看到，关于高科技司法鉴定技术的应用在立法上还有很多的不足。就以死刑案件为例，为慎重死刑适用，防止不可挽回的生命损失，对死刑案件的司法证明应规范更为严格而全面的 DNA 等生物样本的采集、鉴定以及庭审质证规范，以实现科学证据在司法证明中去伪存真，保护无辜的功效。

第二节　死刑案件证据规范与适用问题的原因分析

我国死刑案件证据规范中存在上述问题并非偶然现象，而是由我国立法理念、立法经验以及立法技术等方面的原因导致的。

一　立法理念

立法理念是立法的指导思想与灵魂，直接影响立法的价值取向，决定立法的样态。上述死刑案件证明程序中的缺陷反映出我国在刑事诉讼的立法理念方面还存在以下两方面的欠缺。

1. 程序权利保障理念不足

从法律的性质而言，刑事诉讼法是程序法，因而其在内容上与实体法的重要区别即是其规定国家专门机关、诉讼参与人的程序权力、权利、义务、责任。而由于民权与官权相比的弱小性，因而保障程序权利成为刑事诉讼法立法中的核心内容。死刑案件证明程序存在的问题中，多数问题如特殊侦查措施获取证据以及自首立功等证据审查判断、辩护律师获取证据等皆属于程序权利保障的不足问题。这一问题的普遍性，表明我国在程序权利保障理念方面的欠缺。

2. 审判中心主义理念欠缺

审判中心主义理念要求将审判程序看作刑事诉讼活动的中心与重心，其核心含义是审判程序应当成为集中、最终解决刑事案件的诉讼阶段。2014 年 10 月 23 日十八届四中全会通过的《中央关于全面推进依法治国

---

① 参见 Professor Carlos M Romeo—Casabona, Professor Aitziber Emaldi—Cirion, Amelia Martin Uranga and Pilar Nicolas-Jimenez. Spain [A], Don Chalmers, *Genetic Testing And The Criminal Law* [C], first published in Great Britain by UCL Press, 2005, p. 180.

若干重大问题的决定》将"推进以审判为中心的诉讼制度改革"作为推进严格司法的一项重要举措。为此，法官据以定案的所有证据材料都必须在法庭上出示、质证、辩论，当事人、诉讼代理人、辩护律师等有权参与法官审查判断证据的程序。而当事人、诉讼代理人、辩护律师等的法庭证据审查判断程序参与的不足在死刑案件证明程序中比较突出，反映出我国审判中心主义理念有待加强。

二 立法经验

"法律的生命在于经验，而不在于逻辑。"立法经验不足是我国死刑案件证明程序存在诸多问题的重要原因。

首先，死刑案件程序尚未独立设置。死刑量刑的特殊性，具有不同于一般程序的特殊要求。依据我国现行法律规定，死刑案件的程序规范特殊性不强，除死刑复核程序外，尚未建构独立于普通刑事案件程序体现死刑案件特点的程序规范。这直接影响到作为诉讼程序重要内容的证明程序的特色规范，显然会影响到死刑案件证明程序规范的精细化。

其次，《办理死刑案件证据规定》作为司法解释上的不足。作为我国第一个有关死刑证据运用问题的司法解释，《办理死刑案件证据规定》是司法机关应对司法实践亟须的产物，并未像立法那样经历严格的调研、论证环节，其内容的完备性与科学性尚有待司法实践检验。

再次，有关死刑案件程序的司法经验积累不足。由于死刑案件的审级较高，适用的机关比普通刑事案件少，加之我国死刑案件程序从2006年以来至今一直处于持续的改革中，因而，有关死刑案件程序的适用还不甚稳定，地方司法经验的积累还不充足，难以为立法提供有力的智力支持。

最后，国外有关死刑案件程序的经验可资借鉴者极少。在世界废除死刑潮流的推动下，世界上绝大多数法治发达国家都已在事实上或法律上废除了死刑，而在少数尚未废除死刑的国家，对于死刑案件实行与我国完全不同的调查、审判形式，这种差异大大削弱了程序的可借鉴性。比如美国对于死刑案件实行大小陪审团制，这与我国可选择适用参审制或法官审判完全不同。

三 立法技术

立法技术问题是我国死刑案件证明程序立法不尽如人意的又一原因。长期以来，立法者一直坚持新中国成立之初立法经验不足、立法能力不足的特定环境下所确立的"宜粗不宜细"的立法原则，因此，我国立法活

第七章 我国死刑案件证据规范中的若干问题及对策 165

动往往会出现以下现象：立法一经颁布实施，就很快被各种法律细则、法律解释甚至地方性法规所取代和架空。这些细则、法律解释和地方性法规最终成为具有约束力的法律规范，而立法机关颁布的成文法典则仅仅成为提供抽象法律原则的宣示性文件。另一方面，在某一法律生效实施之后，一旦没有相关细则、法律解释来提供具体可行的操作性规则，那么，该法律往往会陷入无法实施的境地，无论是司法机关还是行政执法机关都会因为对一些条文存在不同的理解，而对法律采取各取所需式的解释，以至于造成法律执行的混乱。没有完备的立法技术加以保障，立法机关所推行的制度变革，纵然具有较为高远的立法意图，也难以完成废弃旧制度、推行新制度的使命。总体而言，我国立法技术的缺陷主要体现在以下三个方面：第一，现行法律确立了大量宣示性、口号性和倡导性的规范，条文表述过于原则、抽象和概括，可操作性相对较弱。第二，现行法律对某一领域所做的制度变革，通常没有确立相应的实施性条款，使得权利难以实现，义务无法履行，禁令难以达到"令行禁止"的效果。第三，大量法律规范没有相应的惩罚性条款，使得违反法律规范的行为无法受到有效的制裁，被侵犯法律权利的人也无法得到及时的补救和抚慰。① 上述有关死刑案件证明程序的问题有些就是立法技术的不成熟所致，比如抽象术语的使用、表意不明、引发歧义、律师权利保障条款的缺失等，因而留下了太多的解释空间与漏洞补充的余地。2012 年刑事诉讼法出台后即可见全国人大法工委刑法室、最高人民法院以及学者们组织编写的各类法律解释书籍的出版成为极好的例证。② 公安部、最高人民检察院、最高人民法院等

---

① 参见陈瑞华《制度变革中的立法推动主义——以律师法实施问题为范例的分析》，《政法论坛》2012 年第 1 期。

② 截至 2012 年 5 月 1 日，依据出版发行的解释书籍包括：郎胜主编：《中华人民共和国刑事诉讼法释义（最新修正版）》，法律出版社 2012 年版；全国人大常委会法制工作委员会刑法室编：《〈关于修改中华人民共和国刑事诉讼法的决定〉条文说明、立法理由及相关规定》，北京大学出版社 2012 年版；王尚新、李寿伟主编：《〈关于修改刑事诉讼法的决定〉释解与适用》，人民法院出版社 2012 年版；张军主编，最高人民法院研究室、最高人民法院"刑法、刑事诉讼法"修改小组办公室编著：《〈中华人民共和国刑事诉讼法〉适用问答》；童建明主编：《新刑事诉讼法的理解与适用》，中国检察出版社 2012 年版；陈光中主编"《〈中华人民共和国刑事诉讼法〉修改条文释义与点评》，人民法院出版社 2012 年版；樊崇义主编：《2012 年刑事诉讼法的解读与适用》，法律出版社 2012 年版；冀祥德主编：《中国刑事诉讼法学新发展——最新刑事诉讼法释评》，中国政法大学出版社 2012 年版；等等。

都组织专门人员修订与论证其本部门适用刑事诉讼法的解释。[①]

第三节　死刑案件证据规范的完善设想

最大的智慧存在于对事物价值的彻底了解之中，最大的进步是在对错误与不足的准确认知之中。经过对我国死刑案件证明程序的不足剖析，有必要提出完善的设想。针对我国死刑案件证据规范中存在的问题，笔者尝试通过修正现有规范与创制新规范两种方式提出解决对策。

一　合理界定"合理解释或说明"

对于何谓收集、调取证据行为中的"合理的说明或者解释"，由于这些行为都是关于程序法上的事实，因而难以采用规范实体法事实的证明标准来进行细化、规范，笔者主张采行程序标准对此进行衡量，如取证的相对方无异议、当事人无异议等。

二　完善法庭质证与听取意见

按照证据质证原则的基本要求，在法官最终认定证据之前，证据应当在法庭上经过当事人等的质证、辩论程序，且这种质证、辩论不限于一次，即只要发现证据存疑，办案人员再次提供证据材料补正后，都要重新进行质证、辩论。即使是通过特殊侦查措施获取的证据也应当经过法庭质证、辩论，尤其是在死刑案件司法证明过程中，如果考虑到保密的需要，可以限制参与庭审人员的范围，因为辩护权作为被告人的一项绝对权利，在任何情况下被剥夺或者限制都是不适宜的。

三　充实证人出庭作证及保护制度

1. 证人出庭作证制度的完善

有关死刑案件证人出庭作证，鉴于死刑案件人命关天的考虑，一方面，建议取消"法院认为证人有必要出庭"的规定，因为对质权的实现是控辩双方的诉求，而不是法院的责任，如此规范有强化法院承担证明责任之嫌；并且，死刑案件设置过多证人出庭限制，不利于证据的庭审质证

[①] 2012 年 4 月 28 日笔者应邀参加了由中国政法大学研究生院主办的"新刑事诉讼法贯彻实施研讨会"，在会上，笔者了解到了这一信息。

功效发挥，不利于死刑的司法证明。另一方面，由于警察出庭作证可以对其死刑案件的侦查活动进行合法性、真实性的解释与说明，可为证据的真实性提供更基础的保障，因此建议死刑案件开庭时，负责侦查工作的主要侦查人员必须出庭，以随时应对法庭及控辩双方有关侦查阶段事实与法律问题的质疑。

2. 证人保护制度的完善

在证人保护方面，至少可以在以下几方面进行完善：一是明确单一的证人保护机关。根据公、检、法三机关的性质、职能特点，明确规定在各个诉讼阶段，证人的保护机关均为公安机关，以消除实践中可能发生的多机关责任推诿以及人民检察院、人民法院无力保护证人的现象。二是明确法律后果。明确规定在符合法定条件下，公安机关没有采取保护措施的法律后果，以保障该条款的执行力。比如，保护措施不利，如果没有导致证人人身、财产权益受到损害的，应当承担一定的行政责任；如果导致证人人身、财产权益受到损害的，除承担行政责任外，还要承担连带赔偿责任。三是明确救济条款。增加规定证人、鉴定人、被害人因在诉讼中作证，本人或者其近亲属的人身安全面临危险的，在向公安机关提出保护请求后，如果这种请求被拒绝，应当有权向上一级检察机关提出申诉，上一级检察机关应当及时进行审查，符合法定条件的，应当通知公安机关对证人实施保护措施，对于检察机关的决定，公安机关应当执行。

四 完善录音录像制度

立法应当将死刑案件录音或者录像的选择性规范，调整为在死刑案件侦查讯问过程中，应当进行录音和录像，从而使录音录像同时并用，以充分发挥录音录像在死刑案件证明中的重要作用。同时，对录音、录像的独立性、中立性、客观性的保障也需要关注，相关的制度保障措施需要跟进，比如看守所机关行政隶属关系调整等。

五 调整辩护律师获取证据制度

1. 赋予辩护律师充分的获取证据的权利

针对我国辩护律师自行调查取证，审判前通过查阅案卷，申请人民检察院、人民法院调查取证等方式获取证据以及在法庭上获取证据等方式存在的问题，建议进行以下完善。

一是取消辩护律师自行调查取证的诸多限制。但应该规范辩护律师的取证行为，使得辩护方的证据也能符合证据的资格条件要求。

二是明确规定辩护律师自人民检察院对案件审查起诉之日起，可以查阅、摘抄、复制与案件有关的全部材料，并且明确全部材料的具体内涵，防止因为有关证据材料不移送导致辩护律师认知上的盲点，从而影响证据信息的知情权和辩护权利的保障。

三是将证人、鉴定人出庭作证的条件调整为"公诉人、当事人或者辩护人、诉讼代理人对证人证言、鉴定意见有异议的，证人与鉴定人就应当出庭"，删除"对案件定罪量刑有重大影响，人民法院认为证人有必要出庭作证的"这些难以把握的主观条件限制。

四是确立庭审过程中的交叉询问机制。大致可以从以下三方面进行设计：第一，询问顺序。控辩双方同时申请传唤同一证人，由负有举证责任的一方进行主询问，对方进行反询问。法院依职权主动传唤的证人，由法官进行主询问，然后由控辩双方进行反询问。对于被害人，可以将其视为控方证人，由控诉方进行主询问，由辩护方进行反询问。第二，询问范围。对于主询问的范围，可以限定为待证事项及其相关事项。反询问的范围以主询问中所发现的事项及其相关事项，或为争辩证人证明力所必要的事项为限，以使问题集中，形成与主询问对立辩证的效果。再主询问的范围原则上应以反询问中所涉及的事项及增强证人证明力的必要事项为限，在主询问过程中已经发现的并在反询问时证人所回答的事项，也可在再主询问阶段进行询问。再反询问的范围，原则应以再主询问所涉及的事项或相关事项为限，以辩明再主询问所提出证据的证明力为限。第三，询问规则。确立不得质疑己方证人规则、禁止诱导性询问规则、反对符合式及其他混乱性问题的规则、意见规则等询问规则。

五是明确废除庭后移送案卷制度。禁止人民检察院庭后向人民法院移送任何与案件有关的材料，确保庭审集中审理、直接言词等原则的贯彻落实，避免诉讼突袭，不当影响法官自由心证裁判的公正性。

2. 完善辩护律师获取证据权利的保障制度

针对辩护实践中的问题，完善辩护律师获取证据权利的保障制度，主要应当完善救济机制，即可以通过司法解释完善2012年《刑事诉讼法》第47条的规定[①]。一方面，应当增设检察院审查的期间规定，即在辩护

[①] 《中华人民共和国刑事诉讼法》（根据2012年3月14日第十一届全国人民代表大会第五次会议《关于修改〈中华人民共和国刑事诉讼法〉的决定》第二次修正，2013年1月1日起施行）第47条："辩护人、诉讼代理人认为公安机关、人民检察院、人民法院及其工作人员阻碍其依法行使诉讼权利的，有权向同级或者上一级人民检察院申诉或者控

人、诉讼代理人提出申诉、控告以后，人民检察院应当在三日内作出审查决定，情况属实的，人民检察院应当通知办案机关进行纠正，办案机关应当立即纠正。人民检察院与办案机关的意见发生分歧的，可以提交同级人大常委会作出裁决；另一方面，辩护人、诉讼代理人对于人民检察院的审查结果不服的，有权提交上一级人民法院作出裁判。

六 拓展补强证据规则

为有效规制补强证据采信规则，充分发挥补强和被补强证据的证明力功效，对补强证据规则需要法律规范。一是补强证据的对象需要进一步丰富，不能仅限于被告人、未成年证人等言词性证据，还应该扩充到书证、物证等领域。因为，证据的真实性问题也如同证据的合法性问题一样，需要审查与认定，这将是程序法事实日益成为司法证明对象的必然。二是不仅补强证明的对象需要司法经验完善与补偿，补强证据的资格条件也需要规范，明晰补强证据与被补强证据的互补关系，比如两者应来源不同，具有独立性。三是补强证据的程序规则需要立法完善，不仅需要适用证据质证的程序规则，更需要法官认证的规则规范，使补强证据司法适用的合理性得到公开展示，否则补强证据难以真正司法适用。因此，需要对补强证据规则的司法适用进行立法指导，并建立证据认定规则、裁判说明充分理由制度，确保心证的公开与心证的理性，实现司法追求真实发现的目的。

七 确立 DNA 强制鉴定制度

DNA 鉴定技术作为当代高科技的司法证明手段，在确保司法证明的准确性，防止冤枉无辜上具有举足轻重的重要作用。因此，应该建立死刑案件有生物样本条件的，必须进行采集并进行鉴定的规则，否则，不得适用死刑。让高科技的 DNA 鉴定技术发挥死刑适用的标准阀功能，不失为一项重要的死刑案件证据规则。为此，死刑案件不仅采集生物样本是必须的，DNA 鉴定也是必须的，并且可以强制进行采样和鉴定。当然，追求实体真实的同时，也不能忽略对人权的保障，强制采样与鉴定只能是对犯罪嫌疑人、被告人拒绝采样、鉴定时才可实施，对证人、被害人则不可以强制采样。根据 2012 年刑事诉讼法的规定，生物样本采样的对象仅限于犯罪嫌疑人、被告人，对此，未来立法也需要在采样对象上进行扩展，应

告。人民检察院对申诉或者控告应当及时进行审查，情况属实的，通知有关机关予以纠正。"

包括对证人、被害人及有血缘关系的亲属及其他人员。① 此外，死刑案件DNA强制鉴定规则，还需要在以下几个方面进行完善：一是赋予犯罪嫌疑人、被告人DNA鉴定人的选择权利，以维护其对司法鉴定中立性、公正性的心理预期；二是DNA生物样本保存制度，保存期限要在死刑执行后20年，为纠错提供机会；三是确立有采样、鉴定条件而没有进行DNA鉴定的案件，被告人不得判处死刑的规则，以慎重控制死刑；四是确立DNA鉴定意见独证不能定案规则，任何证据都有出错的可能性，证据地位都是平等的，不能凸显DNA鉴定意见的支配地位；② 五是构建DNA鉴定结论的专家辅助人质证规范要求，确保DNA鉴定意见能够得到公正、全面、准确、平等的审查判断机会，确保其证据资格和证明力。

刑事司法在惩罚犯罪与保障人权的诉讼目的背后是更为根本的保护无辜。随着一个个令人痛心的冤错案件的平反昭雪，让我们不仅感受到无辜者的司法不幸，更加值得警醒的是司法中日益显现的证据诉病。如何通过证据控制死刑的适用，更好地保护无辜者免受司法的残害，将是一个亟待完善的司法重任。本章有关死刑案件的法律规范的完善对策固然能够缓解我国死刑案件证据运用中的某些问题，然而其真正发挥实效不但需要立法者立法理念、经验与技术的真正进步，还需要司法人员、诉讼参与人乃至社会公众的共同努力。

第四节 死刑案件诉讼体制的障碍及克服

死刑案件证明程序是死刑案件诉讼机制的有机组成部分，按照系统论的观点，其完善与否影响着诉讼机制整体作用的发挥，反之，诉讼机制的整体样态也制约着死刑案件证明程序的功能实现程度。基于这样的逻辑，死刑案件证明程序本身的完善不应是这个课题的终点，还要以更为远大的视野关注与死刑案件有关的诉讼体制上的障碍，并探索消除障碍的路径，以保证死刑案件证明程序完善的理想能够成为现实。

---

① 陈光中主编：《〈中华人民共和国刑事诉讼法〉修改条文释义与点评》，人民法院出版社2012年版，第202页。
② 参见吕泽华《DNA鉴定技术在刑事司法中的运用与规制》，中国人民公安大学出版社2011年版。

第七章 我国死刑案件证据规范中的若干问题及对策 171

一 死刑复核程序的诉讼化改造问题

死刑复核程序作为我国刑事诉讼法规定的一项特殊程序，承载着保证死刑案件办案质量，坚持少杀，防止错杀，保障人权等立法任务。但是，由于立法的疏漏，死刑复核程序的执行情况并不令人满意。于是，近年来死刑复核程序的改革成为死刑案件程序改革的重要环节。正如学者们普遍所感知到的，"随着改革的推进，一系列浅层结构的制度因素发生了变化，但也有一些深层的问题并没有随之发生明显的变化。这就是司法裁判的行政化倾向问题"。[1] 这种裁判方式的典型特征就是通过秘密、书面和间接的阅卷工作，对下级法院的事实裁判进行"复审"；即使听取检察官、辩护律师的意见，也不会在公开的法庭上进行，而往往采取一种非正式的单方面接待方式或者干脆采取审阅其书面意见的方式；即使在核准死刑裁判之前会见被告人，也不会在公开的法庭上进行，而只会采取秘密提审的方式；即使发现死刑案件存在事实认定方面的疑问，也不会责令控辩双方在调查取证后当庭提交法院，而是由法官进行单方面的"调查取证"，并自行决定证据的取舍。"最高人民法院的法官不会允许控辩双方参与死刑复核的裁判过程，而是将有关问题和疑点上报最高人民法院的庭长、主管院长或者审判委员会以求得到终局的裁判意见。"[2]

为进一步规范死刑复核程序，保障死刑复核案件质量，2012 年刑事诉讼法对死刑复核程序作了重要的完善，即增加了第 240 条的规定。该条分为两款，第一款规定："最高人民法院复核死刑案件，应当讯问被告人，辩护律师提出要求的，应当听取辩护律师意见。"该款包含两层意思："一是在死刑复核程序中，应当讯问被告人。对于所有的死刑复核案件，死刑复核办案人员都必须对被告人进行讯问。至于讯问形式，实践中可以采用当面讯问或者远程视频讯问等方式进行，法律没有作出强制要

---

[1] 即使是最高人民法院的法官们对死刑复核程序的司法性质确认不疑。如最高人民法院的一位副院长明确表示，死刑复核程序是一种特殊的审判程序，是在两审终审以外针对死刑案件设计的一种特别救济程序。但是"它不是一种行政程序，而是一种司法程序，因为最高人民法院在'死刑复核期间，是按照审判工作的特点组成合议庭，经过合议庭审理，然后经过审判委员会审理决定的'"。参见陈永辉《最高人民法院新闻发言人就死刑核准制度改革问题答记者问》，http：//www.chinanews.com.cn/other/news/2006/12-29/8446390.s-html。

[2] 陈瑞华：《通过行政方式实现司法正义？——对最高人民法院死刑复核程序的初步考察》，《法商研究》2007 年第 4 期。

求，可由办案人员根据案件具体情况确定采用何种方式讯问被告人。二是辩护律师提出要求的，应当听取辩护律师的意见。"辩护律师提出要求的"是指辩护律师在死刑复核期间向办理死刑复核案件的人员提出要求，要求听取自己对案件事实、证据、审判程序以及是否应当判处死刑、核准死刑等的意见。在这种情况下，办案人员应当听取。辩护律师提出要求的方式可以是来电、来函等方式，办案人员听取辩护律师的意见之后，应当在决定是否核准死刑时综合考虑。第二款规定"在复核死刑案件过程中，最高人民检察院可以向最高人民法院提出意见。最高人民法院应当将死刑复核结果通报最高人民检察院。"该款也包含两层意思：一是在死刑复核程序中最高人民检察院可以向最高人民法院提出意见。最高人民法院的死刑复核程序是刑事诉讼程序的一个重要环节，应当受到最高人民法院的监督。二是最高人民法院应当将死刑复核的结果通报最高人民检察院，是指最高人民法院作出核准死刑或者不核准死刑的裁定之后，都要通报最高人民检察院。该条两款规定的立法目的是保障死刑复核中被告人的合法权利，发挥最高人民检察院在死刑复核程序中的监督作用，切实做到正确适用、慎重适用死刑。[1]

虽然，本条规定使得原来行政化的死刑复核程序初步具有了诉讼程序的某些特征，但是，这种诉讼化改造并不彻底，还存在以下三个问题亟待解决。

一是死刑复核程序的审理方式问题。目前最高人民法院复核死刑案件并未采取开庭审理的方式，没有庭审质证、辩论环节，难以充分发挥控辩双方的作用。为此学界有不同的声音，有观点认为最高人民法院复核死刑案件应当采取开庭审理的方式，使得对死刑复核程序的诉讼化改造真正到位。尤其是"当辩方对判决认定事实有异议，并且有证据证明原判决、裁定认定事实确有错误，可能影响定罪量刑的，死刑复核应当开庭审理。"[2] 当然，也有不同声音认为，"其一，坚持开庭审理，就应当要求所有当事人及证人等诉讼参与人都到京参加庭审，这是当前第一审程序都非常难以达到的境界，不知远在数千里之外进行的复核程序有何良策能够做到；其二，进行开庭审理，不仅需要法官组成合议庭，还需要检察官到

---

[1] 参见郎胜主编《中华人民共和国刑事诉讼法释义（最新修正版）》，法律出版社2012年版，第521—522页。

[2] 冀祥德主编：《中国刑事诉讼法学新发展——最新刑事诉讼法释评》，中国政法大学出版社2012年版，第217页。

庭。为了使核准权收回后的复核程序能够正常运行,最高人民法院增加了三个复核庭,共三四百人的法官,但是目前还没有看到最高人民检察院为死刑核准权的归位进行必要扩编的计划。其三,从世界主要法治国家来看,最高司法机关只针对法律问题进行审理,基本上为书面审理。其四,在我国古代,刑部作为最高的司法机关在对死刑案件进行复审时,并不完全重复下级司法机构的做法。重大案件在由地方转往刑部时,也只有在经按察使司审理后仍不能决断而需上报刑部的,当事人才一同解送进京。实际上,由于路途遥远,大多数案件转送到刑部时,并不同时解送被告及证人。由此可见,我国古代刑部对于死刑案件的重审也并非完全重复下级司法机构的做法。"① 同时,依据刑诉法及相关司法解释,复核死刑案件仅是对是否适用死刑进行"是"与"否"的核准问题,并不进行事实的审理问题,也就是说不进行事实的调查审判工作,因此,主张死刑复核程序不应是一、二审的开庭审理方式。但是,从另一角度看,死刑案件质量不仅关涉到被告人的利益,也关涉到司法的公信力、社会稳定以及国家的长治久安以及国际声誉等,死刑复核程序如果仅因为上述理由就采取非公开的、法院单方的、具有秘密、书面性的复核方式仍难免限于诟病。虽然这次新《刑事诉讼法》的颁布,有了应当讯问被告人、听取辩护意见和复核结果通知检察院的进步之处,但这里仅仅是应当讯问被告人,对辩护意见仅当辩护律师提出要求时才听取其意见的做法,显得过于被动,立法应更进一步,即死刑复核程序应当听取辩护律师意见。同时,复核时仅仅是听取辩护律师的意见,无形中限制了其他辩护人的权利,因此,听取辩护意见应当扩充到听取辩护人意见,而不应仅是辩护律师的意见,使得死刑的辩护理由能得到充分的体现,更好地限制与控制死刑的适用。就死刑复核的审理内容而言,我国的新刑事诉讼法实行的仍然是全面审查原则,这就为事实审理提供了依据,死刑复核程序仍要对事实和法律(定罪和死刑适用)进行审理。如果需要对事实进行审理,仅复核不公开审理,则未免难脱秘密审理之嫌。因此,未来立法需要对死刑复核审理的内容进行限定,对事实、证据仍有异议的,则不能进入复核程序,复核仅应是对死刑是否适用等法律问题进行审理。这就需要构建健全、完善的一审、二审程序制度,确保事实、证据问题在死刑复核前的程序中得以"消灭",死刑复核程序集中于死刑是否适用的法律判断问题。这样,复核程序的不公

---

① 【死刑核准】死刑复核程序的审理方式,来源:中国法律网,2011-05-06 15:14:07,http://news.9ask.cn/xszs/bjtj/201105/1175322.shtml。

开审理才有了一定的充分理由。但从慎重死刑适用的角度考虑，死刑复核程序仍应公开进行，即使不是严格的开庭审理方式，也应该允许公众旁听，以使死刑量刑核准程序更加透明化、公开化。这也是公开审判原则在死刑复核程序中的体现，这在国外也是有例可循的，美国联邦最高法院复核死刑案件就允许公众旁听。

二是最高人民检察院监督的有效性问题。最高人民检察院提出意见的材料来源、内容、方式、期限等并不明确，影响了最高人民检察院监督作用的有效发挥。对最高人民检察院提出意见的，最高院仅仅是将复核结果通知最高检，甚至有观点认为，只有最高检提出意见的，最高院才将复核结果通知最高检，而对最高检没有提出意见的，则复核结果不通知最高检。笔者认为，立法应当进一步明确上述问题，提请死刑复核的法院在将有关案件材料提交最高人民法院的同时，应当同时提交最高人民检察院，以便于最高人民检察院在死刑复核案件开庭审理前充分了解有关案件材料，以便于有效参与复核程序，并履行监督职责。并且，无论最高检察是否提出意见，最高院都应当将复核的结果通知最高人民检察院，以切实加强最高检对死刑复核程序的监督法定职能有效发挥。当然，死刑复核程序的诉讼化构造程度如何直接关涉着最高检的介入程度和监督形式及监督效果的发挥，这些都需要进一步的立法明确或者司法解释跟进完善。

三是死刑复核裁定书的说理问题。现行的最高人民法院死刑复核裁定书对于律师的意见基本上是不予记载的，更不会解释为什么拒绝接受律师的辩护意见。[①] 2012年刑事诉讼法仍然没有要求死刑复核裁定书中应当载明控辩双方的意见以及取舍理由，难以保证死刑复核法官能够真正听取控辩双方的意见。同时，在最高检提出意见的死刑案件中，复核裁定书是否进行说明，也有待明确，否则，会出现最高检提意见，最高院毫不理会的现象发生，死刑复核监督仅存形式而无实质内容。为此，笔者建议立法增加规定死刑复核裁定书中应当写明裁判理由，尤其是对控辩双方意见的取舍理由、最高检的意见进行阐述与说明。

二 定罪与量刑程序分离问题

最高人民法院早在2004年就将量刑程序改革作为司法改革的一项重要内容写入《人民法院第二个五年改革纲要》，明确提出"健全和完善相

[①] 参见陈瑞华《通过行政方式实现司法正义？——对最高人民法院死刑复核程序的初步考察》，《法商研究》2007年第4期。

对独立的量刑程序",在第三个五年改革纲要中则进一步提出"将量刑纳入法庭审理程序"。2010年10月,最高人民法院、最高人民检察院、公安部、国家安全部、司法部联合发布《关于规范量刑程序若干问题的意见(试行)》,对于适用普通程序审理的案件、适用简易程序审理的案件,被告人认罪案件与不认罪案件的量刑程序分别进行了规定。2010年10月8日,量刑规范化改革开始在全国法院全面试行,全国3000多家法院将全面开展量刑规范化工作,将量刑纳入法庭审理程序。实践表明,"在量刑程序改革试行之后,检察机关提出的大多数量刑建议都得到了法院的采纳,法院就量刑问题的判决说理得到了显著加强,控辩双方对一审法院量刑裁决的上诉(抗诉)率显著下降。结果,法官在量刑方面的自由裁量权受到了合理的规范,检察机关在量刑环节上的公诉权得到了加强,被告方的量刑辩护取得了积极的效果"[①]。

"从实践效果来看,量刑规范化重视了庭审中对与量刑有关证据的调查和辩护,规范了法官对于量刑的自由裁量权。总体而言,效果是好的,在总结实践经验基础上,有必要在法律上作出规定,以进一步落实这一政策。"[②] 但是,2012年刑事诉讼法却显得落后得多。新法仅在第193条第一款规定"法庭审理过程中,对与定罪、量刑有关的事实、证据都应当进行调查、辩论。"但并无量刑程序分离的法律规范。立法作出这样规定的理由是"实践中案件的情况比较复杂,很多犯罪情节既是定罪情节,也是量刑情节,难以分开,刻意分开会影响诉讼效率,增加当事人、辩护人的诉讼负担,既不科学,也不符合我国审判制度"[③]。

在笔者看来,司法实践所取得的成果表明上述理由不值一驳,尤其是对于死刑案件,效率与诉讼负担相比被告人的生命权、社会稳定、国家的长治久安等更为重大的司法利益与政治利益、社会利益显得十分苍白无力。死刑案件尤其要靠量刑程序的周密烦琐设计以提升其公正性。为此,笔者建议在总结实践经验的基础上,将《关于规范量刑程序若干问题的意见(试行)》中根据不同案件的多种量刑程序设置模式引入立法中,以充分确认司法改革探索的成果。此外,《关于规范量刑程序若干问题的意见(试行)》中并未对死刑案件的量刑程序作特别规定,鉴于死刑案

---

① 参见李玉萍《中国法院的量刑程序改革》,《法学家》2010年第2期。
② 郎胜主编《中华人民共和国刑事诉讼法释义(最新修正版)》,法律出版社2012年版,第421页。
③ 同上。

件的特殊性，笔者认为死刑案件程序有必要设置特别的量刑程序（至少相比其他普通案件来说，要将量刑程序更加规范起来），对开庭审理，并对量刑前会议、量刑建议、量刑答辩、和解协商、量刑裁判及说理等基本程序及其中的社会调查报告等制度规则进行精细设计。

三　办理死刑案件的专门机构设置与人员配备问题

死刑案件在量刑方面具有不同于其他案件的特殊性，因而加强死刑案件办案人员的专业化建设非常必要。然而，在我国，除公安部、最高人民法院、最高人民检察院设立有专门的死刑案件办理机构外，全国多数地方的公安机关、检察院、法院中并未设有专门的死刑案件办理机构，导致公安司法机关办理死刑案件的专业化程度不高，这不能不说是影响死刑案件办理质量的因素之一。在笔者看来，地方公安司法机关应当设置专门的死刑案件承办机构，并配备具有较高业务素质与思想道德素质的办案人员。通过死刑案件的专业化设置确保死刑司法证明的职业化，从而保证死刑适用的准确性，实现人权保障的目的。

四　死刑案件辩护律师的准入问题

"辩护人制度设立在一种假定的基础上，即律师被推定在刑事诉讼中能够为被指控人提供有效的、充分的法律帮助，但事实上存在着律师无法胜任所承接的案件以及律师工作不得力等情况。一旦发生无效辩护的情况，将会使诉讼程序的公正性受到怀疑。"[1] 基于死刑案件的特殊性考虑，一些国家对死刑案件承办律师设置了更高的门槛。如美国，在1989年美国律师协会就制定了《美国律师协会死刑案件辩护律师指派和职责纲要》，2003年进行了修订，并且以压倒性的优势获得世界最大的由法官、检察官、辩护律师、法律教授、律师和监狱改造人员组成的职业共同体的认可和赞同。[2] 该纲要的制定者认为相比辩护团队的力量来说，单个的律师在某一个领域可能存在欠缺，很难有律师有时间独自完成提供死刑案件高质量代理的所有事情。因《纲要》明确规定了死刑案件应当由辩护团

---

[1]　熊秋红：《刑事辩护论》，法律出版社1998年版，第202—203页。

[2]　Russell Stetler: Commentary on counsel's duty to seek and negotiate a disposition in capital cases at Volume 31. No. 4. Hofstra Law Review. ABA Guidelines overwhelmingly adopted (97% in favor) by world's largest membership organization of judges, prosecutors, defense attorneys, law professors, legislators, and corrections personnel.

队来进行辩护代理,辩护团队应当由具有律师身份的死刑辩护律师和非律师身份成员组成,其中至少应当包括四名核心成员,两个具有律师身份的律师,一个事实调查员和一个减刑专家。在辩护团队中至少还应当包含一个成员,其受过训练或者具有检查是否患有精神的或心理紊乱或创伤等疾病经验的资格。其中,称职的死刑案件辩护律师应具备以下条件"获得在该辖区内从业的执照或许可显出为死刑案件提供热情的辩护以及高质量法律代理的意愿,无论是在程序法还是实体法上都对死刑案件适用的相应的州、联邦和国际法充分的知识和理解,具有在管理和引导复杂的谈判和诉讼上的技能,在法律研究、分析和起草诉讼文件上的技能,口头辩论的技能,运用专家证人的技能和对法律调查的共同领域的熟悉,包括指纹、弹道学、病理学以及证据,在调查、准备、以及展示与精神状态有关证据的技能,在调查、准备和展示减刑证据上的技能,在初审辩护上的要素技能,比如挑选陪审团,对证人的交叉质证,开场和最后陈述等的技能等等"。以非律师身份参加死刑案件辩护团队的事实调查员和减刑专家在死刑案件辩护中起到了不可或缺的作用。事实调查员的主要职责是调查取证、会见证人、分析警察机关的报告,根据案情推测其他可解释的原因等。而减刑专家就是根据其丰富的专业知识和经验,在详尽的事实调查基础上汇总全面的社会历史和当事人的过往经历,找到减刑和宽恕的理由。[①]

在我国目前的死刑案件中,被告人虽然能够获得辩护律师的帮助,但贫穷的被告人往往难以获得优秀律师的帮助,尤其是在指定辩护的情况下,律师事务所指派的律师执业经验和水平不够理想,被告人难以获得高质量的辩护。[②] 为此,在死刑案件程序的改革推进过程中,辩护律师的素质问题逐渐得到重视,2007 年 3 月,最高人民法院、最高人民检察院、公安部、司法部联合发布的《关于进一步严格依法办案确保办理死刑案件质量的意见》第 27 条明确要求"律师应当恪守职业道德和执业纪律,办理死刑案件应当尽职尽责,做好会见、阅卷、调查取证、出庭辩护等工作,提高辩护质量,切实维护犯罪嫌疑人、被告人的合法权益"。2008 年 5 月 21 日,最高人民法院、司法部联合发布《关于充分保障律师依法履行辩护职责确保死刑案件办理质量的若干规定》,其中明确规定"指派具

---

① http//:www.abanet.org./death penalty/resources/home.html.
② 死刑案件辩护调查组课题:《死刑案件辩护访谈分析报告》,载陈泽宪主编《死刑案件的辩护》,中国社会科学出版社 2006 年版,第 4 页。

有刑事案件出庭辩护经验的律师担任死刑案件的辩护人","司法行政机关和律师协会应当加强对律师的业务指导和培训,以及职业道德和执业纪律教育,不断提高律师办理死刑案件的质量,并建立对律师从事法律援助工作的考核机制"。这些规定对于规范与提高死刑案件辩护律师的素质、加强辩护律师在庭审程序中的作用、提升死刑案件质量具有非常重要的意义。然而,上述规定存在的一些不足,影响了规则制定者初衷的实现。比如如何理解"具有刑事案件出庭辩护经验",死刑案件辩护律师的素质是否有特殊的要求则语焉不详。并且办理死刑案件的司法实践表明,我国死刑案件辩护律师的表现并不尽如人意,仍然有很大的完善空间。首先,这些规定多是对死刑辩护律师素质提升的要求,并没有严格的死刑辩护律师的条件、资质标准。在笔者看来,借鉴美国的有关经验构建我国死刑案件辩护律师准入机制不失为解决我国死刑辩护律师素质"病灶"之"良方"。因此,我国的死刑案件辩护律师准入机制可从以下几个方面构建:一是从业年限。辩护律师应当执业五年以上。二是从业经验与辩护质量。律师执业后应办理过十起以上刑事案件,并且胜诉率超过 50%。三是信誉保障。辩护律师应未受过任何法律责任追究,没有信誉方面的不良记录。四是培训与考核。司法部应当会同全国律师协会制定专门的《死刑案件辩护律师培训与考核手册》,定期对从事死刑案件辩护业务的律师进行专门培训与考核。其次,死刑辩护律师的人数不应限定于两人,为保证死刑适用的审慎,为死刑案件被告提供更为充分的辩护,死刑案件每名被告可不少于两名律师。然后,死刑辩护律师应有更细致的分工,比如,有专长于证据调查的辩护律师,有专长于法律辩护的律师,有擅长庭审技巧的律师,有技术顾问式的专家等。通过多方面的能手做其辩护人,实现以给死刑被告提供全面的辩护,充分维护其生命权和诉讼权。

第八章 死刑控制的证据调研实务

法律的永恒生命力在于司法实践。通过司法实践，可以发现司法运行中的问题，为法学研究和立法完善提供源源不断的问题之源与完善动力。为贯彻我国少杀、慎杀的死刑政策，通过司法控制死刑，笔者先后在多地公安司法机关进行了实务调研，并通过网络、期刊，专家访谈，参与学术研讨与交流等方式多方获取研究资讯，围绕死刑案件中的证据问题开展了务实、有效的实证调研。通过多方收集的 32 起死刑案件[①]，笔者进行了以偏概全，以小窥大的放大性研究，研究心得仅代表笔者的个人见解，并不能完全符合我国司法实践的真实情况。本章将从证据资格、证明和诉讼阶段三个方面对死刑案件中的证据问题展开讨论，借以发现、总结问题，并提出死刑案件证据完善的建议。

第一节 证据资格与死刑的证据控制

真实性、关联性和合法性是证据资格的三个基本属性，三者缺一不可。证据材料在证据属性上出现问题，则该证据材料就可能失去作为证据的资格，更不能作为定案的根据了。根据对两年内某七个省市的 32 起死刑案件的调研所得（如表一所示），在证据资格上的问题是突出的，在证据资格的三个属性方面都有一些问题出现。通过统计分析（如表二所示），证据真实性方面有问题的死刑案件数有 14 起，占证据方面有问题的死刑案件总数的 43.75%，也就是说在 32 起死刑案件中，如果证据方面有问题，几乎近一半的案件是在证据的真实性方面发生问题。证据关联性

---

① 此 32 起刑事案件是在调研过程中经多方收集的死刑复核案件，属于法院内部工作总结性书面材料、应被调研部门要求，案情不能对外公布，死刑复核中的证据问题均是工作报告中提及到的具体内容，具有真实性、准确性。

方面有问题的案件数最多，达 26 起，占所调研的证据方面有问题的 32 起死刑案件总数的 81.25%，也就是说 80% 以上的死刑案件（证据方面有问题的）在证据关联性方面发生了问题。证据合法性方面有问题的案件数最少，只有 3 起，占证据有问题的 32 起死刑案件总数的 9.375%，也就是说在证据方面有问题的死刑案件每十起中就将有一起在证据合法性方面会发生问题。

表一　　　　　　　　32 起死刑案件证据资格问题一览

问题大类	真实性			关联性			合法性	三性问题并存案件数	真实与关联并存案件数	合法与关联并存案件数
问题小类	自身有问题	证据间有矛盾	与案情有矛盾	主观未认识到	缺进一步核查	工作失误				
案例 1	√	√		√					√√	
案例 2		√		√					√√	
案例 3		√								
案例 4						√			√√	
案例 5			√							
案例 6				√						
案例 7	√	√		√					√√	
案例 8										
案例 9				√						
案例 10	√					√			√√	
案例 11		√		√					√√	
案例 12						√				
案例 13		√	√							
案例 14						√			√√	
案例 15				√						
案例 16				√					√√	
案例 17				√						
案例 18				√						
案例 19						√				
案例 20				√						
案例 21		√		√		√	√	√√√	√√	√√

第八章 死刑控制的证据调研实务　181

续表

问题大类	真实性			关联性			合法性	三性问题并存案件数	真实与关联并存案件数	合法与关联并存案件数
问题小类	自身有问题	证据间有矛盾	与案情有矛盾	主观未认识到	缺进一步核查	工作失误				
案例 22										
案例 23				√						
案例 24				√						
案例 25				√						
案例 26					√					
案例 27					√		√			√ √
案例 28					√					
案例 29				√	√					
案例 30					√		√			√ √
案例 31	√									
案例 32		√	√	√					√ √	
小计	4	11	3	16	8	4	3	1	10	3
类合计	14			26			3	1		
占类比（%）	28.57	78.57	21.43	61.54	30.77	15.38				
占总比（%）	12.5	34.38	9.38	59.38	25	12.5	9.38	3.13	31.25	9.38
类合计占总比（%）	43.75			81.25			9.38	3.13	31.25	9.38

表二　　　　　　　　32 起死刑案件证据三性统计

问题分类	案例数	总数	比例	单纯错误数	单纯错误比例
证据真实性	14	32	43.75%	4（=14-10）	12.5%
真实性与关联性并存	10	32	31.25%	10	31.25%
证据关联性	26	32	81.25%	14（=26-10-3+1）	43.75%
合法性与关联性并存	3	32	9.375%	3	9.375%
证据合法性	3	32	9.375%	0（=3-3）	0
三性并存	1	32	3.125%	1	3.125%

因为有些死刑案件在证据三性问题同时出现问题或者同时出现两项问题，因此，统计结果还可以进行更为细致的分类。其中，既有证据关联性问题也有证据真实性问题的案件数有10起（案例1、2、4、7、10、11、13、14、16、21、32），占证据有问题的死刑案件总数（32起）的31.25%。既有证据合法性问题也有证据关联性问题的案件数有3起（案例21、27和30），占证据有问题的死刑案件总数的9.375%。证据三性均有问题的案件数1起（21），占证据有问题的死刑案件总数的3.125%。这样，纯粹证据真实性有问题的案件数有4（=14-10）起，占证据有问题的死刑案件总数的12.5%。纯粹证据合法性问题的案件数0（=3-3）起，占证据有问题的死刑案件总数的0。纯粹证据关联性问题的案件数有14（=26-10-3+1）起，占证据有问题的死刑案件总数的43.75%。

统计数据表明，证据关联性是证据资格问题中的首要问题，很多应该收集的证据没有收集，很多证据的进一步核查、印证工作没有做，导致证据关联性方面出现问题，证明对象不能得到充分的证明。也就是说证据收集的充分性还有不足，证明的全面性不够，体现出证据收集工作还有待加强，还需要取证主体强化证据收集意识，广泛、全面、细致地收集证据。证据真实性方面的问题是次要问题，但也不容忽视，证据的真实可靠性，直接影响司法证明的真实性、准确性。统计数据表明，在证据有问题的死刑案件中，几乎近一半的案件都在证据真实性方面有问题，凸显了证据收集的准确性不足，证据之间相互矛盾排除不够，这将直接影响定罪证明标准在证据确实方面的程度要求，也需要引起关注。相比较而言，证据合法性方面的问题不是很突出，占比比较少，说明死刑案件在证据方面的问题主要不在合法性问题，但其9.375%的占比也不能忽视，说明证据合法性方面还存在漏洞，依法取证需要进一步加强。

下面将从真实性、关联性、合法性三个方面对调研的死刑案件证据问题进行具体分析。

一 证据真实性

在调研的32起死刑案件中，在证据真实性方面有问题的案件总计14起（1、2、3、4、5、7、10、11、13、14、16、21、31、32），占证据有问题的死刑案件总数（32起）的43.75%。在这些案件中，证据真实性的问题集中于三个方面：一是证据自身有疑问；二是证据之间有矛盾；三是证据与案件事实之间有矛盾。因为这三个方面的问题出现，导致证据的真实性存在疑问，证明标准不达，影响对犯罪事实的认定。

1. 证据真实性问题统计分析

在证据真实性方面有问题的死刑案件中（如表三所示），证据自身有疑问的案件有 4 起（案例 1、7、10、31），占证据真实性有问题的死刑案件总数（14 起）的 28.57%，占证据有问题的全部死刑案件总数（32 起）的 12.5%。比如案例 7，因为工作不细致，导致证据所证明的案情细节不清楚；案例 10，因为检材来源不清，导致鉴定意见的真实性存疑。证据之间有矛盾的案件有 11 起（案例 1、2、3、4、7、11、13、14、16、21、32），占证据真实性有问题的死刑案件总数（14 起）的 78.57%，占证据有问题的全部死刑案件总数（32 起）的 34.375%。证据与案件事实之间有矛盾的有 3 起（案例 5、13、32），占证据真实性有问题的死刑案件总数（14 起）的 21.43%，占证据有问题的全部死刑案件总数（32 起）的 9.375%。比如案例 13，鉴定意见送检时间在案发之前；案例 5，作案工具是被害人兄发现并报告提取，却制作了《指认现场笔录》。

表三　　　　　　　　32 起死刑案件证据真实性问题统计

证据真实中的问题	案例数	类案总数	占类比	案例总数	占总比
自身有疑问的	4	14	28.57%	32	12.50%
证据之间有矛盾	11	14	78.57%	32	34.38%
证据与案件事实矛盾	3	14	21.43%	32	9.38%

在证据真实性有问题的案件中，有些案件是同时发生证据真实性问题的两个方面，即属于问题重复性案件。比如案例 1 和案例 7 既在证据自身有问题还在证据间有矛盾的案件数 2 起，占证据真实性有问题的死刑案件总数（14 起）的 14.29%，占证据有问题的死刑案件总数（32 起）的 6.24%。案例 13 和案例 32 既在证据间发生问题也在证据与案情之间发生矛盾，即既有证据间问题也有证据与案情间矛盾的案件数有 2 起，占证据真实性有问题的死刑案件总数（14 起）的 14.29%，占证据有问题的死刑案件总数（32 起）的 6.24%。这样，证据真实性问题可以进行更为细致的分类（如表四所示）：前述证据自身有问题的案件数有 4 起，所以，单纯证据自身有问题的案件数有 2（=4-2）起，占证据真实性有问题的死刑案件总数（14 起）的 14.29%，占证据有问题的死刑案件总数（32 起）的 6.24%。前述证据间有问题的案件数 11 起，单纯证据间有问题的案件数有 7（=11-2-2）起，占证据真实性有问题的死刑案件总数（14 起）的 50%，占证据有问题的死刑案件总数的 21.88%。前述，证据与案情之

间有矛盾的案件数有 3 起，这样，单纯证据与案情间矛盾的案件数有 1（=3-2）起，占证据真实性有问题的死刑案件总数（14 起）的 7.14%，占证据有问题的死刑案件总数（32 起）的 3.13%。

表四　　　　　　　32 起死刑案件证据真实性问题统计

问题类型	案件数	占类（14 起）比	占总（32 起）比
单纯自身有问题	2	14.29%	6.24%
自身问题与证据间问题兼有	2（1、7）	14.29%	6.24%
单纯证据间有问题	7	50%	21.88%
证据间与案件间问题兼有	2（13、32）	14.29%	6.24%
单纯证据与案情间有问题	1	7.14%	3.13%

2. 证据真实性问题现象分析

证据有问题的全部死刑案件中，证据真实性有问题的案件几乎占了一半，也就是说几乎一半证据有问题的死刑案件都有证据真实属性方面的问题。这些问题中百分之八十多都是证据之间的矛盾没有排除，影响了证据的真实性，进而影响对死刑案件的审慎裁判。证据之间存在矛盾，突出表现在不同供述之间，同一人的不同供述之间，供述与现场勘查笔录之间，鉴定意见与其他证据之间，被害人陈述前后矛盾等。也就是说证据之间有矛盾的证据多是供述、被害人陈述、现场勘验检查笔录以及鉴定意见几种证据，其中表现最突出的是现场勘查笔录和供述两类证据，矛盾冲突最大的也是现场勘查笔录和供述笔录之间的矛盾。产生的原因并不都是被告供述易于翻供，很多情形下是现场勘验检查笔录记载不细、勘查工作不仔细、疏漏所在。

近乎一半证据有问题的死刑案件出现了证据真实性问题，说明证据真实性问题在死刑案件中是一个突出问题。死刑案件能否定案，关键是证明标准能否实现。证明标准规范的就是死刑案件事实证明的充分与确实，即"真"的问题。证据的真实性直接影响着证明的程度和证明的充分性，因此，探析证据真实性问题所在，对提高证明标准的把控，完善死刑案件的司法证明具有重要意义。

3. 证据真实性问题原因探析

通过前述死刑案件证据真实性问题统计分析表明，死刑案件中的证据真实性问题主要集中于供述、被害人陈述、现场勘验检查笔录和鉴定意见等证据，其中最突出地表现在现场勘查笔录和供述两类证据，矛盾冲突最大的是现场勘查笔录和供述笔录之间的矛盾。不难发现，出现此类问题，一是言词类证据具有不稳定性，易于反复、翻供（证）的证据自身特性问题。这既可能是被取证主体的主观倾向性心理问题，也有可能是客观的感知、记忆能力的偏差，也不排除被感知客体的特征反映、环境条件的影响，因此，原因是多方面的。二是取证主体的取证活动存在问题，这也是我们需要重点关注的地方。现场勘验笔录与供述笔录的冲突严重，说明我们对现场勘验工作和犯罪嫌疑人、被告人供述的取证工作做得不够细致、全面和扎实。伴随鉴定中出现的检材来源不清的问题，佐证了取证工作的不全面、细致的问题。当然，要求被告人供述与现场勘验笔录记载内容完全一致也是不符合认识规律的，也有违人类的记忆、表达的生理规律。但是，因为死刑案件的特殊性，对死刑案件的取证工作的细致性、全面性要求是非常严格的，两者的冲突是应该的，也是必然的，但两者的冲突与矛盾点不应出现在后续的审判、二审乃至死刑复核中，否则，说明我们消除证据矛盾的工作还不彻底，死刑案件的证明标准问题并没有实现。这一问题的凸显，说明死刑案件的取证工作和其他案件的取证工作有着程度不同的要求，虽然不是证明标准认识上的差异，却是司法证明工作周密性、严格性上的不同。

为有效消除此类问题，对死刑案件的取证工作，应确定取证范围规范，或者说建立死刑案件取证对象规范化建设：针对死刑案件规范一些取证的具体方面、取证的层次，尤其是一些细节。这项工作需要司法工作具体实践来充实，尤其需要法院、检察院针对审查中的证据问题回馈反映给侦查取证部门，形成一种经验积累回馈反映工作指导机制。

二 证据关联性

在所调研收集的32起证据有问题的死刑案件中，与证据关联性有关的案例有26起（案例1、2、4、6、7、9、10、11、12、14、15、16、17、18、19、20、21、23、24、25、26、27、28、29、30、32），占总案例32起的81.25%（见表二），是证据资格最突出的问题。从结果意义来看，证据关联性集中表现于应当提取的证据却没有提取，导致与案件有关的证据没有收集到，因此影响到死刑案件证明的充分性程度。在26起案例中，有的案例，关联性证据没有收集是因为取证主体对证据关联性的主观认识不够导致的；有的案例，关联性证据没有收集是因为取证工作失误导致的；还有的案例，关联性证据已经收集，但没有意识到进一步核查证据的重要性问题。因此，对证据关联性上的问题，我将从"主观上没有意识到有关联""没有进一步进行证据核查""工作失误"三个方面分析证据关联性上的问题。这种分析证据关联性问题的三种分类具有一定的主观判断性，既需要对实际证据收集者主观心态进行主观推测把握，也需要对自己的主观把握的准确性进行心理推测，标准划分不一定那么准确、严格，但总体来说，此种分类还是比较符合司法实际情况的，能说明证据关联上发生问题的原因所在。

1. 证据关联性问题统计数据分析

如表五所示，因为取证主体主观上没有认识到某证据的关联性，导致应当收集的证据没有收集的案例有16起（案例1、2、6、7、9、11、15、16、17、18、20、23、24、25、29、32），占关联性方面有问题的案例总数（26起）的61.54%，占证据有问题的死刑案件总数（32）的50%，即一半的证据有问题的死刑案件有证据关联性方面的问题。此种情况，纯粹是取证主体主观认识不够，对证据与事实的关联性关系没有明确的认识，更深层次地说，是对证明对象的全面性缺乏深刻的认识，或者仅盯定罪事实而忽略量刑事实，或者因为程序意识不强，没有认识到程序事实证明的重要价值，又或者仅盯定罪的关键性事实，疏忽了细节性、矛盾性问题，还有就是缺乏对证据资格的核实、确认的查证意识，导致一些证据没有收集到。

表五　　　　　　　　32起死刑案件证据关联性问题统计

证据关联的问题	案例数	关联案件总数	占类比	总案例数	占总比
主观未意识到有关联	16	26	61.54%	32	50.0%
没有进一步核查的	8	26	30.77%	32	25.0%
工作疏忽的	4	26	15.38%	32	12.5%

对已经取得的证据，因为认识不够导致缺乏进一步核查、鉴证和印证的案例有8起（案例16、19、21、26、27、28、29、30），占证据关联性方面有问题的死刑案例总数（26起）的30.77%，占证据有问题的死刑案例总数（32起）的25%，即在证据有问题的死刑案件（32起）中，有四分之一的案件是因为证据没有进一步核查、鉴证和印证以确定其来源合法、真实，或者确定其与案件证明的关系，导致最终与案件的关联性方面发生问题。在证据关联性方面有问题的案例中则有近三分之一的案件是因为缺乏进一步的核查意识和印证意识导致已收集的证据在关联性上认定出现问题。这说明，取证主体收集证据的整体性、全面性、系统性还有缺

陷，工作的细致性、深入性还略显不足。

纯粹因为工作失误导致证据应该收集而没有收集的案例有4起（案例4、10、12、14），占证据关联性有问题的案件总数（26起）的15.38%，占证据有问题的死刑案件总数（32起）的12.5%。虽然，工作失误所致证据关联性有问题的案件数不多，比例较小，但该事实的存在说明取证、证明工作还是有问题的。取证的程序意识、方式方法、取证及时性、取证规范性等方面还需要进一步提升，科技取证方法需要更多跟进。

在证据关联性有问题的死刑案件中，有些案件同时具备关联性两个方面的问题，即属于问题重复型案例。在证据关联性有问题的26起案件中，案例16和案例29同时具有主观未意识到有关联和意识到有关联没有进一步核查两种情形的案件。这样，证据关联性的案例还可以进行更为细致的分类和统计（如表六所示）。因为，取证主体主观未认识到有关联的案件数有16起，因此单纯主观方面没有意识到有关联的案件数有14（=16-2）起，占证据关联性有问题的案件总数（26起）的53.85%，占证据有问题的死刑案件总数（32起）的43.75%。同样的，纯粹没有进一步核查证据的案件数有6（8-2）起，占关联性有问题的死刑案件总数（26起）的23.08%，占证据有问题的死刑案件总数（32起）的18.75%。工作疏忽的案件数是不变的，占关联性有问题的死刑案件数（26起）的15.38%，占证据有问题的死刑案件总数（32起）的12.5%。

表六　　　　　　　32起死刑案件证据关联性问题统计

证据关联的问题	案例数	关联案件总数	占类比	总案数	占总比
单纯主观未意识到有关联	14	26	53.85%	32	43.75%
主观未意识和没有核查并存	2	26	7.69%	32	6.25%
单纯没有进一步核查的	6	26	23.08%	32	18.75%
工作疏忽	4	26	15.38%	32	12.50%

2. 证据关联性问题的原因探析

从调研的资讯材料看、从证明对象角度看，证据关联性问题集中于衍生证据和事实的查明，比如供述中提到的手机、香烟、血衣等没有进一步查找手机归属和通话记录，没有提取指纹、血液进行鉴定；发现的被害人、被告人、物证等没有进行辨认等。从证据种类来看，能够产生衍生证据与事实的证据多出现在现场勘验笔录，犯罪嫌疑人、被告人供述，证人证言，物证（如血迹、指纹、赃物）等证据。这些证据需要进一步鉴定、辨认、查询归属与鉴证、印证，却因为主观认识上的原因或者工作疏忽、工作繁重等原因而被忽视。之所以出现如此现象，主要原因还是因为这些证据证明的事实往往是案件中的非关键性的量刑事实、程序事实、细节性事实，导致取证主体主观认为这些事实并非重要事实，因而产生认识上的疏漏，比如关于自首、动机等的量刑事实、关于发案时间、案件起因事实、供述中的汇款、遗落现场的花格衣服等事实的进一步查明。或者因为对证据自身的衍生关系缺乏进一步的认识，导致证据关联性的进一步查证工作疏忽，比如关于作案工具、衣服、鞋子上的指纹、血迹的提取以及对死亡被害人的尸体检验鉴定、被害人或证人的辨认、对被告人的辨认以及被告的指认现场等缺乏进一步的深入取证工作，只是停留在一步式的直接取证工作程度上。其实，进一步的取证工作对事实的全面证明具有重要的支撑作用。这些问题表明，取证主体在证明对象的广泛性、全面性和深入性方面认识不足。

3. 证据关联性取证工作完善建议

从上述证据关联性方面的问题来看，取证工作需要在证据搜集的广泛性、全面性、深入性方面要强化意识，要有一丝不苟、细致入微的严谨工作态度与工作作风。具体工作中，需要注重衍生证据、衍生事实、相关事实的查明，需要对细节关注；需要强化证据的固定、检验、验证工作，以强化证据的证明力和证明的充分性要求；需要注重对量刑情节事实、起因事实、来源事实、衍生证据的查明与搜集的取证工作。如果可能，司法实务部门应该制定取证手册，尽可能大而全地罗列取证的对象内容和取证先后的层次关系，用以提醒、指引取证工作的全面与细致地开展。

三　证据合法性

证据合法性是证据资格的法律品格，正是证据的合法属性才将诉讼法上的证据区别于一般证据。也正是因为证据的这一法律属性，证据才承载着司法活动的法律属性。证据如果不合法了，也就是说明司法、执法活动违法了，因此，证据的合法性直接影射着司法活动的法制现状和法治程度。通过对死刑案件证据合法性问题的统计数据表明，证据合法性问题在死刑案件中不突出，但并不是没有问题，概括起来说：死刑案件，违法情况存在，但不突出；违法多在取证环节，其他环节基本没有违法，但程序有不规范、不严格之处；瑕疵证据居多，非法证据少。下面，通过个案分析，发现与总结问题，为规范死刑案件证据问题提供建议。

1. 证据合法性案例分析

证据合法性有问题的 3 个死刑案例分别是案例 21、案例 27 和案例 30。案例 21 在合法性方面的问题是辨认的形式违法：辨认过程中没有进行混杂辨认，而是直接对被辨认对象进行辨认，因此，诱导、误导的可能性不能排除，因而取证违法；同时，这也影响了证据的真实属性。案例 27 在合法性方面的问题是证据固定的形式不合法：取证过程中虽然提取了证据物品但却没有制作提取笔录进行记录；虽然扣押了证据物品，但制作的扣押物品清单却没有物品持有人的签名，说明证据固定意识不强，对取证的法定形式要件执行不严格，没有严格执法意识。案例 30 合法性方面的问题是证据收集程序违法：采取了无证搜查方式，并且没有制作搜查笔录；同时，扣押笔录上无见证人签名，也没有扣押物品清单。案例 30 是三个案例中取证违法性最强的一个（但不是最严重的一个，案例 27 是最严重的），属于侦查阶段取证行为、取证程序和取证形式严重违法。

2. 证据合法性问题分析

这三起证据合法性方面有问题的案例表明，在死刑案件中，违法取证集中于取证的程序和形式上，取证方法上的违法基本没有，刑讯逼供的现象更是没有一例，因此，合法取证、依法取证已经在司法人员中达成了共识和行为习惯。稍显不足的是，对法定取证的程序性要求关注不够，取证的法定形式要件把握不够严格，表现为笔录制作、见证人、持有人签名缺失。稍显严重的是没有进行混杂辨认，根据 2012 年刑事诉讼法的规定，没有混杂辨认的辨认结果将不能作为定案的根据。其他违法证据可以通过补正或者解释和说明弥补其违法性。因此说，死刑案件中取证合法性有问题的证据，基本是瑕疵性证据（即可补正、可解释的证据），取证行为的违法性比较轻微，但也不能忽视，需要进一步强化合法取证意识。另一方面，从证据种类角度来看，违法取证集中于对物证的取得和笔录证据的制作方面，说明死刑案件证据合法性方面的问题从数量和发生频率的角度看集中于实物证据，因而并不是那种大众传媒中备受关注的因刑讯逼供而发生的冤假错案。再有，从取证的方法方面来看，违法取证的方法集中于辨认、搜查、扣押活动，也同样并非备受关注的刑讯逼供的讯问、询问的言词取证方式。因此，对实物证据的取证合法性方面的法治教育与司法纠正和监督应是死刑案件中需要关注的重要方面，应加强对侦查取证人员的合法性意识教育。

第二节　证明对象与死刑的证据控制

为保证死刑适用的审慎，对死刑案件的司法证明需要确保真实、准确，因此，不仅证明标准需要严格达成，而且证明对象也需要完整、细致，以确保事实查明的全面与准确。就证明的对象而言，不仅定罪量刑的事实（含主要事实和部分事实）需要严格证明，而且相关的事实和细节也需要查清，甚至有关的证据事实也需要查明。这样，死刑案件才能够查得全、查得实、查得准，办成所谓的"铁案"，经得起历史的推敲。调研的32起死刑案件，均是证据有问题的案件。从证明的完整性角度来看，这些案件都是案情瑕疵的案件，也就是说并没有完整、全面地证明死刑案件涉及的所有事实及其细节，即死刑案件的证明对象的完整性没有完全实现。因证据问题出现的环节不同，这些案件在证明上的问题也是有区别的，有的影响了案件的主要事实的证明，有些是影响了案件次要或者辅助事实的证明，也有些是个别证据自身有瑕疵需要补正的。下面从证明对象的不同角度进行分类，对死刑案件的证明问题进行分析。

一　主要事实和相关事实的一般证明

为研究方便，以犯罪构成要件事实为基本界限，一起刑事案件的司法证明可以分为主要事实和相关事实。主要事实即为犯罪构成的基本要件事实，而一起刑事案件的查明，还需要对主要事实的衍生事实和其他相关事实和情节进行查明，唯有如此，才能让案件事实的来龙去脉更加清晰与完整，实现犯罪构成要件事实证明的充分性和扎实性。根据统计，在32起证据有问题的死刑案件中，证明主要事实的证据有问题的案件数有17起，占全部证据有问题的死刑案件总数（32起）的53.13%。也就是说这些案件都在证明案件主要事实方面的证据上出现了问题，也可以说这些案件都是证明标准不能达成的案件，不能核准，需要发回重审的案件，但只有一起案件，可能是因为地域比较边远，也可能是案件比较严重，或者是证据瑕疵不够严重，因而要求补查和解释说明，最终予以了核准。也就是说主要事实证明方面发生证据问题的案件几乎百分之百不能核准死刑。相关事实、证据有问题的案件数有15起，占证据有问题的全部死刑案件总数的46.88%，这些案件主要是因为相关的案件事实或者证据所述事实有瑕疵，需要进一步补查或解释说明的，因此这些案件在主要事实证明方面基本达到了证明标准要求，但是，为慎重起见，最高院在复核时需要对这些证据问题进行核查，在查实后死刑才能核准（如表七）。

表七　　　　　　　　32起死刑案件证明对象问题统计

证明对象类型	案例数	总数	占比（%）
主要事实、证据有问题的	17	32	53.13
相关事实、证据有问题的	15	32	46.88

二　主要事实和相关事实的分类证明

为了更细致准确地发现死刑复核案件中的证据问题，可以将死刑复核案件中的主要事实和相关事实进行更为细致的分类（如表八所示）。

表八　　　　　　32起死刑案件证明对象问题细致分类统计

证明对象问题类型	问题类型	案件数	占总比（32起）
主要事实不清（17）	间接证据锁链不完整	5	15.63%
	部分主要事实不清	5	15.63%
	量刑情节不实	4	12.5%
	重要证据有问题	3	9.38%
相关事实、证据有问题的（15）	相关事实不清需要核查、说明的	2	6.25%
	证据自身有问题需要核查说明的	7	21.88%
	证据、证据体系有瑕疵，可不查实的	6	18.75%

1. 主要事实不清楚的分类统计

主要事实不清楚，这里指基本的犯罪构成要件事实不清楚，这是犯罪事实证明的基本组成部分，一般而言，主要事实清楚的，则犯罪构成基本事实已经查清，可以定罪了。据统计，主要事实不清楚的，未达证明标准要求的案件有17起（案例1、3、8、9、10、15、16、17、18、20、21、24、27、28、30、31、32），占证据有问题的全部死刑案件总数的53.125%。也就是说此类案件证据有问题直接影响到了案件主要事实的证明，因而影响到了证明标准的严格达成，罪行难以认定。这类案件占了全部证据有问题的死刑案件总数的一半有余。分类分析表明，这类案件的证明问题集中于间接证据证明锁链完整性不足，被告身份、动机等部分主要事实证明不足，被告年龄、立功等量刑情节证明不足（此处将法定量刑情节作为主要犯罪事实），以及关键证据、重要证据自身有问题进而影响主要事实证明等方面。具体的案例统计分析如下（如表九所示）。

表九　　　　32 起死刑案件主要事实不清问题细致分类统计

证明对象问题类型	问题类型	案件数	占类比	占总比
主要事实不清（17）	间接证据锁链不完整	5	29.41%	15.63%
	部分主要事实不清	5	29.41%	15.63%
	量刑情节不实	4	23.53%	12.5%
	重要证据有问题	3	17.65%	9.38%

（1）间接证明证明锁链完整性不足。间接证据证明锁链完整性不足的案件数有 5 起（案例 1、10、16、28、32），占主要事实不清的案件总数（17 起）的 29.41%，占证据有问题的死刑案件总数（32 起）的 15.63%。这类案件分别是：案例 1，间接证据没有形成完整锁链，案件证明标准不达；案例 16，证据不充足，间接证据没有形成完整证据锁链；案例 28，间接证据不充分，不具有排他性；案例 32，证据矛盾，相关事实缺乏证据印证，鉴定意见不具有排他性，相关证据未提取，证据形式有缺陷，证据有张冠李戴现象，事实不清、证据不足。这些案件的一个突出特点，是间接证据证明锁链不完整、不充分，影响到案件主要事实的证明，定罪证明标准成疑。这类案件并不是说没有被告人供述，而是除了被告人供述以外，没有其他直接证据可以与其相互印证，因此需要间接证据能够形成完整的证据锁链印证被告人的供述，但间接证据证明的充分性、相互印证性上存在漏洞，环节不能和印证之处衔接，因此，定罪证明标准不能实现，难以定案。

（2）身份、动机等主要事实的证明不充足。被告身份、动机等部分主要事实证明不足的案件数有 5 起（案例 9、17、20、24、30），占案件主要事实不清的案件总数（17 起）的 29.41%，占证据有问题的死刑案件总数（32 起）的 15.63%。这类案件分别是：案例 9，抢劫犯罪部分事实不清、证据不足。案例 17，定罪、量刑部分事实不清楚、证据不足。案例 20，动机事实证据不足。案例 24，是否雇佣关系事实不清；案例 30，身份、动机等部分事实证据不充足，部分证据取证程序不符合规定，未进行辨认等核查证据工作。此类案件，证的对象也属于案件的主要事实的证明，但相对于犯罪实施行为、结果来说属于主要事实中的次主要事实，这些事实的证明主要集中于被告人的身份、犯罪的动机方面，属于应当关注但实际关注度不高的事实证明部分。其实，这类证明对象属于主要事实证明的有机组成部分，理应受到重视，但因侦查取证工作的繁杂、工作上难免出现注意力、关注点的偏差，因为紧盯关键事实的证明而忽视了次重要事实的证明。

（3）量刑情节事实证明不充分。死刑量刑情节事实不明的案件数有4起（案例3、8、15、18），占主要事实不清的案件总数（17起）的23.53%，占证据有问题的死刑案件总数（32起）的12.5%。这类案件分别是：案例3，被告是否年满18周岁不清楚，是否适用死刑成疑；案例8，立功量刑情节事实没有查清；案例15，影响主、从犯量刑的事实证据不充分；案例18，不排除介绍买卖毒品的可能，量刑上证据不足。死刑属于最严厉的刑罚，根据两高三部的《办理死刑案件证据规定》和2012年刑事诉讼法的相关规定，死刑案件从重处罚的情节应达到证据确实、充分的标准，因此，对这些影响死刑适用的量刑情节，应充分地进行证明，如果存疑，则证明标准不达，不能定死刑。这里，之所以将量刑情节作为主要事实，源于死刑属于最严厉的刑罚，死刑刑罚适用的情节事实理应与死刑案件的犯罪情节事实一样属于案件的主要事实，需要证明到证据确实、充分的证明标准要求。

（4）关键证据、重要证据自身有问题。关键证据、重要证据自身有问题进而影响主要事实证明的案件数有3起（案例21、27、31），占主要事实不清的案件总数（17起）的17.65%，占证据有问题的死刑案件总数（32起）的9.38%。这类案件分别是：案例21，定罪证据不充足，取证程序违法，应核实鉴定未鉴定；案例27，重要证据未鉴定，证据收集形式不合法（主要事实有不清现象）；案例31，关键DNA鉴定意见证据有问题，虽经复核说明后仍有疑问。此类案件，并不是证明对象不充足，而是证明基础的证据本身不够牢固，地基的不稳，影响了证明标准的达成，不能定案。从案例中不难发现，此类关键性证据和重要证据多是鉴定意见证据，说明对高科技证据的适用，高科技证据的核实鉴真与印证功能认识还不够，取证的科技化意识不足，值得引起充分的关注。

2. 相关事实、证据有问题的分类统计

根据调研统计，在32起死刑案件中，有15起案件属于相关事实、证据有问题的案件，占证据有问题的死刑案件总数（32起）的46.88%。在这些案件中，根据其证明中的问题特点不同，还可以进行进一步的细致分类：部分相关事实不清、证据自身有问题和证据有问题不影响定罪三种情形（具体统计分析结果如表十所示）。

表十　　　　32起死刑案件相关事实不清问题细致分类统计

证明对象问题类型		案件数	占类比	占比
相关事实、证据有问题的	部分相关事实不清的需要核查、说明的	2	13.33%	6.25%
	证据自身有问题需要核查说明的	7	46.67%	21.88%
	证据、证明体系有问题，可不查实的	6	40%	18.75%

（1）部分相关事实不清的。主要事实清楚，部分相关事实不清的案件有2起（案例2、14），占相关事实不清的死刑案件总数（15起）的13.33%，占证据有问题的全部死刑复核案件总数（32起）的6.25%。虽然比例不是很高，但这里反映出对与定罪、量刑非相关事实的证明关注不够，这也会影响到死刑案件证明的完整性要求。这些案件有案例2、被害人身份不清，不影响案件的定罪与量刑，但为确保死刑案件证明的完整性，需要进行补查与核实。案例14，因为侦查工作不细致，一些必要证据没收集，现有证据存在印证薄弱，导致有非主要事实相关问题的额外疑问，需要进行补充说明或者补充侦查。此种部分相关事实证明缺陷问题，同于主要事实中的次要问题、细节性事实的证明，都属于次要事实、细节事实的证明问题，虽然该类事实、细节的证明对案件主要事实的证明走向和案件定性影响微弱，但"千里大堤、溃于蚁穴"。防微杜渐，需要司法机关加强关注，应全面、客观、充分地收集证据，以完成死刑案件全面的、完整性证明要求。

（2）证据自身有问题的。因为证据自身所述事实或者证据自身真实性等有疑问需要查实的案件数有7起（案例4、5、11、12、13、19、25），占相关事实不清的死刑案件总数（15起）的46.67%，占证据有问题的全部死刑复核案件总数（32起）的21.88%，也就是说四分之一的证据有问题的死刑复核案件都在证据自身所述事实或者自身真实性上有疑问，对此，需要引起关注。这类案例有：案例4，作案工具形状证据之间有矛盾，需要补充查实以弥补证据之间的矛盾。案例5，医院出具的伤情诊断与案件之间关系问题需要查实，以确定伤情与案件的相互关系，弥补经验常识和逻辑推理上的薄弱。案例12，勘查笔录和鉴定书卫生纸记载数量不一致；因工作失职一些重要证据未提取，但其他证据相互印证基本达成证明标准要求，为慎重起见，需要对未提取的证据进行补充说明。案例19，工作失误，笔录记录有问题，导致鉴定意见存疑，需要补充查实该鉴定意见的真实性问题。案例25，鉴定意见中的表述不明，需要进行补充说明，以使得鉴定意见所涉事实与案件主体事实的相互关系统一与完整。

此种情形的证据问题，属于证据自身或者证据所述事实有瑕疵，对其真实性产生了疑问。证据是定案的基础，证据真实性上的任何些小瑕疵虽然不一定都能影响证据的整体真实性，但也确实存在真实性上的疑问，为慎重死刑案件证明，需要做好细节性的工作，任何微小的疑问点都应该进行查实与补漏，避免百密一疏的现象发生。

（3）证据问题不影响证明标准的。虽证据、证明体系有问题，但基于其他证据相互印证，案情基本清楚，即使这些证据不查实也可以核准的案件数有6起（案例6、7、22、23、26、29），占相关事实不清的死刑案件总数（15起）的40%，占证据有问题的全部死刑案件总数（32起）的18.75%，接近五分之一的案件属于此类。这类案件有：案例6、事实清楚，非关键事实不清未提取重要证据，但不影响大局；案例22，工作失误证据存疑，但不影响大局。案例23，部分相关事实的证据不足，不影响定罪、量刑基本事实；案例26，重要证据未鉴定，但不影响定罪量刑，核准死刑，提示以后工作注意；案例29，部分证据未提取、鉴定，但不影响案件的整体证明，证明标准已充足。

此种情形属于最为轻微的证据问题，此种证据问题基本不影响案件证明体系，不影响证明标准的实现。也可以说这些证据的收集与否已经不重要了。但如果司法资源足够充足，能更全面、广泛地收集此类证据，对死刑案件的证明来说将有百利而无一害。

三 定罪、量刑事实的证明

换一个角度，死刑案件的证明对象主要是定罪与量刑两个方面的实体法事实，除了定罪事实外，剩下的都是与量刑有关的事实证明了。通过对证据有问题的32起案件统计分析表明（如表十一所示），有30起案件与定罪事实的证明有关，占比93.75%。在30起与定罪有关的案件中与量刑有关的又有4起（案例3、15、18、24），也就说有4起案例中的证据问题既关涉定罪事实证明也关涉量刑事实证明，占比12.5%。这样，纯粹与定罪问题有关的案例数有 26 起（=30-4），占比 81.25%。纯粹与量刑事实证明有关的案例数有 2（=32-2）起，占比 6.25%。与量刑事实证明有关的案件数有 6（=4+2）起（案例 3、8、15、18、20、24）占比 18.75%，从与全部 32 起证据有问题的案件总数比例来看，与量刑证据有关的案例数占比是 18.75%，接近于五分之一，也就是说有近二成证据有问题的案件与量刑有关，此比例虽然与定罪事实的 93.75% 比起来实在是太少了，但也不容忽视。因为量刑证据问题直接关涉死刑量刑的适用问题，因此量刑证据的收集，量刑证据资格和量刑证明问题需要引起司法实务部门关注。证据问题纯粹与量刑有关的案例仅有 2 起，占证据有问题的全部死刑案件总数的 6.25%，占比 0.5 成稍强，但这却是实实在在的量刑证据有问题的案件（案例 8、20），最高院在复核时对此类案件均作出了撤销原判发回重审的裁定，体现出对量刑事实证明的高度重视。2010 年两高三部《办理死刑案件证据规定》第五条明确规定死刑案件对被告人从重处罚的事实应当证明到"证据确实、充分"的证明标准要求，提高了死刑案件量刑事实证明的重要性程度，因为死刑毕竟是关乎生命，死刑量刑应慎之又慎。

表十一　　　　　　　　与定罪、量刑有关的案件分类统计

证据问题案件类型	案数	总数	占比	定罪有关	占总比	量刑有关	占总比
纯粹定罪的	26	32	81.25%	30	93.75%	6	18.75%
与定罪量刑均有关	4	32	12.5%				
纯粹量刑的	2	32	6.25%				

量刑事实的证明问题虽然占比较小，但均发回重审，所以不能忽视此类问题。占比小是因为量刑证明与定罪证明分离证明程序设计才刚刚起步，有关量刑证明的证明规范还不完善所致。当然，这只是原因之一，并非根本性原因。

2012 年刑事诉讼法已经确立了量刑程序与定罪程序相对分离的程序设计，量刑证明将在司法证明中的地位日益凸显。量刑证明的模式将会更加规范化，量刑证据资格、量刑证据规则体系、量刑证明标准、量刑证明责任将会规范化建构，体现出一定的特色，将会有别于定罪证明规范体系。基此，量刑证明的对象将会更加广泛而全面，量刑证明也会更加严格而规范。再加上死刑适用的慎重，量刑证明必将成为司法证明的重中之重，成为未来司法公正的重要内容。司法人员应强化量刑证据的收集意

识，增强量刑证明的规范意识和责任意识，主动、积极推进我国死刑司法工作的公正。

第三节 证明环节与死刑的证据控制

按照诉讼的阶段性理论，刑事诉讼活动分为侦查、起诉和审判三个主要的诉讼阶段。从司法证明的角度看，司法证明包括取证和固证，举证、质证和认证几个主要环节，其中关键的环节是取证、质证和认证。司法证明的环节也可以说和诉讼阶段相互对应，具有时间上的前后相继性。这里主要从司法证明的环节为主线，兼及诉讼阶段进行分析，力求发现证明环节上问题的同时，明晰诉讼阶段上工作的不足。

一 取证环节

1. 取证环节的数据统计与问题分析

取证环节是基础性环节，更是关键性的环节，是证据来源最为全面与广泛的阶段，因此，如果司法证明中出现问题，更多的是在取证环节发生的。就死刑案件而言，证据问题多出现在取证环节。从调研的 32 起死刑案件来看，几乎每一起案件都在侦查取证环节上有问题，也就是说百分之百的案件，在证据问题上都有侦查取证环节的影子。取证环节的问题主要集中于以下方面：取证程序不合法的案件数有 3 起（案例 21、27、30）；证据矛盾没有进行合理排除的有 10 起（案例 1、2、3、4、11、13、14、16、21、32）；相关的事实缺乏必要的证据印证的案件有 7 起（案例 9、11、16、17、23、30、32）；直接证据缺乏印证的有 3 起（案例 1、2、7）；未对相关证据、事实进一步核查的 9 起（案例 16、17、19、21、25、26、27、28、29）。

取证环节问题发生的原因有：（1）对证明对象的范围理解不够，仅注重基本事实的查明，而不注重细节和相关事实的查明，从而导致证据收集得不充分；（2）证据的合法性关注不够，有取证程序违法行为；（3）证明标准理解不清，把握不准，不能合理排除证据之间的矛盾，没有发现证据细节上的疑点；（4）客观证据、间接证据的全面、细致收集的意识和能力还有待提升，导致间接证据链时常有疑点；（5）注重了证据的收集意识，但却缺少证据的印证意识，因而影响了直接证据，甚至间接证据的证明力，导致某些事实有疑问；（6）注重收集第一手证据，但缺乏对证据的深入挖掘和检验规定，即缺乏使用辨认、鉴定进行证据检验、固定的意识。在这些问题中，最为突出的问题是证据相互印证的证据意识还不强，对相关事实情节的证明意识不强，深挖证据的检验、验证证据意识不强。

2. 提升取证的六个意识

这些问题的出现，说明侦查取证环节，需要提升六个意识：一是侦查的法治意识需要进一步提升，此种提升不是简单的防止刑讯逼供行为，而是全面提升取证行为的依法性和程序性。二是证明对象的全面性认识提升，犯罪构成的基础性事实需要证明，相关的事实，衍生性事实也需要引起关注，这些事实的查清与查实对基础性事实的证明准确性具有辅助支持性作用，否则，会留下事实认定上的疑虑，案件难以定案。三是量刑事实的证明意识需要提升，定罪属于定性问题，量刑属于定量问题，定性是基础，定量是关键，尤其是死刑的适用，属于量刑上的定性问题，尤其需要重视，因此，有关量刑事实的证明需要和定罪事实一样需要查清、查实。四是证据矛盾的排除意识，证据自身的矛盾、证据间的矛盾、证据与案情的矛盾必须得到合理的排除，否则，证明标准容易存疑。这需要细心，注意发现证据与案情中细节和逻辑上的矛盾，是一项细微之处见真功夫的能力。五是印证证明意识需要提升，这既有证据证明力的补强意识，也需要有证据相互补充进行佐证证明的意识，只有形成更为粗壮的证据锁链，才能让事实的证明更为充分与扎实。六是证据的固定、鉴真意识需要提升，实物证据的收集不是全部目的，实务证据的检验与验证，才是认识其证据意义的根本，尤其是科技日益进入司法活动，对生物样本证据、痕迹类证据的收集将成为司法证明的关键，没有运用科技进行司法证明的意识，不仅无法认识到科技类证据的证明价值，不能进行深入的证据挖掘与检验、验证，而且会影响到科技类证据的收集意识，这将直接影响到死刑案件的整体性、充分性证明，甚至丧失实体公正目的的实现。

二 保管链环节

1. 保管链环节的数据统计与问题分析

证据虽然收集到了，但因为缺乏证据的固定意识、保护意识、转移过程真实保障意识，则收集到的证据可能因为后续的"污染"而丧失证据资格，影响证明力。因此，证据保管链的完整性至关重要。根据调研的32起死刑案件，在证据的保管环节出现问题的案件有4例（案例10、19、21、30）。案例10物证未及时鉴定甚至人为丢失；案例19提取的凶器和尸检照片、勘查照片因单位搬迁而遗失；案例 21 赃物物证在案件移送过程中遗失；案例 30 未对证人提供的线索形成笔录，查询的电话清单未入卷。

证据保管链环节出现问题的案例数虽然少，比例仅为 12.5%，但却不能轻视，因为其反映出的问题是严重的。比如四起案例中，有三起案例发生了证据遗失，这简直是致命的，如果是关键性的证据遗失，后果将是不堪设想的；再有，发现了证据，但没有做进一步的证据固定和入卷，使得证据收集工作的成果化为乌有，这是对取证工作成效的恣意践踏，不能不引起重视。证据遗失说明侦查、起诉等诉讼阶段存在证据保管制度不健全现象，个别地方、个别保管环节缺乏严格而规范的保管链规则、保管链程序和专门的证据保管组织部门，因而，出现了证据保管上的疏漏。当然，证据保管意识和证据固定意识的薄弱是问题的根本，侦查、起诉等诉讼阶段的领导和侦查人员的证据保管意识还没有得到提升，没有认识到证据保管链制度的重要功效与价值，这才是问题的根源所在。

2. 提升证据保管意识，健全证据保管链制度

为有效固化取证环节的成果，需要将证据保管意识提升到新的高度，充分认识证据的固定、转化、保管和转移环节的真实保障的重要性。一要加强证据保管意识宣传、教育与培训工作，使得证据保管意识能够深入贯彻到每一名司法人员的头脑中。只有充分认识到其重要意义和价值，才能在工作中更好地做好证据保管工作；二要健全证据保管制度，通过法律法规、工作纪律规范证据保管链的程序规范和纪律约束，通过组织构建、设施建设确保证据保管的机构保证，通过技术更新和技术规范提升证据保管的科学性，全面构建完整的证据保管链制度。证据保管不仅仅是侦查、起诉工作中的问题，其实是贯穿整个司法证明的一项活动，在审判的不同阶段，甚至死刑复核阶段，乃至司法活动之后，都需要证据保管链制度相伴相随，否则，证据将会变性、遗失、灭失，后果将无法挽回。因此，证据保管意识的提升，证据保管链制度的建设至关重要。

三 质证、认证环节

经过侦查阶段的取证、审查工作，审查起诉阶段的进一步审查，到了庭审的阶段，证据问题发生的概率将会大大降低。但从已经调研过的死刑案件来看，在质证和认证环节仍会发现一些证据问题，见微知著，需引起

重视。

1. 质证、认证环节中数据统计与问题分析

在调研的 32 起死刑案件中，在质证环节出现问题的案件数有 2 起（案例 7、13），占比 6.25%，比例非常低，案件数比较少。其中，质证环节出现问题的案件一起（案例 7），认证环节出现问题的案件一起（案例 13）。具体而言，质证环节出现问题的案例 7，在一审、二审中都没有对存疑证据进行质证，导致证据的真实属性存在疑问。认证环节出现问题的案例 13，在二审裁定中没有采信重要的鉴定意见。

虽然质证、认证环节出现问题的比例非常少，但也不能说明质证环节的工作就是完美的。因为，侦查环节、审查起诉环节中的问题，在质证环节中没有发现，直至死刑复核时才提出来，说明质证、认证环节是存在问题的。因此，虽然 32 起案例证据问题基本都是由侦查取证环节问题导致的，但审查起诉、审判环节也有审查不细、疏忽、证据适用不当的问题。除了那些遗失证据的案例外，其他的证据问题都有质证环节把关不细的问题。为什么死刑复核阶段发现的问题，在起诉、审判环节没有发现呢？这需要反思。

针对死刑案件发现的证据问题，笔者归纳出质证环节的问题主要有以下几个方面：(1) 质证环节的对质性不强，导致无法发现证据上的疑点和证据之间的矛盾；(2) 过多采信庭前供述，导致在多份庭前供述中寻找更符合其他证据证明倾向的供述。存疑证据没有质证，原因是多方面的：既有该项证据在司法证明体系中重要性偏弱的问题，没有引起庭审的重视，也有质证程序规范性不足，时间紧任务重，无法对每一个证据进行充分而全面的质证。在我国直接言词原则贯彻性不足的前提下，在证人、鉴定人出庭难，庭审质证规则还不充分的情况下，质证环节出现问题也就不足为奇了。至于认证环节中的问题，因为认证与质证往往是顺序相承，前后一体的，质证中的问题直接就会影响认证活动，导致认证上的问题出现。虽然纯粹的认证问题的案件只有一例，证明被告到过现场的重要的鉴定意见没有采信，对准确认定案情有一定的影响，但该案因为其他证据已经非常充分，最终认定犯罪是成立的，则该项证据的有无可能就不那么重要了。但从审慎对待死刑而言，任何证据上的问题都应该引起注意，应有一丝不苟的证明态度。

2. 深化我国庭审程序改革，强化证据质证原则的落实

两高三部的《办理死刑案件证据规定》和 2012 年刑事诉讼法都确立了我国刑事诉讼证明的质证原则，要求证据材料必须经过庭审质证查证属实的才能作为定案的根据。同时，新刑事诉讼法也在证人、鉴定人甚至警察出庭作证问题上都有新的立法规范，这些举措的贯彻落实，都是证据质证原则得以进一步落实的保障。笔者认为，除了完善立法外，有关庭审质证的方式、方法、语言规范、对质规则等方面都需要进行全面的完善。其中，质证的具体技术和技巧问题，并不一定是法规解决的问题，更需要庭审工作经验的积累以及移植借鉴他国先进经验。

第四节　死刑复核处理与死刑的证据控制

死刑复核程序是死刑案件的特殊程序，在二审终审基础上，为死刑案件增加了一道复核程序，通过程序实现死刑的控制。目前，我国死刑复核权已经收归最高院行使，实现了死刑适用上的统一性。这样，死刑复核时发现的证据问题往往是最高司法机关对死刑案件证据适用的统一的、规范性的要求。这一要求代表着我国死刑适用的最高标准和最严格要求。死刑案件中的证据问题在前述环节已经进行了比较全面、细致的分析，这里将主要从死刑复核的处理情况进行统计分析，以发现问题，需求解决方案，提高死刑案件的证明水准。

一　死刑复核处理方式统计分析

1. 发回重审与未发回重审案件统计分析

在调查的证据有问题的死刑复核案件中，如表十二所示，证据有问题需要发回重审的案件数有 16 起，占证据有问题的死刑复核案件总数的 50%，也就是说证据有问题的死刑案件中有一半的案件发回重审了。剩下的一半则没有发回重审，但证据却是有问题的，之所以没有发回重审，主要是因为证据问题证明的对象主要是非案件的主要事实（即案件的定罪量刑的基本事实），而是衍生或者说是相关的非主要事实，或者主要是证据自身有一些瑕疵需要解释说明的。这些证据可通过补查或者解释说明，即可解决，为节约成本没有必要一定发回重审。这也说明发回重审的一半案件基本是证明标准有问题了，主要事实的证明有问题了。但前述统计表明，主要事实证明有疑问的是 17 起案例，发回重审的却只有 16 起，其中有一起案例（案例 27）笔者认为也应当发回重审，但具体何种原因没有发回重审，猜测有以下几种原因：案件属于边远地区，发回可能司法成本过高；本地取证能力相对不足，发回也可能无法有效补充证据；或者案件性质恶劣，严重程度已足以施用死刑（此种解读可能是非理性的）；再者可能是其他证据基本满足了案件证明的基本要求，小小证据瑕疵无所碍，但基本可以定性了。从32起证据有问题的死刑案件来看，有一半的案件，实际来说是证明标准已经达到了，案件的定性、定量已经基本没有问题了，完全可以定罪、量死刑了，但为了慎重起见，最高院还是以求真务实的态度来对待，不让证明中的任何证据问题出现纰漏，哪怕是一点点的瑕疵都不放过，体现出较强的审慎工作态度和严格的依法办案精神，体现了很强的责任意识和法治意识。

表十二　　　　　　　32起死刑案件死刑复核处理方式统计

死刑复核的处理方式	案件数	总数	占比
发回重审的	16	32	50%
未发回重审的	16	32	50%

2. 未发回重审案件的处理方式统计分析

在没有发回重审的16起案件中，如表十三所示，复核期间进行了补查和解释说明后才核准的有11起案件（案例2、4、5、11、12、13、14、19、22、25、27），占未发回重审案件总数的68.75%，占证据有问题全部死刑复核案件总数的34.38%。也就是说最高院自我消化的证据有问题的死刑复核案件中有七成的案件需要进行证据补充查找或者解释说明，否则，最高院判处死刑是有忧虑的。这七成的案件，证据问题对案件的证明关系来看相对来说比较微小，发回司法成本实在过大。另外，证明标准实际上已经基本达成了，只是有一丝的忧虑和担心，因此，最高院在复核期间要求高院或者中院商检察院、公安机关进行事实补查或者证据补足、解释或者说明，从而核准了死刑。在未发回重审的16起案件中还有5起案件证据有问题但解释与否并不影响案件的最终核准死刑，最后也进行了解释说明后核准了死刑。可不解释的5起案件（案例6、7、23、26、29），占未发回重审的证据有问题的死刑案件总数的31.25%，占证据有问题的全部死刑案件（32起）的15.63%。也就是说未发回的证据有问题的死刑复核案件有三成是证据有瑕疵，但不影响死刑案件核准的。对此类案件实际上最高院是可以直接核准死刑的，但为了不留任何瑕疵，对这些有细微瑕疵的证据问题进行了解释与说明，要求下级院以及公、检机关进行补充解释和说明。这些案件下级院及相关公、检机关也进行了解释说明，最后这些案件也都核准了死刑。如果这些案件不进行解释与说明，最高院也是可以核准死刑的，因为此类证据有问题的案件，其证明标准实际上已经完全实现了，证据的解释与否并不影响案件的最终定性。体现了最高院很强的严格负责的工作态度，对死刑案件的审慎态度，对司法公正严明的认真作风。

表十三　　　　　　复核未发回重审案件的处理方式统计

问题类型		案例数	未发回案件数	占类比	总数	占比
未发回重审的案件	需补查、解释的	11	16	68.75%	32	34.38%
	可不补查解释的	5	16	31.25%	32	15.63%

3. 未发回重审的细致分类

未发回重审的处理方式还可以进行更为细致的分类。如表十四所示，在未发回重审的16起案件中，有11起案件的证据问题需要补查、解释说明才能真正消除疑虑，还案件的全部真实面目。为慎重起见，最高院要求这11起案件要进行核查或者解释说明。其中核查是未发回重审案件中要求最高的，此类案件有7起（案例2、4、5、13、14、25、27），占全部11起需要补查、解释的未发回重审案件总数的63.64%，占未发回重审案件总数（16起）的43.75%，占证据有问题的死刑案件总数（32起）的21.88%。需要解释说明后才能核准死刑的有4起（案例11、12、19、22），占全部11起需要补查、解释的未发回重审案件总数的36.36%，占未发回重审案件总数（16起）的25%，占证据有问题的死刑案件总数（32起）的12.5%。

其中，单就未发回重审需补查、解释的案件类型来看，需要补查的占三分之二、需要解释的占三分之一。说明，即使不需要发回重审的案件，最高院为慎重起见，还是就证据问题进行调查核实，而不是简单的解释和说明即可，以此来确保案件的审判质量。

表十四　　　　　　未发回重审需补查、解释的统计

复核处理类型	分类	案例数	类总数	占比	占类比（16）	占总比（32）
需要补查解释的未发回案件	需补查的	7	11	63.64%	43.75%	21.88%
	需解释的	4	11	36.36%	25%	12.5%

这样，在未发回重审的16起案件中，有7起（案例2、4、5、13、14、25、27）需要补查，占未发回重审案件总数（16起）的43.75%。需

要解释说明后才能核准死刑的有 4 起（案例 11、12、19、22），占未发回重审案件总数（16 起）的 25%。可以不解释的有 5 起（案例 6、7、23、26、29），占未发回重审的证据有问题的死刑案件总数（16 起）的 31.25%。如果将需解释、说明的 4 起和可不解释的 5 起归为一类，均属于解释说明的案件（非需补查的案件），则其总数是 9 起，占全部未发回重审的案件总数（16 起）的 56.25%（如表十五所示）。

表十五　　　　　　　　未发回重审处理方式统计

未发回重审的案件类型		案例数	合计	未发回数	各自占比	合计占比
需要补查的		7	7	16	43.75%	43.75%
解释、说明的未发回案件	需要解释的	4	9	16	25.00%	56.25%
	可不解释的	5			31.25%	

二　问题分析与完善建议

从调研证据有问题的 32 起死刑案件统计数据来看，有一半（50%）的案件需要发回重审。未发回重审的案件中，也有一半（43.75%）的案件需要补充调查，另外，还有四分之一（25%）的案件需要解释说明，即只有三分之一（31.25%）案件可不解释，说明死刑复核中证据有问题的死刑案件绝大多数是问题比较大的。那也就是说明从最高院统一行使死刑复核权角度，从其对死刑案件证据与证明控制角度，死刑复核前程序工作还是一些问题的。

最高院作为我国最高的司法机关，对刑事审判和司法证明活动有指导责任，其对死刑案件证据的把控代表着最高层次的证据标准要求。因此，笔者建议，我国侦、诉、审机关应该形成一种死刑案件司法证明问题的沟通与总结机制，实现死刑案件证据与证明问题的完整性与统一性。因为侦查、起诉、审判直至死刑复核的证明环节呈现前后相继、层层审查的工作关系，后续环节发现的问题，将会对前序环节有很好的指引作用。因此，后续证明环节中发现的死刑案件中的证据问题，应该能够得到前序环节机关的充分重视，借此指引以后的侦查、起诉工作能够更好地服务于庭审证明的需要。在此过程中，最高院的审判业务指导工作最为关键，应充分发挥其在死刑复核中的工作优势，就死刑证明中的问题进行分析与总结，形成死刑证明的业务指导手册，用以规范下级法院，乃至侦查、起诉机关的工作。

附　　案例汇总表格

编号	案件类型	证据问题
1	抢劫	1. 证据间有矛盾 （1）三种动机供述 　　①向被害人索要欠款，发生争执 　　②被害人（女）提出性要求，被告不愿而争执 　　③为了将被害人的钱弄到手 （2）两种不同的被抢钱包钱数及面值供述 （3）抢后钱款去向的供述与证人证言不一致 2. 间接证据链不完整 （1）被告对其离开现场时，被害人是否死亡的供述前后不一致，尸检没有死亡时间，不能排除他人到过现场 （2）现有证据不能证明被抢的钱一定是被害人的，且有他人拿走被害人钱的可能 （3）被告抢走的手电筒，被害人丈夫不能证实是被害人所有 （4）证人证实案发时听到被告与人打架，但具体内容和过程没有取证 （5）钱包上的指纹与血型物质没有提取到
2	杀人、盗窃	1. 应该提取的证据没有提取 （1）现场勘查笔录记载，现场发现了被害人的身份证和健康证，但却没有提取两证 （2）证人证实被害人案发前与其联系，但未提取手机通话记录 2. 证据间的矛盾没有得到合理排除 　　证人证实被害人背上有七八公分的手术刀痕，但尸检报告在尸表检验部分却记载"尸体背无特殊" 3. 部分证据存疑 （1）证人通过照片确认被害人，但无照片出处的证据 （2）未安排证人对被害人进行辨认 （3）证人证言证实通过照片确认被害人，没有直接辨认尸体，而且因被害人面部皮肤已经被剥离毁损，照片辨认存疑 （4）DNA 身份鉴定非常关键，却没有进行 （5）除被告供述外，无其他证据证实作案动机
3	抢劫	证明被告年龄是否年满18周岁的证据间矛盾无法合理排除 （1）人口管理系统信息检索记录、户口、前科材料 （2）常住人口登记表 （3）供述 （4）被告父亲前后矛盾的证言 （5）学籍、出生证明及原始户口底册等原始材料没有提取到 （6）被告兄弟、基层组织和亲邻无法证实
4	杀人	证据间的矛盾没有合理排除 （1）物证（DNA）鉴定书未对作案工具形状予以记载 （2）公安机关的说明：送检工具是方头的；一被告供述是尖头的；二被告供述是圆头的 （3）公安机关补充侦查照相固定是非方头的 （4）公安机关提取笔录记载，从被告家中提取了方头、鸡嘴两种形状工具各一把
5	杀人	证据存疑——诊断证明存在以下问题 （1）诊断证明来源不明 （2）被害人是否遭遇车祸不清 （3）被害人车祸损伤和本案被殴打损伤关系不清

续表

编号	案件类型	证据问题
6	贩毒	该提取的重要证据没有提取 一被告汇款银行单据有，但二被告取款事实的证明材料没有提取，造成第二次贩毒的出资购买毒品在证据上有一定的缺陷
7	杀人	1. 证据存疑——被告带被害人隐藏的证据有疑问 （1）一、二审没有对隐藏旅社业主的证人证言进行质证 （2）业主询问笔录提供的被告人年龄和被害小孩的性别等不清 （3）旅社登记无被告人住宿登记记录 （4）没有提取旅社业主丈夫的证言 2. 未对提取的相关物证来源进行查证和组织辨认 包括被害儿童的雨衣来源没有进行调查，也未让被告辨认 3. 未提取关键证人的证言 被告供述搭乘的运输工具摩托车，没有查找也没有车主的询问笔录
8	贩毒	立功事实缺乏证据证实 被告在二审中检举了三起他人重大犯罪事实，案卷仅有一起查证不实的证明材料，没有其他证明材料，二审过程无此记录
9	抢劫	1. 相关事实缺乏必要的客观证据印证 （1）被告供述提到的手机，除证人证实被害人有个破手机外，无其他证据证实被告供述抢劫的手机就是被害人的 （2）证人证实被害人有5000多元现金，但没有找到，影响了被告作案动机的印证 （3）供述有花格毛衣遗落现场，但现场勘查笔录无衣物的具体特征，导致印证不能 （4）法医鉴定书没有确定被害人死亡时间，致使不能排除他人进入现场的可能 2. 未提取到关键的客观性证据 （1）提取到的作案工具没有检出指纹 （2）供述血衣抛弃地点，但没有找到
10	杀人	1. 未对相关重要物证及时提取 （1）被告供述的血衣、皮鞋，卷宗没有提取与否和提取到否的材料 （2）被告供述抛尸车辆及血迹、呕吐物等证据，无勘查、检查笔录，也没有车的照片 2. 未对提取到的物证及时进行鉴定甚至人为丢失 现场提取到的沾有血迹和毛发疑为凶器的石头两块、写有灵通号码数字的大红河烟壳、血迹、呕吐物等物证因保管不善遗失，影响到对其他相关证据真实性的审查判断 3. 鉴定意见的检材来源无法合理解释 一审认定送检血迹的鉴定意见，但血迹来源鉴定意见无法明确；二审裁定认定是抛尸现场附近的血迹；侦查机关《情况说明》未反映在杀人现场提取到的血迹丢失的具体时间，造成鉴定意见的客观真实性难以判断，如果血迹在送检前丢失，则血迹来源无法得到合理解释
11	强奸	证据之间矛盾 （1）第四起强奸案，现场勘查笔录记载是两团卫生纸，刑事技术鉴定书表述为"现场提取的三团卫生纸上可检见精虫" （2）第五起强奸案，现场勘查笔录记载是提取三团卫生纸，但刑事技术鉴定书却记载对提取的"两团卫生纸"进行鉴定

续表

编号	案件类型	证据问题
12	贩卖运输毒品	1. 未依据线索对重要涉案人员着力抓捕 2. 未对重要定案证据及时进行调查核实，导致后来失去查证条件——关于毒资汇寄事实的证据没有查证 3. 未对关键证人进行认真查找
13	抢劫	1. 鉴定意见送检时间记载错误——送检时间在案发前 2. 鉴定意见与其他证据存在矛盾——一审期间，公安机关出具了"DNA 鉴定设备损害无法比对"的情况说明，而鉴定意见实际在一审开庭前即以作出 3. 二审裁定未采信重要的鉴定意见——鉴定意见证实被告作案所穿袜子上的血迹系被害人的，证明被告到过现场，二审裁定书却没有采信此证据
14	杀人	1. 证据间矛盾未排除 （1）被害人抓伤被告，但未提取到被害人指甲中的皮肤组织材料 （2）现场勘查笔录记载的羊毛衫与被告供述的 T 恤衫是否同一物品没有说明 （3）被告供述衣服放在桌子上，现场勘查笔录却记载在沙发上 2. 该提取的证据没有提取 （1）现场勘查未对被害人衣物进行提取和拍照，致使与供述被害人衣着等部分得不到印证 （2）提取的有关证据没有核实来源——被告逃跑时，捡拾的棉花、白色上衣，公安机关没有核实来源
15	运输毒品	影响量刑的重要证据未进行深入查证——两部手机的通话记录和所有者未查清
16	杀人	1. 证据间矛盾没有合理排除 （1）供述凶器丢在床边地上，勘查笔录反映在被害左肩上 （2）供述门从外面关上，被害人陈述反映门从内侧闩上的 （3）被害人陈述前后矛盾 2. 未提取现场发现的相关痕迹物证——现场勘查发现现场门板及锁搭上均有带血痕迹，供述杀人后，手上有血，离开现场关门了，该门上的痕迹很可能系被告所留。但未提取此证据 3. 已提取的相关物证未进行鉴定 （1）现场提取的凶器没有进行指纹检验 （2）供述血衣上有被害人血迹，清洗过，抓获时尚穿在身上。但没有提取血迹并检验，衣服纤维中是否残留血迹不明 4. 未对相关证据进一步核查 （1）现场提取的凶器没有安排被害人辨认，无法印证供述提供的凶器是家中菜刀的情节，凶器来源也不能确定 （2）供述清洗过血衣，但没有询问证人，致使供述洗血衣的情节得不到印证
17	贩毒	1. 对已发现的证据问题未进行调查并作出合理解释——案发前与被告联系密切的手机号机主是谁，是否另案被告，均未核查 2. 对相关证据未进行核实、查证——两被告供述都指向另一嫌疑人，但该嫌疑人没有到案，公安未作明确说明。另案发现此犯罪嫌疑人，本案两被告均指认系该案的嫌疑人。如确定，则应并案处理
18	贩毒	提供毒品的涉案人员没有抓获；毒资没有在被告家中搜查到；其他被告供述不能排除被告是介绍买卖毒品的可能

续表

编号	案件类型	证据问题
19	杀人	1. 现场发现的重要痕迹没有提取——血迹和白色粉末状物质 2. 提取的证据没有鉴定——现场附件发现沾有血迹和头发的菜刀，没有进行血迹、头发和指纹检验 3. 提取的证据人为遗失——公安《情况说明》称单位搬迁致现场提取的作案凶器菜刀和尸检照片、现场勘查照片遗失 4. 存疑证据没有得到合理解释——伤情鉴定书前后记载不一致
20	杀人	1. 两被告供述矛盾，现有证据不能排除其中一个被告并没有杀人——两被告各自捅刺几刀？致命伤系谁？均未查清 2. 杀人动机未能查清——供述之间、供述与证人之间证明杀人动机主要是因钱未分到而报复，但不能排除家庭纠纷（替兄报仇）等民间矛盾所引发
21	抢劫	1. 提取的重要证据没有鉴定——作案工具铁锤上是否留有被告指纹不清，销售铁锤的商店老板没有辨认，来源成疑 2. 取证程序不合法 （1）起赃戒指被害人辨认不能确定 （2）没有混杂辨认，辨认形式违法 3. 证据遗失 赃物戒指移送过程中被遗失 4. 证据之间有矛盾没有合理排除 （1）被害人陈述被抢金银首饰和物品与被告供述不一致 （2）被告供述抢财物，却又将手机抛弃，不符合常理
22	贩卖运输毒品	证据存疑——被告贩毒毒资存折上的钱转到了公安机关的账户，但接受存折的对方送货人却没有抓获，怀疑是特情引诱案件或预谋案件
23	杀人	相关事实未查证 （1）被告供称案发前当天早上，多次与被害人之一争吵的事实没有查清，属于案发起因不明 （2）被告对二审期间认定的证人证言予以否认，需要调取被告与被害人之间的通讯记录
24	运输毒品	该提取的证据未提取——本案被告与他人案发前的通讯记录应该提取而没有提取；被告供述他人即其老板。公安机关在当地移动通讯公司查不到被告与"老板"的通话记录，原因是被告的手机号非当地号段，但公安机关没有进一步查证。无法排除被告是"受他人雇佣、指使运输毒品"的可能
25	伤害	鉴定意见不完整——鉴定意见书上的"另一男性个体"是否本案被告不清，作案工具和被告衣服上的血迹是否被告所留不清楚
26	抢劫	已提取的重要证据未进行鉴定——从被告供述提取到作案工具单刃刀，刀上血迹未说明，也没进行鉴定。无法确定该刀与被告作案时所用的凶器是同一把刀

第八章　死刑控制的证据调研实务　209

续表

编号	案件类型	证据问题
27	抢劫	1. 未对外来被害人尸体进行辨认 2. 未对被害人尸体进行法医鉴定，仅由当地医师出具了尸检记录 3. 提取的证据未进行鉴定 　（1）现场提取的被害人血衣、作案工作刀和被告人作案时所穿的皮鞋，未进行血迹鉴定 　（2）现场提取的血足迹，未与被告人作案时所穿的皮鞋进行比对鉴定 　（3）查获的赃物未与商店存留的物品进行比对鉴定 4. 证据的收集形式不合法 　提取的物品均无提取笔录，扣押的物品清单均无持有人签名
28	杀人	1. 该提取的证据未提取——供述中的黄果树牌香烟、发生行为，未提取烟头和精斑，亦未作 DNA 鉴定 2. 已提取的证据未鉴定——现场被告喝过水的玻璃杯上发现指纹，但未进行鉴定 3. 相关证据未进行核实 　（1）未要求被告指认作案现场 　（2）对从被告人身上查获的被害人的项链、戒指和贴有被害人女儿照片的手机未经被害人家属辨认 4. 部分证据不具有排他性 　（1）证人证言证实被告当晚不在家，被告具备作案时间，但不能确定被告与被害人嫖宿并作案 　（2）商店货主证言证明被告人说有人包夜，但不能证明是本案被告，还有他人的可能 　（3）现场勘查笔录、现场照片、提取的被烧断的电灯开关拉线和刑事技术检验鉴定意见等证据，不能证明被告作案 　（4）查获贴有被害人女儿照片的手机能证明是被害人所有，但除供述外，不能排除从其他途径取得而非杀害后取得
29	杀人	1. 被告所穿的衣服和裤子上的血迹没有进行检验鉴定，二审要求鉴定，公安机关的理由是路途遥远，出结论时间 30 天太长 2. 现场提取的烟头两个、玻璃杯两个、垃圾纸篓内杂物一袋、啤酒瓶一个、血手印（血掌印）一张、血赤足印两张等证据是否留有被告的 DNA 检材、指纹，是否是血足印，是否是被告所留等问题都没有进行鉴定
30	杀人	1. 证实被害人身份的证据不充分，证据间有矛盾 　（1）被害人户籍证明材料没有照片，也没有亲属情况 　（2）没有被害人亲属的辨认材料 　（3）尸检鉴定结论告知书上的签字，公安机关出具的情况说明是被害人父亲，但没有让其辨认被害人照片，并且其也死亡 　（4）证人中只有一人能证实死者是本案被害人 　（5）复核期间，公安机关出具说明材料，被害人父亲另有其人，并辨认了死者照片，确认父子关系，但无此人与尸检通知人是否同一人的证据和说明。证据间矛盾 2. 被告自首情节证据缺失 　（1）案发后，被告与另外两人去公安机关，公安机关没有询问另两人，无法确信被告为什么去公安机关？是否自首 　（2）公安机关情况说明被告抓获后否认犯罪，但案卷中无相关讯问笔录，第一份讯问笔录内，被告是承认犯罪的。并且，情况说明是到案后 4 小时内拒绝供述，但第一份供述笔录却在 4 小时以内，时间上矛盾

续表

编号	案件类型	证据问题
30	杀人	3. 重要物证的提取程序不符合规定 （1） 无搜查证搜查，并取得作案衣裤并检出人血，但无搜查笔录 （2） 扣押的物品、文件，没有当场开列《扣押物品、文件清单》 4. 未对相关证据进行核查，无法确定被告作案动机 （1） 被告在侦、诉、一审期间，均供述案件起因是因两人抢其手机，因而打斗，致使被害人被捅伤。但此情况没有查证 （2） 被告上诉状中称认识李某某，李某某介绍被告亲属贩毒被抓，案发当晚被告碰见并质问李某某，但无被告对李某某的辨认记录 （3） 现场证人证实被告曾经打110报警，证人证实被告殴打李某某，但被告却要主动报警，似乎违背常理，是否和被告所供称的李某某参与贩毒有关 （4） 李某某是否抢了被告的手机？并由此引发被告和被害人的打斗也不清楚 基于上述原因，被告与李某某之间的关系，被告与被害人之间打斗的原因等事实不清 5. 其他相关事实、证据没有取得 （1） 证人李某某证实被告对其进行殴打，却没有安排其辨认被告 （2） 证人董某某证实，案发时有一老者曾劝其不要出声，但未让董某某对被害人进行辨认 （3） 证人提供的被告手机号码线索一节没有形成笔录，提取的被告电话清单亦未入卷 （4） 证人认定的被告殴打的人是王某某，而原判决认定是李某某，两者是否同一人不清楚 （5） 供述同住的是李某，不叫张某，而案卷材料反映的自称与被告同住的却是张某，两者之间的关系亦不清楚
31	杀人	关键的定案证据在内容和形式上存在重大错误和矛盾 （1） 检验经过中记载："4号检材可疑斑迹处FOB为阴性，5号检材可疑斑迹处FOB为阳性，检出人血"。但在所附分析报告中，却给出未检出人血的4号检材与3号检材的DNA比对数据一致 （2） 根据3号检材与4号检材的比对数据，却做了"支持谢小虎外裤（5号检材）上的血迹为死者敬某某所留"的结论 （3） 敬某某为女性，DNA数据表中表示性别的AMEL基因座数据应为XX（女性基因），但数据表1中却标示为XY（男性基因） （4） 委托送检时间记载错误。出具鉴定时间早于送检时间
32	抢劫	1. 鉴定意见不具有排他性 （1） 现场提取的红色可疑物、死者指甲缝内的可疑物、断刃刀等物品、痕迹上检出"O"型人血，属种属认定，不能认定是被害人所留 （2） 被告作案鞋上的"O"型血，由于没有对本案两被告血型进行鉴定，不能得出系被害人所留的结论，不具排他性 （3） 作案工具上的"O"型血鉴定意见，不具有排他性 2. 供述与其他证据矛盾 （1） 一被告供述用带着刀鞘的管刀砸被害人的头，二被告供述连着布制的刀袋砸被害人。但刀鞘上没有检出人血，案卷中也无检材说明刀袋是否送检、是否有血迹 （2） 被告作案所穿夹克上衣、裤子上未检出人血，与被告供述其上衣有血，没洗就掩埋相矛盾 （3） 一致供述被害人死时上身穿着衣服，但现场勘查笔录证实，死者上身赤裸，衣服堆放在距尸体西南侧3.3米处。证人也证实发现时尸体是上身赤裸的，有矛盾

续表

编号	案件类型	证据问题
32	抢劫	（4）供述被害人的鞋子向同一个方向丢弃。但现场勘查笔录记载，被害人的右脚鞋子在尸体 75 米远的树林中发现 3. 相关事实缺乏证据加以印证 （1）供述有打火机，但现场勘查笔录没有提取记录。案卷内没有说明是否对该打火机上被告人可能留下的指纹进行过检测 （2）供述杀人和抛尸两个现场，但现场勘查笔录未记载第一现场以及第一现场到第二现场的途中是否发现血迹 4. 相关的重要物证没有提取到——供述抢到的被害人手机埋在现场附近，但没有找到 5. 作案工具系侦查人员在被害人之兄发现并报告后，由其带路，押被告去现场附近提取到的，并不是被告指认找到的，但案卷内却制作了《指认现场笔录》 6. 部分定案证据在形式上存在缺陷——不同公安侦查机关制作了两份尸体检验报告，案卷内没有就同一委托事项进行两次鉴定的原因说明材料

第九章　我国死刑冤案的证据问题实证分析

死刑在我国是合法性的刑罚种类，但因其是对生命的剥夺，刑事司法焉然成了合法的"杀人者"。当错判无辜者死刑时，无辜生命的不可挽回性，更添增了刑事司法血淋淋的"杀人犯"社会角色。高举正义的口号却冤杀无辜者生命将是对刑事司法合理性的极大讽刺，不啻为人间最大的"悲剧"。"错案，尤其是死刑案件的错误，即因为死刑而冤杀无辜，是违反公平正义的最为极端的表现，对法治的冲击也最为强烈。"[1] 在我国不能完全废除死刑的司法现实制度下，如何控制与限制死刑的适用则是当前最为紧要的改革举措。作为死刑适用基础的犯罪事实与量刑事实的证明则是一个绝对不容忽视的重要方面，因为冤错案件的发生实质就是犯罪事实与量刑事实认定的错误所致。针对已经揭示出的我国死刑冤案的实证研究成果，从证据角度进行原因分析与反思，可为从证据角度控制死刑适用提供完善方略，最大可能地消弭死刑冤案，实现死刑的证据控制。

第一节　死刑冤案的概念界定

一　"冤""假""错"案的学界争鸣

研究死刑冤案中的证据问题离不开对所研究对象的范围界定问题，亦即死刑冤案的范畴问题。在具体确定死刑冤案这一对象范畴前，有必要对学界广泛探讨的"冤假错案"的概念认知进行梳理，以求明晰概念，确定研究内涵。一般意义上，学界都将"冤假错案"作为一个单一的、统一的、泛化概念进行称谓，泛指一切有失公允、不符合法律正义、主观感

---

[1] 王敏远：《死刑错案的类型、原因与防治》，《中外法学》2015年第3期。

受不公的案件，甚至以"错案"涵盖"冤假错案"的概念。① 在具体的学术研究中，学者们更愿意进行分类阐述，并指明各自的研究内涵。比如最具典型代表性的观点主张"刑事错判是错案的一种……错案可以从不同角度进行界定，如实体意义上的错案和程序意义上的错案，事实认定的错案和法律适用的错案，实质确认的错案和形式表见的错案，有主观过错的错案和无主观过错的错案等。"② 这是一种多向度、宽范域的刑事错案覆盖面范畴界定，从实体与程序、事实与法律、实质与形式、主观与客观等不同方面界定刑事错案的表现形式与性质内容。有关错案的判断标准问题，则有研究主张"凡对进入了刑事诉讼程序中的案件，做了错误定性或者错误处理的，都属于'刑事错案'。"③ 这是一种表象描述性的"错案"定义，强调错案的司法属性，而对"错案"的具体认定标准、错案性质等并不作具体阐述。如果说以司法纠错与否为判断依据，则此观点是一种以司法最终是否发现错误，并依法定性为错误为据来反推"刑事错案"判断标准的概念表述方式。也有研究指出"冤、假、错案的评价标准有社会意义的，有政治意义的，有法律意义的；有不同主体的判断，并会产生判断冲突，比如民众对错案的普遍认识与法律认识的冲突。"④ 此观点则将错案的认知属性拓展到了社会学、政治学意义上，突破了法律意义上的错案范畴，体现出冤假错案判断的多元化与多样性特点。此外，有别于宽泛域的错案范畴界定，也有专门从错案的性质差异出发认为中国刑事错案分为事实认定错误和法律适用错误两种类型，其中事实认定错误有两种情形：（1）无罪认定为有罪，（2）有罪认定为无罪。法律适用的错误有三种情形：（1）此罪认定为彼罪，（2）轻罪认定为重罪，（3）重罪认定为轻罪。⑤ 此类错案类型观点将错案限定于法律领域，并以实体性裁判结果为据，从事实判断和法律定性两个分类标准对错案进行了分类。这是当前法学界比较流行的观点，不仅限缩了错案的判断领域——司法领域，而且提出了错案判断的依据——司法纠错结果，以及错误的性质分析——事实错误（具体包括罪名有无）与法律错误（罪名差异、刑罚轻

---

① 参见苗生明《错案的界定与防范》，《中外法学》2015年第3期。
② 何家弘：《刑事错判证明标准的名案解析》，《中国法学》2012年第1期。
③ 崔敏、王乐龙：《刑事错案概念的深层次分析》，《法治研究》2009年第1期。关于其他学者的论述，参见刘品新主编《刑事错案的原因和对策》，中国法制出版社2009年版，第8—11页。
④ 苗生明：《错案的界定与防范》，《中外法学》2015年第3期。
⑤ 张保生：《刑事错案及其纠错制度的证据分析》，《中国法学》2013年第1期。

重）。但此种"错案"观点有其逻辑不严谨之处：首先，事实错误与法律错误仅具有语义表意上的差异，并不具有错案性质判断上的割裂分析可能。比如，司法裁判罪名有无、刑罚轻重判定是不是都是法律适用的定性问题？答案当然都是司法裁判上的法律定性问题。但是出现裁判错误时，为什么要割裂地进行事实认定错误与法律认定错误的分别？同样，罪名适用错误，刑罚适用轻重错误是不是仅仅因为法律认识差异、法律适用标准不统一的问题？其中有没有"罪"与"刑"法律定性时因事实认知上的偏差导致了法律认定差错？其次，"以事实为根据，以法律为准绳"是我国一贯的司法裁判原则，对最终裁判结果的认定，是不能仅以事实判断，或仅以法律判断来进行的，因此，此种割裂的分类认识是有悖于司法裁判原则的，更不符合司法裁判的认知过程的。再次，假使不考虑事实真实的判断问题，以纯粹的法律认知裁判为标准进行判断，难道刑罚适用差异、罪名认定偏差是法律认定错误，而无罪适用有罪，有罪适用无罪就不是法律定性的错误吗？因此，此种事实错误与法律错误的分类概念表述仅具有语义学上的形象意义，并不具有错案性质深入判断上的实用功能。

从泛化的错案概念来看，纯粹的法律适用问题属于司法个体的法律认识不统一的问题，这种错误向来不是责任追究的类型（除非其主观故意适用法律错误）。如何统一法律的适用标准问题，比如死刑的适用问题是一个法律规范标准适用统一的问题。这类法律性质、法律适用偏差甚至错误问题并不是事实判断问题，因此并不是证据法学意义上应该研究的范畴。因事实认知与判断问题所产生的误判是一个司法主观认识与犯罪事实真实之间的符合性问题，此种错误是一个真实性判断问题，是事实认识判断问题，不同于法律规范认识统一的问题，这才是冤假错案问题研究的真正范畴与落脚点所在。

再来看对"假案"的认知，学界有观点主张"和一般的错案不同，假案是人为制造出来的，实际上是司法从业人员的个体或者是某一个小群体怀着某种罪恶目的而有意为之"。[①] 按照此概念理解，假案不是真实发生的案件，而是司法诉讼过程中人为生成的不真实案件。假案相对于错案来说，司法认知的假案的"原身"是不存在的，而错案的"原身"是真实存在的案件，但司法认定的事实与本体的真实案情不符合，不符合证据图景理论对真实的判断，或者与规范真实（亦即现代学界主张的法律真实学说）不符合。虽然从导致司法裁判结果不公正的视角看，假案也应

---

① 苗生明：《错案的界定与防范》，《中外法学》2015 年第 3 期。

该是错案,但是假案毕竟属于无中生有的错案,因此其不具有事实认知错误的属性而具有故意制造错误的性质。还有一种情形不能忽视,也是司法过程中可能存在的,那就是假案也有真实"原案"的情形,即,确实发生了犯罪案件,但却制造了不符合案件真实的"虚假犯罪人案件",属于"人"造假,而不是"案"的造假。虽然此种情形并不是前述学者严格意义上的"假案"概念,但却具有同样的案情"造假"性质。总之,两相比较,假案要比错案具有更大的危害性,因为其揭示的将是司法人员的主观错误上的故意性而不是过失、疏忽以及能力不足等。

"冤",在古代汉语中的本义是"兔被蒙覆屈缩不得舒展",后来被引申指"受到不公正对待的冤枉之事,被诬陷的罪名"。[1] "冤"不仅是一种受到不公正对待的事件、状态和情形,一般称之为"冤案""冤狱""冤情",也是一种道德评价、情感表达——"所谓冤案,实际上更多地是从冤主、他的亲属以及他周围的人、社会公众的角度认为这个案子处理得有点冤、这个人是冤的,这是社会层面的一种评价。"[2] 有别于错案、假案是对案件的定性判断,冤案更偏重一种不公平对待的情感、道德表达。因此,不同评价主体会因立场与利益差异而产生不同的道德、情感评价,比如被追诉者内心感受的冤、被追诉者罪与刑对等比较的冤、被害人冤屈未伸的冤、旁观者道德评价的冤、司法纠正错误公认的冤等。学界研究中"冤案"更多的集中于狭义理解,东汉王充有云:"无过而受罪,世谓之冤。"[3] "简言之,只要是将无罪认定为有罪,即属冤案。"[4] 甚至有学者进行了更为狭义的"冤案"定义——就死刑冤案而言则是指将"无罪"者执行了死刑,其中"无罪"是指没有法律上犯罪的行为和证据不足的无罪,不包括法定无罪的违法行为,即情节显著轻微、危害不大,不认为是犯罪的无罪。[5] 从事实认定角度看,学界主流观点认为"仅就事实认定而言,错案也不都是冤案,因为事实认定错误有两种基本形式:一种是把本来有罪的人错定为无罪,放纵了坏人,可以成为'错放';另一种是把本来无罪的人错定为有罪,冤枉了好人,可以称为'错判'。"[6] 而在

---

[1] 谷衍奎主编:《汉字源流字典》,语文出版社2008年版,第1157页,转引自苗生明《错案的界定与防范》,《中外法学》2015年第3期。
[2] 苗生明:《错案的界定与防范》,《中外法学》2015年第3期。
[3] 王充撰、黄晖校释:《论衡校释》,中华书局1990年版,第982页。
[4] 谷衍奎主编:《汉字源流字典》,语文出版社2008年版,第88页。
[5] 党建军:《防范冤错案件的制约之方与理性之法》,《中外法学》2015年第3期。
[6] 何家弘:《刑事错判证明标准的名案解析》,《中国法学》2012年第1期。

此种"事实认定的错案"中只有"错判"才是冤案。① 以上我国学者的冤案界定都是建立在客观真实观基础上的判断，意指事实上无辜的人被司法错误的判决有罪，甚至狭义到错杀无辜的情状。反观域外，更多的是从司法裁判法律真实观基础上的判断，是从规范真实（法律真实）角度进行的冤案界定，比如《布莱克法律辞典》对错案（failure of justice）或误判（miscarriage of justice）的解释："在刑事诉讼程序中，尽管缺乏关于犯罪要件的证据，被告人却被定罪这样一种极不公正的结果。"② 其判断冤案，并不是以客观的绝对真实为据，而是从人类认识状态，以证据图景理论为指引建立在证据裁判基础上的冤案界定。

二 死刑冤案研究的本质所在

就冤案、假案、错案关系而言，会因学界对三者概念界定上的差异而混乱，不能进行非常明确的关系厘定。在学术研究中，学者们或者进行特定的概念范畴界定，或者简单明确自己的研究范畴，又或者统称"冤假错案"或"冤错案件"来指代。从通常的常识性语言判断，也就是从语义学视角而言，错就是不正确的，因此不考虑判断标准的问题，只要是不正确的，就是错误的，因此错案范畴是最广泛的，涵盖的错误性质内容也必然是多方面的，比如前述的实体与程序、事实与法律、主观与客观、实质与形式、错判与错放。假是与真相对的，是无中生有的，可以是案情事实是假的，也可以是事件实施的人是假的。假案就是案件有虚假不真实成分或者案件整体是不真实的，那么必然也是不能正确处理的案件，必然也是错案，属于错案发生的一种情形。冤是委屈、不平，这是一种情感表达，是一种不公正对待的内心感受，因此冤案是因为错案、假案造成的一种不公正的结果评价和心理道德感受。正因为冤案造成对人的心理感受上巨大冲击更易于引发民众的关注，引发对司法不公的义愤，也才能引发学界研究的关注；正因为冤案属于错案中的典型，更能集中凸显司法缺陷与不足之处，也才能成为推进司法改革的抓手；发生在死刑上的冤案则因其冤屈的最极端、最惨痛的方式而震撼天地、发人深省，必然成为研究的核心关注点。于是，在对死刑冤案问题的具体研究中需要明晰以下几个方面

---

① 此种观点也是当前学界的主流认识，参见何家弘《刑事错判证明标准的名案解析》，《中国法学》2012 年第 1 期，张保生《刑事错案及其纠错制度的证据分析》，《中国法学》2013 年第 1 期。

② *Black's Law Dictionary*（7th Edition），Thomson West，p. 1013.

的问题。

1. 死刑冤案与冤案关系问题

死刑冤案作为冤案的典型性代表,古往今来一直作为司法不公、世间冤屈的反面典型。死刑冤案是无罪者被错误判定为死刑的冤案,是无罪错判为有罪冤案中的最极端的类型,是在刑罚上被错判了死刑的冤案。死刑冤案与冤案同具有法律定性上的错误之处——无罪而错判有罪,针对的研究对象都是无罪者,是对无罪者错判了有罪,直至严重错判刑罚到死刑的冤案程度。

2. 死刑冤案的错误性质基础是事实认定错误

从冤案的错误性质判断而言,"司法实践证明,冤案多错在事实认定上。所谓事实认定上的错误,是指已生效裁判根据证据认定的案件事实与案件的客观事实不一致或完全背离。或者是犯罪事实没有发生,但判决认定发生了,如佘祥林案;或者是犯罪事实客观上发生了,但行为主体不是判决认定的被告人,如杜培武案。"① 因此,死刑冤案研究集中于事实判断上的错误,而不是法律上的错误(当然无罪判处有罪也是一种法律适用错误,但死刑冤案法律错误基础是事实判断错误为先,为基础)。比如,有罪者因刑罚适用上的不平等,不应判死刑而判处了死刑,则不在死刑冤案的研究范畴,因为这是法律统一适用标准问题,也不是运用证据证明司法事实问题的研究内容。但不可否认的是,造成不应判死刑而判处死刑的量刑情节事实的问题则一定会是死刑冤案的研究问题点之一。

3. 死刑冤案的对象是"无罪者"而非"无辜者"

美国哥伦比亚大学法学院詹姆斯·S. 利布曼(James S. Liebman)教授就全美 1973 年 1 月 1 日至 1995 年 10 月 2 日这 23 年间死刑的适用情况开展研究,在其研究报告中,死刑错判的认定标准是,死刑判决因为错误被推翻并经重新审理之后改判轻罪或无罪的案件。② 联合国《公民权利和政治权利国际公约》第 14 条第 6 款规定:"在一人按照最后决定已被判定犯刑事罪而其后根据新的或新发现的事实确实表明发生误审,他的定罪被推翻或被赦免的情况下,因这种定罪而受刑罚的人应依法得到赔偿,除非经证明当时不知道的事实未被及时揭露完全是或部分是由于他

---

① 陈光中、于增尊:《严防冤案若干问题思考》,《法学家》2014 年第 1 期。
② See James S. Liebman, *The Overproduction of Death*, 100 Colum. L Rev.(2000), p.2030. 转引自陈光中、于增尊《严防冤案若干问题思考》,《法学家》2014 年第 1 期。

自己的缘故。"① 根据联合国的上述规定，结合中国实际，我们认为冤案首先是指已生效的裁判将无罪之人判定为有罪的案件，即"无过而受罪，世谓之冤"②。通常所说的错捕、错诉乃至一审的错判均非严格意义上的冤案。只有如佘祥林案、杜培武案、李化伟案，以及近期发生的赵作海案、张氏叔侄案等，才是已生效裁判认定其为有罪而后平反的典型冤案。③ 其次，冤案是指将有罪之人通过法律裁判认定为"无罪"者的情形，亦即冤案对象的认定都是法律意义上的，而不是客观事实意义上，体现出司法认知性的特点。比如2016年司法平反的"聂树斌强奸杀人案"，聂树斌最终被最高人民法院第二巡回法庭再审改判为"无罪"，但并不能表明聂树斌就是客观实际意义上的"无辜"之人，因为所谓的"真凶再现"——王书金并没有被司法确认为"真凶"，而是先前裁定聂树斌有罪的证据达不到证明标准要求，做出存疑有利被告的司法处理而已。死刑冤案的研究对象必须是法律认识层面的裁判对象，而不能是普通民众个人主观想象、猜测、道德判断意义上"无辜者"，更不能是客观事实意义上的"无辜者"。非司法裁判认知意义上的主观猜想、道德评价意义上的判断和脱离人类认识范畴意义上的客观实在意义上的"无辜"状态并不能反映司法认知问题，故都不在死刑冤案的研究对象范畴之中。另外，"无罪判有罪"谓之为"冤案"，将无辜者错判有罪，也被称为"冤案"。但从法律意义上进行研究，未被司法定性为有罪者，都是无罪者，此无罪的内涵不仅指一般民众普世认识的"无辜者"，还包括证据不足的无罪者以及法律上定性不是犯罪的违法行为——事实显著轻微，危害不大，不认为是犯罪的违法行为等。因此，无罪要比无辜范围更广泛，不限于没有实施犯罪行为无辜者的范畴。将死刑冤案中的冤屈对象从"无辜"变为"无罪"才能回归司法判断的性质范畴，体现研究范畴的法律意境。

4. 死刑冤案判断标准是不满足法定的定罪证明标准要求

"无罪错判有罪"中的无罪判断标准问题，一般不言而喻的是无辜者，是事实上真正无罪的人。这点从我国众多冤假错案的纠正的方式——亡者归来、真凶再现——得到体现。但从法律视角进行研究，如果完全将

---

① 《公民权利和政治权利国际公约》（联合国大会一九六六年十二月十六日第 2200A（XXI）号决议通过并开放给各国签字、批准和加入），载联合国人权网，http: //www.ohchr.org/CH/Issues/Documents/International_ Bill/3.pdf, 2016 年 12 月 23 日访问。
② （东汉）王充：《论衡》。
③ 参见陈光中、于增尊《严防冤案若干问题思考》，《法学家》2014 年第 1 期。

无罪的标准等同于无辜者,用客观真实的事实标准来衡量司法裁判的真实性则将会无情地扇了法律制度一个大大的耳光——法律的自省功能或者说纠错功能,再审纠错功能也实在是太薄弱了,不得不求助于客观真实的曙光——亡者归来、真凶再现。这也正是当前我国司法实践中一出冤案即要追责,一出冤案就说司法黑暗的原因所在。之所以说是"无罪"而不是"无辜",一是刑事法律域内,贯彻无罪推定原则,法律意义上的人是无罪者和有罪者的二分法,模糊点是犯罪嫌疑人、被告人,但其未被法院定罪前都享有无罪之人的法律假定。二是法律域内的人的定性判断要以司法判定的方式来实现,即通过法院的定罪裁判行为来定性。而司法裁判定性行为是一种人类司法认识的标准模式,是体现当下人类认知能力的最佳判断标准和判断形式,这是一个时代法律制度公认的犯罪事实认识的基本范式,此认识模式才是衡量判断罪与非罪,冤与不冤的基本标准。不能因噎废食,全盘否定。三是运用最终是否符合客观真实来判断,会造成一系列的不当认识,比如客观归罪以及追责事情的发生,司法将是一个人人自危、无法体现司法者独立、理性、良知的自由裁量的"火坑"。四是以"无罪"作为认定是否冤枉才会回到"公认冤案"[①] 的范畴,也才能回归到从法定有罪标准来衡量司法裁判正误判断上来,比如《布莱克法律辞典》对错案(failure of justice)或误判(miscarriage of justice)的解释:"在刑事诉讼程序中,尽管缺乏关于犯罪要件的证据,被告人却被定罪这样一种极不公正的结果。"[②] 如此,方能推进错判标准的理性回归,进入法定有罪判断标准构建与完善上来,也才能在法治领域内实现错判标准的理性认知上,而不是纯粹外在的客观归责上。不能否认,客观真实具有检验法律制度完善与否的终极意义上的事实评价功能,就是再完善的司法制度,如果出现了客观真实上的错误,也说明司法制度认识没有符合客观实际,需要改进完善。但法学问题研究不能坐等客观真实的检验,而应主动出击,从制度设计上的自我反省,定罪证明标准上进行反思重构,实现诉讼认识制度上的理性互动,才是一种更为积极的纠错与防错,避免冤案的学术进路。因此,死刑冤案的证据问题实证研究,重在法律意义上的"无罪"判断问题研究,而不是实质意义上的"无辜"问题的通识判断。而且,法律上"无罪"问题的研究会比实质意义上的"无辜"判断更能推进冤案问题的发现功能,实现防范冤案发生的功效,更有利于死刑的证

---

① 参见刘星《"冤案"与司法活动》,《法制与社会发展》2010 年第 1 期(总第 91 期)。

② *Black's Law Dictionary* (7th Edition), Thomson West, p. 1013.

据控制。

5. 死刑冤案与死刑控制在证据问题上实现了统一

如上所述，死刑冤案作为司法示人以最极端的不公正形式，更能展露司法制度的错漏之处。而作为从证据视角控制死刑适用研究的目的，从这一最极端、典型的死刑冤案证据问题的实证研究则更能提供死刑控制完善的证据路径。本书研究的死刑冤案不再是实体与程序范畴的研究，而是从司法事实认识判断视角进行的证据学研究，这是近些年学界研究的热点。这也是已经发现与纠正的死刑冤案错误发生的根本症结所在——司法事实认定错了。其外在表现就是真凶再现，亡者归来，内在问题则是以证据为基础的司法证明环节出现了事实裁判上的错误。通过这些司法领域外的客观真实纠错方式发现的死刑冤案，反思司法领域内的事实认知的症结——司法证明问题，这是一种"外促式""被动型"的证据制度反省，最终目的将是构建司法领域内的证据法律制度完善，实现司法制度的内省式的冤案发现与防范机制建设。其中的防范死刑冤案发生的事实裁判制度建设则是死刑证据控制研究的核心内容，以此推进我国证据法律制度的改进与完善，实现死刑适用上的慎重与减少适用，最终实现我国控制与限制死刑适用的刑事政策。

第二节 死刑冤案中呈现出的证据问题百态

21世纪以来，司法的透明性在网络媒介等新闻媒体的推动下日益凸显，从而，冤错案件得以更多地被公开披露并受到广泛的关注。有关冤假错案问题研究的学术论文近些年呈现井喷之势，其中不乏一些实证性的研究论文可资参考。透过现象看到本质，这是我们对事物认识的基本路径。尽管现象并不被看作是通向真理的线索，但我们似乎没有任何别的线索。死刑冤案的证据问题研究同样也绕不开死刑冤案呈现出的证据问题现象分析，这也是发现死刑冤案证据问题本质的必经之路。为此，笔者指导学生的毕业论文筛选了19起具有代表性的死刑冤案，进行死刑证据问题现象的统计分析，[1] 力争首先从证据问题的表象发现一些端倪。案例选取标准：一是案件必须经过死刑（含死缓）复核程序核准的案件，即生效的

---

[1] 参见吕泽华、贾谊臻《死刑冤假错案的证据问题实证研究》，《湖北警官学院学报》2017年第3期。

死刑裁判案件；二是通过再审改判无罪的冤案。案例主要来源于中国冤假错案网等网络资讯材料，查询时间节点是 2015 年 12 月 10 日至 2016 年 1 月 12 日，从总计 146 起冤假错案中，筛选出了 19 起死刑冤案。具体的分析方式是类型化的统计分析，通过概率反映证据问题的表象严重程度。通过研究发现证据问题主要可归纳为被告人虚假供述（100%）、鉴定不准（68.4%）、证人证言存疑（36.8%）、关键物证缺失（26.3%）、辨认误认（15.8%）、审讯录像造假（10.5%）以及采纳不相关品格证据（10.5%）等问题。

我国学界通说认为证据具有三个基本属性——客观性、关联性和合法性。[1] 客观性揭示证据所具有的哲学本体论上的"客观实在性"，在法律意义上更多地体现为对真实性的要求；[2] 关联性是证据之所以为证据的本质属性，是其具有证明性的基因；合法性是法律意义上的证据的特征揭示。[3] 本书研究得出的七类证据问题都可以归结为缺乏对应的证据属性，比如被告人虚假供述、审讯录像造假等问题反映出相应证据缺乏真实性，非法鉴定等问题反映出取证合法性缺乏，品格证据不当适用问题反映了关联性的羸弱，正是由于主要缺少某个证据属性，才导致相关证据无法作为定案依据。但是有必要指出，证据属性中的法律属性是法域下证据的根本特征，而证据的真实性、关联性属性可以和证据的其他价值属性追求一并成为证据的合法性的规范内容。[4] 因此很多影响证据真实性的问题实质都有一些合法性的问题，比如虚假供述中的刑讯非法问题，辨认误认中出现的辨认程序违规等。同样的，反映出证据合法性问题其实也是影响证据的真实可信性问题，比如非法鉴定问题最终会影响其证据真实性问题。因此，笔者在研究死刑冤案证据问题表象时，将主要从证据的真实性、关联性以及证据综合证明的完整性入手进行分类研究，因为这才是影响司法事实真实判断的直接表征原因。

一 影响事实判断准确的证据真实性表征

真实性问题是证据的本质属性，它指证据事实是客观存在的，不以人们的主观意志为转移，不能把主观猜测、随意捏造、任意歪曲等误认为真

---

[1] 卞建林主编：《证据法学》，中国政法大学出版社 2002 年版，第 56—59 页。
[2] 陈光中主编：《刑事诉讼法》（第四版），高等教育出版社 2012 年版，第 152 页。
[3] 吕泽华：《定罪与量刑证明一分为二论》，《中国法学》2015 年第 6 期。
[4] 同上。

实且与案件有关，实则虚假或与案件无关的事实当作证据。① 而按照证据图景理论来说，证据的真实性问题是证据存在不符合认知规律的现象，存在信息矛盾、不符合经验常识、不符合科学原理、逻辑规律等问题，导致认知上不能接受为真实的现象。由于实证研究是建立在已经得到司法纠错的前提下的，所以，是一种以结果反推问题的研究范式，因此，本研究会一定程度上呈现出学界共识性的研究方式——传统的认识符合客观实际的符合说的基础范式。在实证研究的 19 起死刑冤假错案中，证据真实性问题主要体现在被告人虚假供述，证人证言真实性存疑、审讯录像有造假嫌疑以及辨认出现误认等，这些研究结论也得到了其他学者的认同。② 在相关的域外制度研究中，发现在一些国家的司法中也存在这些错案现象，比如在美国刑事司法上，虚伪自白、目击证人的错误指正、狱内警方线人的诱供、法庭上专家证人不实证词等均可能导致冤案的出现。③

1. 被告人（犯罪嫌疑人）的虚假供述

在笔者实证研究的 19 起死刑冤案中，被告人虚假供述的比例高达 100%，国内其他学者的研究中也证实了这一点，比如宋远升教授针对 17 起死刑错案的研究中均发现了被告人虚假供述这一证据真实性问题。④ 因此，死刑冤案产生的第一个证据表征就是被告人的虚假供述问题。

从客观真实视角，从最终结果意义上，所谓虚假供述就是指犯罪嫌疑人、被告人所作出的与案件事实真实不符的口头陈述。但此种后验性的定义或者说客观真实符合说并不具有司法检验、判断上的现实有效性。因此，从表征现象角度分析虚假口供可能更有现实性、及时性优势。已有研究表明虚假供述往往表现为以下外在特征：（1）口供内容或者提供方式上存在不符合常理、生活逻辑之处；（2）口供内容与其他证据存在矛盾；（3）口供存在反复和翻供现象。这些口供虚假的表征可在个案中单独出现，也可能并行出现。口供内容或者提供方式上存在不符合常理、逻辑的情形在笔者调研的 19 起案件中存在 10

---

① 参见刘金友《证据法学》（第一版），中国政法大学出版社 2001 年版，第 115—116 页。
② 参见黄士元《刑事错案形成的心理原因》，《法学研究》2014 年第 3 期；陈永生《论刑事错案的成因》，《中外法学》2015 年第 3 期；田文昌《冤假错案的五大成因》，《中外法学》2015 年第 3 期等。
③ Michael J. Saks. Toward a Model Act for the Prevention and Remedy of Erroneous Convictions. *New England Law Review*, 2001: 671.
④ 参见宋远升《刑事错案比较研究》，《犯罪研究》2008 年第 1 期。

起,占比52.63%。此类情形既表现为口供翻供的不正常现象,也涵盖口供提供方式上的蹊跷不符合常情状态等。比如陈琴琴投毒杀人案中,陈琴琴疯癫状态的庭审翻供行为;魏清安案警察及其耳目诱使甚至直接代劳犯罪嫌疑人画皮鞋纹路;其他的案件多是口供反复,甚至指认他人犯罪,展示身体刑讯伤痕等。口供内容与其他证据存在矛盾的情形,在笔者调研的19起案件中存在4起,占比21.05%。具体表现为口供与尸检情况不吻和,比如滕兴善案件被告人供述用手捂死被害人,而尸检是钝器打击头部并造成颧骨骨折;口供与物证不一致,比如萧山抢劫案口供供述石头与公诉人庭审出示的石头大小不一致等。口供反复与翻供现象,根据笔者搜集的资料,在19起案件中有6起案件涉及此类问题,分别是陈琴琴案、徐辉案、王本余案、陈满案、黄亚全案、杜培武案,占到全部案件的31.6%。在陈满案的13份笔录中,陈满从不供认—供认—收回供认—供认—再次翻供一共经历5个阶段,且矛盾的口供至少有18处。① 这种相互矛盾的供述应该引起司法工作人员的重视,但是在司法实践中,司法工作人员却仅仅把这种矛盾现象当作是犯罪嫌疑人的狡辩而不加以重视。

根据心理学上有关行为动因的分析,人类行为动机的产生受内外两种因素的共同影响。个体内在的某种需要是动机产生的根本原因,外在环境刺激也可能成为行为的驱动力量。因此自愿为之的口供叫"自愿型虚假口供",外在环境的驱动下非出于本人自愿而为的口供为"外因诱发型虚假口供"②。外在环境的影响主要就是在于外界所施加的强制力,在我国主要表现为对被告人实行逼供和诱供行为,在这19起案件中,被告人均遭受了不同程度的刑讯逼供,同时还伴有诱供现象。比如魏清安强奸一案中,据记者调查,在其被关押期间,办案人员在审讯过程中,对他进行罚跪、捆打、电警棍捅、车轮战、不让他睡觉等手段。家人从看守所取回他盖的被子,拆洗时,发现被子里面缝了一个魏清安手写的纸条:"爸、妈,我对不起你们,我没有作案,他们非让我交代,打得受不了,我只好按照他们的要求说"。更令人气愤的是,趁家人给魏清安送饭之际,在馒头内夹纸条,以魏清安爱人的口气说:"局长叫你承认,你就

---

① 参见"七十六、海南—陈满冤刑21年"—冤假错案—中国冤假错案网 http://www.zgyjca.com/news_view.asp?id=217,最后访问时间2016年1月20日。

② 参见刘品新《刑事错案的原因与对策》,中国法制出版社2009年版,第239页。

按他们的意思说，承认就没事了"。① 可以看出，在本案中，侦查人员逼供、诱供"双管齐下"，这种现象在其余案件中都有不同程度的反映。由于死刑案件刑罚的极端性，那种冒名顶替性的"自愿型虚假口供"基本不存在，从所统计的案件中出现的虚假供述均为"外因诱发型虚假供述"。而产生虚假供述的原因，主要是刑讯逼供和引供、诱供以及欺骗供述。

2. 证人证言真实性存疑

实证研究的 19 起死刑冤案中，共有 8 起案件的证人证言在证据真实性方面出现了问题，所占比例达到 42.1%。其中完全虚假的证言，即编造的证言占比最高，占比是 37.5%，发生于赵作海案、郝金安案以及王本余案。编造证人证言是虚假证词最主要的表现形式，且这些编造行为都是在"非自愿"的情况下发生的。严格来说也是属于外界强制力迫使下所做出的编造行为，表现为侦查人员运用暴力、威胁、哄骗等手段强迫证人编造相关的证词。在赵作海案中，赵作海的前妻赵小齐（音）就曾遭到暴力取证，曾经被警方关在乡里一个酒厂一个月，受到很多折磨。"用棍子打我，让我跪在砖头上，砖头上还有棍子，每天只能吃一个馒头，还经常几天不让睡觉。"② 警方的这些行为就是为了让其承认赵作海杀人的事实，最后赵小齐为了避免受到折磨作出了虚假证言；除此之外，警方还运用欺骗的方式取证，如在王本余案中，警方对王本余 8 岁的女儿进行哄骗："说了你爸就能回去了"。从而导致女儿亲自指认自己的父亲为犯罪嫌疑人。③ 无意中编造了相关证词。从这些描述中可以看出，证人遭受到了威胁、恐吓、哄骗等行为，正是由于遭受到非法手段，证人自身的陈述也是非自愿的，甚至完全按照侦查人员的要求来描述案件情况，所以最终证人证言的真实性也受到极大的影响。这种编造的证言，因其证言内容与侦查发现的案情的高度吻合性，在当时的诉讼活动中是极难被发现的，因此，更多的是在冤案确定后，反向查出编造证言的存在。

同样的，从存疑表征的视角，即从现实性、及时性的视角审视证人证

---

① 参见 "一百一十一、河南巩义魏清安案" —冤假错案—中国冤假错案网 http://www.zgyjca.com/news_ view.asp?id=281，最后访问时间 2016 年 1 月 15 日。

② 参见 "赵作海案" _ 百度百科 http://baike.baidu.com/view/3588372.htm，最后访问时间 2016 年 1 月 25 日。

③ 参见《王本余亲述被逼认罪："女儿指认我是凶手，我只有认了"》—要闻—华西都市报 http://news.huaxi100.com/show-102-459958-1.html，最后访问时间 2016 年 1 月 20 日。

言，根据搜集的资料，存疑证人证言的表征有：（1）证言取得存在不符合常理、逻辑；（2）证言内容与其他证据矛盾；（3）证言内容反复矛盾；（4）证言无法庭审质证求实。在 8 起证人证言真实性存疑的案件中，证言取得存在不符合常理、逻辑的有王本余案、念斌案、陈满案、黄亚全案件。比如黄亚全案中，六名目击证人中四人实际是听说的，而另外两人还是未成年人；再比如念斌案中，多份证人证言存在警察同一时间在远隔上百里的两个地方同时询问证人现象等。证言内容与其他证据存在矛盾的是黄亚全案，证言与现场勘查笔录、犯罪嫌疑供述不一致。证言反复矛盾的案件是黄亚全、黄圣育案，本案中六位目击证人在庭审中都推翻了之前的证言，但却没有引起法官的重视。而证人不出庭，证言真实性无法庭审质证的案件发生于萧山五人抢劫案。① 在本案中，没有一名证人出庭接受庭审质证，只有公诉人的证言笔录代替证人回答。

3. 审讯录像存在造假嫌疑

笔者在这里所说的审讯录像是指讯问犯罪嫌疑人时的录像，是可以当作控方证明自己讯问过程合法性的视听资料。在 19 起案件中，只有两起案件的相关资料明确指出了审讯录像的问题，分别是陈琴琴案和张辉叔侄案，所占比例仅有 10.5%。在"中国冤假错案网"的陈琴琴一案中，有这样的描述：林芳萍（陈琴琴的女儿）发现，这段 30 分钟的"认罪录像"，总时长记录为 3 个小时，且电脑属性显示为 2010 年，而非"认罪"的 2009 年。最重要的，是图像模糊、音质不清。在张辉叔侄案中，只是提到了"审讯录像不完整"的问题。这两起案件中所描述的"图像模糊，音质不清，不完整"都反映出了审讯录像的真实性存在很大问题，检方或者警方似乎有欲盖弥彰之嫌。

4. 辨认笔录存在误认可能

美国有学者指出，美国刑事错案的主要原因是被害人或者目击证人的辨认错误。② 针对我国冤假错案问题的研究表明，辨认错误也是冤案发生的原因之一。在笔者调研的案件中错误辨认的案件就有 4 起，占比 21%。在纠正冤案的前提下，反思辨认的问题，发现有三种主要的表征现象：（1）辨认间隔的相对时间长；（2）被辨认客体的特征丧失；（3）警察主动造假。

---

① 参见"七十二、浙江田伟冬"—冤假错案—中国冤假错案网 http://www.zgyjca.com/news_view.asp?id=212，最后访问时间 2016 年 1 月 15 日。

② Thompson S.G. "Beyond a Reasonable Doubt? Reconsidering uncorroborated eyewitness identification testimony", UC Davis Law Review, 41: 1487-545 (2008).

辨认间隔的相对时间长的案件是魏清安案,案件发生于 1983 年 1 月 25 日,辨认是在 3 月 5 日,在案发后的 40 多天之后才安排被害人进行辨认[①]。40 天,对于熟悉之人的再辨认,并不是很长的时间,但在一次性的犯罪情形下,瞬间形成的记忆则在较长时间内进行再现,则会因为感知时间短,记忆影像的后效应(亦即"下意识移情"现象[②])等原因导致记忆痕迹混乱,进而影像辨认效果。在强奸案中,被害人是唯一和犯罪嫌疑人近距离接触的人,按理说被害人的辨认可信度比较高,但是现代心理学研究表明,已有的记忆痕迹通过反复练习才会持续保持,反之如长期不练就会随时间的延长而衰退,况且被害人对犯罪嫌疑人的记忆痕迹是在遭受犯罪侵害,即在极端的肉体与精神痛苦和紧张条件下形成的,而回忆痛苦和紧张的经验,又会使回忆者的心灵再经受同样的折磨,为避免痛苦和极度紧张的感受在记忆中复现,被害人会刻意压抑这种信息在意识中再现,因而就更容易形成遗忘。[③] 辨认客体的特征因客观情况的变化导致辨认失效的案件主要是尸体辨认情形。在死刑案件中主要是被害人家属对于被害人尸体的辨认,而占比 60% 的辨认错误案件(如滕兴善案、赵作海案)都发生了此类问题。笔者调研的 19 起死刑冤案中,除去魏清安案和宋庆芳案之外,都是杀人案件,被害人都已经死亡,对被害人身份的鉴别就成为重中之重。这时首先想到的必然是被害人的亲属,毕竟被害人亲属与被害人共同生活的时间较长,对被害人体貌特征比较了解。但是在尸体高度腐烂的情况下,很难用肉眼去辨别被害人的身份。在赵作海案中,已经发现的尸体高度腐烂,做了四次 DNA 鉴定都未确定死者身份,就是单凭被害人亲属的辨认结论确定了死者为赵振响。同样的情形,也发生在佘祥林案件,对死者张在玉的尸体辨认,也是在尸体已经高度腐败的状态下进行的,导致被害人的辨认错误从而误导侦查方向。被害人亲属的辨认可能会受到辨认之时尸体腐烂情况的客观影响,同时也受到被害人亲属追诉犯罪情绪状态的影响而出现辨认错误,从而会影响辨认结论的真实性,所以不能过度依赖被害人亲属的辨认。不同于辨认主体、客体的原因导致的错误辨认,不可饶恕的是警察主动造假的辨认情形,代表性的案件就是张辉叔

---

① 参见"一百一十一、河南巩义魏清安案"-冤假错案-中国冤假错案网 http://www.zgyjca.com/news_ view.asp? id=281,最后访问时间 2016 年 1 月 15 日。

② 参见 [美] 罗芙托斯,[美] 柯西《一个心理学家的法庭故事》,浩平译,中国政法大学出版社 2012 年版。

③ 参见兰跃军《被害人辨认错误及其防范》,《证据科学》2014 年第 5 期。

佴案。在本案中，现场指认根本不是由犯罪嫌疑人进行的，而是由警方控制下进行的指认现场，且指认现场的录像镜头切换很频繁，很难看清当时的真实情况。在这种情况下，所谓犯罪嫌疑人指认现场只是一种形式，实际上是被告人按照警方所述情况进行了虚假指认。

5. 鉴定意见真实性存疑

实证研究的 19 起死刑冤案中有 13 起案件涉及了鉴定方面的问题，占到全部案件的 68.4%，也就是说冤案中超过半数的案件在鉴定意见证据上出现了真实性问题。通过对 19 起死刑冤案中鉴定意见的司法适用发现，鉴定意见真实性存疑的表征主要有（1）低于鉴定技术标准鉴定；（2）鉴定主体资格缺失；（3）未做鉴定影响真实发现；（4）警犬辨认作为鉴定意见适用等。

鉴定的技术标准是确保鉴定意见唯一性、准确性的技术保证，因此低于鉴定技术标准也就是低水平鉴定则鉴定的准确性将打折扣，以至于得出的鉴定意见并不具有唯一性和排他性。在 13 起涉及鉴定问题的案件中，就有 7 起案件涉及了此类问题，分别是徐辉案、魏清安案、滕兴善案、念斌案、呼格案、赵作海案、陈世江案，总共占到了全部案件的 53.8%，可见此问题的严重性。[①] 在魏清安案中，当时在 1998 年时该技术可以采用 9 个位点。但珠海市公安局的法医物证检验意见，以及该局委托广州市刑事科学技术所作出的 DNA 检验结论，仅采用了 4 个位点，位点数太少，技术水平低，这一结论不能肯定徐辉为犯罪行为人，只能认定他存在作案嫌疑[②]。但是当时的侦查机关对于 DNA 证据盲目信任，照单全收，最终导致错案发生。

在采行鉴定权主义的国家，鉴定是由有鉴定资格的人进行的。鉴定资格是对其鉴定能力和资质的一种法定检测与认定，是确保鉴定意见真实可靠的主观性条件要求。鉴定主体资格的缺失，则鉴定主体的鉴定能力无法判识，势必影响鉴定意见的专业性、真实性。在调研的死刑冤案中，有两起案件发现了此类问题，分别是念斌案和覃俊虎案，所占比例为 15.4%。在覃俊虎案中，民警现场勘查到一个刀柄，后来又找到了一只无刀柄的刀刃，对于刀柄与刀刃的吻合性，应该由专业技术人员鉴定，但是民警只是

[①] 参见黄代新、杨庆恩《基因分型错误或异常的量化评估》，《中国法医学杂志》2008 年第 23 卷第 3 期。

[②] 参见"一百一十一、河南巩义魏清安案"—冤假错案—中国冤假错案网 http：//www.zgyjca.com/news_ view.asp？id=281，最后访问时间 2016 年 1 月 15 日。

在农机厂询问了工人之后就确定了刀柄与刀刃的吻合。① 一个普通的农机厂工人显然不符合我国对于鉴定人的资质要求，属于鉴定主体不合法，得出的鉴定意见也不能作为定案根据。

　　作为科学技术刑事司法应用的重要表现形式，鉴定对查明案情、鉴真证据真实性发挥着关键性的作用。在有鉴定条件的情况下不做鉴定，则会影响事实查明的真实可靠性。在调研的死刑冤案中，有4起案件涉及此类问题，分别是王本余案、陈满案、萧山5人抢劫案、呼格案，占涉及鉴定活动的全部13起案件的30.8%。在这4起案件中，虽然提取到了与案件相关的物证如指纹、毛发、血液或精液，但是都没有进行有效的鉴定和检验。在陈满案中，勘查笔录记载，当时的勘查人员提取的物证有带血衬衫，各种刀具，十多处血痕等，按理说只要充分检验、分析这些物证，至少可以确认凶手是否确为陈满。但警方几乎没有做任何的鉴定或检验，或者称未提取到有价值的物证。② 在司法实践中，对于司法鉴定程序的启动权仍然掌控在侦查机关手中，被告人及其辩护人即使对于鉴定意见有异议，也只能申请公安机关、检察院甚或法院启动重新鉴定或补充鉴定，但是这种申请一般都不会被支持，最终可能导致有价值的物证没有进行有效的鉴定或检验。

　　在调研的死刑冤案中还涉及警犬辨认和心理测试结论不当应用的问题，分别是徐辉案和杜培武案，占非法鉴定案件的15.4%。1998年8月25日广东珠海小林镇发生的强奸杀人案，犯罪嫌疑人徐辉就是通过警犬气味辨认被认定的，最终导致了一起冤假错案。③ 按照公安部2005年发布的《公安机关鉴定机构登记管理办法》，地市公安机关可以开展警犬鉴别项目，但对其可否作为刑事证据没有规定，且其无相应的行政管理标准和技术管理标准，鉴定特征体系并不成熟完善，公安机关仅将其作为刑事侦查的方法，获取的警犬辨认结果仅作为侦查线索，需要结合其他证据来定案，由于警犬气味鉴别容易受到周围具体环境条件的制约，所以必须慎重使用警犬气味鉴别意见。同样的，关于测谎结论的证据能力，1999年

---

① 参见 "二十四、广西河池覃俊虎、兰永奎冤案" - 冤假错案 - 中国冤假错案网 http：//www.zgyjca.com/news_ view.asp？id=110，最后访问时间2016年1月15日。

② 参见 "七十六、海南-陈满冤刑21年" - 冤假错案 - 中国冤假错案网 http：//www.zgyjca.com/news_ view.asp？id=217，最后访问时间2016年1月20日。

③ 参见 "警犬查出'凶手'气味能作为证据吗？"来源：温州商报 http：//opinion.hexun.com/2014-10-14/169304987.html，2014-10-14 03：56：52。

最高检在《关于 CPS 多道心理测试鉴定结论能否作为诉讼证据使用问题的批复》中指出："人民检察院办理案件，可以使用 CPS 多道心理测试鉴定结论帮助审查、判断证据，但不能将其作为证据使用。"但是在调查的案件中却出现了直接把测谎结论当作定案依据的行为，最典型的例子就是杜培武案。本案中办案人员曾两度对杜培武适用测谎技术，第一次是由在美国商业测谎学校学习过的测谎专家进行的，测谎结果是杜培武说谎，审讯人员坚信杜是犯罪嫌疑人，对杜采取了刑讯逼供。第二次是在一审做出死刑判决之后杜培武认为证据不足，要求改判无罪之后进行的，此测谎结果直接导致二审终审判决杜培武有罪。[①] 在杜案中测谎结论被非法适用，从而导致了冤假错案的产生。

二 影响事实判断准确的证据关联性表征

关联性是证据之所以为证据的根本属性，我国传统证据理论的关联性是指"可以作为证据的事实，与诉讼中应当予以证明的案件事实，必须存在某种（客观）联系，即能够反映一定的案件事实。"[②] 这是一种从客观实在性角度进行的证据关联性定义，此证据关联性不仅具有关联的客观性而且具有真实可靠性，是一种客观的关联性概念。但进入诉讼认识领域，客观关联性需要司法主观的认识判断来决定，因此，美国联邦证据规则 401 条规定"'相关证据'是指证据对诉讼决定具有意义的任何事实存在的倾向要比没有该证据更为可能或者不可能"。[③] 依据美国联邦证据规则有关证据关联性的定义，关联性强调的是证据对待证事实证明的一种可能性的关系。关联性的判断依据逻辑、经验和人类行为可接受的假定，[④]

[①] 参见武伯欣、章泽民《"测谎"结论能否作为鉴定证据——关于中国心理测试技术研究应用及其现状的思考》，《证据科学》2008 年第 5 期。

[②] 卞建林主编：《证据法学》，中国政法大学出版社 2000 年版，第 74 页。

[③] "Relevant evidence" means evidence having any tendency to make the existence of any fact that is of consequence to the determination of the action more probable or less probable than it would be without the evidence. 转引自 [美] 迈克尔·H. 格莱姆（Michael H. Graham）《联邦证据法》（*Federal Rules of Evidence*）第 4 版，法律出版社 1999 年版，第 73 页。

[④] Whether evidence is relevant depends upon it possessing "any" tendency to make a fact of consequence more or less probable than it would be without the evidence in the light of logic, experience, and accepted assumptions concerning human behavior. 转引自 [美] 迈克尔·H. 格莱姆（Michael H. Graham）《联邦证据法》（*Federal Rules of Evidence*）第 4 版，法律出版社 1999 年版，第 74 页。

并且与证明对象——待证事实的确定有关。主观判断上具有了逻辑或经验相关性的证据是否一定会被采纳为证据呢，对此，英美证据法规定"相关证据一般具有可采性，不相关的证据不具有可采性"[①]，这被视为英美证据法的黄金法则。但是"并非所有在逻辑上相关的事项都可以采纳"，因政策、排除规则等原因一些具有关联性的证据可能不被采纳为证据，比如（1）传闻的陈述，包括供述；（2）证人的意见证据；（3）被告品格和性格倾向证据；（4）特权和公共利益；（5）法庭排除证据的自由裁量权。[②]而依据美国联邦证据规则第403条的规定，"即使具有相关性，假如因为不公正的偏见的危险、争点混淆、误导陪审团，或者因为不当诉讼拖延、时间浪费的考虑以及不必要的重复证据的展示等原因导致证据的证明性被实质性地超越了，则具有相关性的证据（也）将被排除掉。"[③]因此，从诉讼认识论角度，证据是否具有关联性首先需要考虑对诉讼证明具有意义的待证事实是什么？即证据所要证明的对象是什么；其次，运用逻辑、经验和人类行为规律的推定判断证据事实与待证事实是否具有关联关系——有此证据对证明待证事实存在是更可能还是更为不可能；最后，还要进行证据是否可以采纳的判断——依据证据的真实性、政策、排除规则、价值权衡等。在我国学界基本可以达成共识的是，对犯罪构成要件事实的证明，品格证据、先前行为是不具有相关性的，同时，依据我国刑事诉讼法确立的意见证据规则——证人猜测性、评论性、推测性的证言，不能作为证据。

在笔者实证调研的19起死刑冤案中，存在的证据关联性问题的情形有（1）鉴定检材来源不明；（2）违反意见证据规则；（3）品格证据

[①] Federal Rule 402 "Relevant evidence generally admissible; Irrelevant evidence inadmissible" 转引自［美］迈克尔·H. 格莱姆（Michael H. Graham）《联邦证据法》（*Federal Rules of Evidence*）第4版，法律出版社1999年版，第89页。而在英国证据法上将此规则视为证据可采性的黄金规则：一切相关的证据都是可采纳的，一切不相关的证据都是不可采纳的。参见［英］理查德·梅《刑事证据》，王丽、李贵方等译，法律出版社，2007年版，第9页。

[②] 参见［英］理查德·梅《刑事证据》，王丽、李贵方等译，法律出版社2007年版，第9页。

[③] Although relevant, evidence may be excluded if its probative value is substantially outweighed by the danger of unfair prejudice, confusion of the issues, or misleading the jury, or by considerations of undue delay, waste of time, or needless presentation of cumulative evidence. 转引自［美］迈克尔·H. 格莱姆（Michael H. Graham）《联邦证据法》（*Federal Rules of Evidence*）第4版，法律出版社1999年版，第90页。

的不当适用;(4)相关性弱的证言错误适用。用于鉴定的检材提取时间、地点不明,即检材来源不清,则将导致证据的原始出处不明,检材与本案的关联性无法证明,进而影响鉴定意见的真实性。此种情形在调研的死刑冤案中占比比例是30.8%,分别是念斌案、呼格案、杜培武案、陈世江案。科学的鉴定意见应该建立在真实来源的鉴定检材之上,如果是鉴定检材受到污染或者涉嫌伪造,将从源头上否定了证据本身的真实性和准确性。即使鉴定依据科学的程序和方法,运用先进的仪器设备得出的是科学的结论,但该结论也将因其检材的来源不明,无法做出准确的认定。在念斌案中,作为毒水之源的铝壶没有毒,但是铝壶里的水却查出了有毒物质,在平潭县公安局办案人员林某于2011年7月13日出具的最新情况说明中,出现了自相矛盾的说法,将铝壶提取时间推后了13天,在13天里,铝壶及其壶中的水放在何处不得而知,[①] 这种情况就属于鉴定检材的来源不明,极易导致错误的鉴定意见。推测性证言的不当适用,猜测性、推测性的证言适用的案件是萧山5人抢劫案。[②] 我国刑事诉讼法明确规定证人猜测性、评论性、推断性的证言不能作为定案的根据,在本案中,证人朱富娟声称看到过三个男青年,并且对三个青年进行了一般性的描述,并说大概是陈建阳(5人抢劫案中的1人)等人所为。"一般性"和"大概"等词语就属于明显带有猜测性的语言,导致错误引导侦查,导致冤案发生。我国证据法规范中虽然没有品格证据规则,但英美的品格证据规则的基本要求[③]在学理上是基本达成共识的——品格证据、类似行为不能作为证明被告人有罪的证据。在19起死刑错案中,有2起案件出现了品格证据的运用问题,分别是滕兴善案和萧山5人抢劫案,占到全部案件的10.5%。在萧山5人抢劫案中,田伟冬和陈建阳都有盗窃前科,这种可以被归为"犯罪前科"的不良品格证据,导致了认定两人具有抢劫犯罪的证据。在滕兴善案中,姑且不谈偶尔的嫖娼行为是不是构成不良品格的问题,对警方仅仅根据滕兴善的嫖娼行为就锁定其为犯罪嫌疑人的做法就属于品格证据的不当

---

① 参见《念斌投毒案,有多少悬疑等待破解?》-法治周末 http://www.legalweekly.cn/index.php/Index/article/id/721,最后访问时间2016年1月15日。

② 参见"七十二、浙江田伟冬"—冤假错案—中国冤假错案网 http://www.zgyjca.com/news_ view.asp? id=212,最后访问时间2016年1月15日。

③ "有关个人的性格倾向,尤其是被告人的犯罪性格倾向的证据,在刑事审判中一般不能采纳"。转引自[英]理查德·梅《刑事证据》,王丽、李贵方等译,法律出版社2007年版,第111页。

适用，尤其是将其曾与被害人有过嫖宿行为作为定案的根据，明显违背了品格证据规则的基本要求。类似的相关性极弱的证据适用还有最新纠错的聂树斌杀人案，公安仅根据案发附近群众反映一名骑蓝色山地车的青年有窥视女厕所的证言，就锁定了犯罪嫌疑人聂树斌，导致最终的侦查方向错误，一错再错，直至冤案发生。①

三 影响事实判断准确的全面性表征

"诉讼证明的首要环节即确定证明对象，如果把证明对象的范围确定得过窄，遗漏了应该证明的事实，就会妨碍全面了解案情，不利于依法办案，甚至可能导致错判……"② 司法证明的全面性是司法裁判证明标准的要求，而证明对象的不足，突出表现就是物证的缺失。在笔者调研的19起死刑冤案中，一共有5起案件出现了这种情况，所占比例为26.3%。通过搜集到的资料，有两种情况比较突出：

1. 缺少作案工具

在徐辉案和萧山5人抢劫案中，并没有找到相应的作案工具。作案工具通常是一种关键性物证，物证往往具有"双联性"功能作用，因为物证上一般都会留有犯罪嫌疑人的指纹、血液或者手印等，通过科学的DNA鉴定，就可以鉴别犯罪嫌疑人身份。另外，还可以通过物质交换原理③来确定受害人身体上的伤痕形状和作案工具的形状是否吻合，所以说，作案工具对于案件的侦破具有重要的意义。既然作案工具对于案件侦破如此重要，那么其理应成为办案人员重点搜集的证据，可是在实践中却存在无作案证据就定案的现象，这明显达不到我国规定的"案件事实清楚，证据确实、充分"的证明标准。

---

① 央视推"聂树斌案"十年调查 首次披露诸多细节—国内新闻——新浪网http：//news.sina.com.cn/c/nd/2016-12-10/doc-ifxypipt0838318.shtml，最后访问时间2016年12月10日19时07分。

② 陈光中主编：《证据法学》，法律出版社2011年版，第296页。

③ 物质交换原理，又称为"洛卡德物质交换原理"，这一理论最早是20世纪初由法国著名侦查学家艾德蒙·洛卡德在其编著的《犯罪侦查学教程》提出。这一理论认为，犯罪的过程实际上是一个物质交换的过程，作案人作为一个物质实体在实施犯罪的过程中总是跟各种各样的物质实体发生接触和互换关系；因此，犯罪案件中物质交换是广泛存在的，是犯罪行为的共生体，这是不以人的意志为转移的规律。分为痕迹性物质交换和实物性物质交换，本文指痕迹性，即人体与物体接触后发生的表面形态的交换。如犯罪现场留下的指纹、足迹、作案工具痕迹以及因搏斗造成的咬痕、抓痕等。

2. 无任何物证，仅依口供定案

这种情况属于更为极端的做法，但是出现的概率却很高，达到了60%，在张辉叔侄案、覃俊虎案及陈满案都有此类现象发生。在张辉叔侄案中，警方未找到任何直接或间接可以证明张氏叔侄作案的物证。死者阴道内未发现精斑，身上和被丢弃的衣物、行李上均未留下张辉、张高平的指纹、毛发；张氏叔侄身上也没有与死者肢体接触的痕迹；被认定为作案现场的载重卡车上，也没有找到任何痕迹物证。① 我国的刑事诉讼法明确规定了只有口供、没有其他证据相佐证的话是不能定案的，可是该案就是在无相关人证、无物证的情况下定案，完全不符合法定要求，发生错案的概率是非常大的。对于缺少关键物证的原因，在覃俊虎案中，警方以"管理不善"为由解释了物证的丢失原因；在陈满案中，两次开庭控方都未出示任何重要物证，而且给出的原因是"丢了"，真正的背后原因我们不得而知。也许有的办案人员确实缺乏全面搜集、提取、保存物证的能力，但也不排除有办案人员以"能力不足"为借口掩盖试图隐藏证据的事实。

第三节　学界有关我国冤假错案的成因分析综述梳理

死刑冤案作为冤假错案中的极端错误类型，会展现出冤假错案中的典型性特征，对于揭示冤假错案中的证据问题具有重要的参照价值。但受限于研究样本的单一（仅是无罪错判死刑的案件）与数量不足（因纠错再审的难以启动性，死刑在错判有罪类型中的一小部分，死刑犯罪发生率低），尤其是研究者的视角局限性，有必要对学界多重视角、不限于死刑冤案的冤假错案的研究中获得感悟，进行反思性、对比性研究，以期发现更深刻的认识。

首先，从研究方法看，有基于实证基础上的总结与逻辑反思。其中，既有类案的统计分析型研究：比如陈永生教授在《中国法学》《中外法学》上连续刊发的刑事错案问题的研究性论文，汪建成教授在《中外法学》、刘磊副教授在《现代法学》上刊发的研究性论文等，② 展示给读者

---

① 参见"七、张高平、张辉叔侄案"—冤假错案—中国冤假错案网 http：//www.zgyjca.com/news_view.asp？id=7，最后访问时间2016年1月15日。

② 其他文章诸如：金泽刚：《法官错判的原因与防治——基于19起刑事错案的样本分析》，《法学评论》2015年第2期。

的都是实证数据统计基础上的研究性论文；也有个案的分析型研究：比如陈兴良教授发表在《法学评论》的忻元龙绑架案的证据分析文章、龙宗智发表在《法制与社会发展》上的念斌案的法理分析文章以及陈永生教授发表在《政法论坛》上的有关赵作海案件的个案分析文章等，展示出的是个案中具体证据问题的法律分析与理性思考。除了实证研究性论文外，更多是学界的理性反思、经验总结、逻辑思辨性的文章，既有学界大咖们长期对司法实践的观察与学术认识积累的反映，更有实践部门对具体实务工作的经验感悟的反思，[1]体现出学者们的理性思维和经验性总结的研究成果。

其次，从研究内容看，视角是多元的，既有研究成因分析的，也有研究预防与纠错的；既有研究立法规范的，也有研究制度规制的；既有历史名案剖析的，也有域外案例比较的；既有整体证据制度研究的，也有单一证据规则规范研究的，等等不一而足。无论研究内容如何多元，都会探析冤假错案的成因问题，以期发现"病根"，实现"对症治疗"的目的。在各种原因分析中体现出了研究的层次性与多面性，比如原因表述中有"直接原因""深层原因""主要原因""体制内原因""体制外原因""观念原因""心理原因""环境原因"等。[2]

---

[1] 具体参见田文昌《冤假错案的五大成因》，《中外法学》2015年第3期；何家弘《刑事错判证明标准的名案解析》，《中国法学》2012年第1期；陈光中、于增尊《严防冤案若干问题思考》，《法学家》2014年第1期；张保生《刑事错案及其纠错制度的证据分析》，《中国法学》2013年第1期；党建军《防范冤错案件的制约之方与理性之法》，《中外法学》2015年第3期；周光权《最高人民法院应当为控制死刑贡献力量》，《中外法学》2015年第3期；李奋飞《刑事误判纠正依赖"偶然"之分析》，《中外法学》2015年第3期；刘星《"冤案"与司法活动》，《法制与社会发展》2010年第1期（总第91期）；郭欣阳《冤案是如何发现的》，《中国刑事法杂志》2007年第6期；李子安等《刍议刑事错案预防机制的完善——从审判环节入手》，《法制与社会》2016.6（上）；胡常龙《论检察机关视角下的冤假错案防范》，《法学论坛》2014年第3期；王守安、董坤《美国错案防治的多重机制》，《法学》2014年第4期；陈硕《司法冤案与儒家立法以〈窦娥冤〉为例》，《中外法学》2014年第5期；党建军、杨立新《死刑案件适用补强证据规则若干理论问题研究》，《政法论坛》2011年9月，第29卷第5期等。

[2] 具体参见陈永生《论刑事错案的成因》，《中外法学》2015年第3期；王敏远《死刑错案的类型、原因与防治》，《中外法学》2015年第3期；谢望原《死刑错案主要成因与防范》，《中外法学》2015年第3期；黄士元《刑事错案形成的心理原因》，《法学研究》2014年第3期等文章。

下面将主要针对学界在冤假错案成因上的研究成果进行分析、总结，以期更全面地观瞻，更深刻地反省。依据研究主题是冤假错案中的事实认定问题，所以本研究围绕刑事司法活动中的证据问题展开，依据冤假错案的成因与司法证明的关系远近分为直接原因和间接原因。其中直接原因是指产生证据问题的直接原因，而对于观念问题、环境问题、体制外的因素问题以及心理因素问题统归于间接原因。

一 产生事实认定错误的直接原因

1. 归因于过度依赖口供，刑讯逼供问题严重

纵观学界研究冤假错案的论文，无一例外的研究结论就是冤假错案的产生与口供有关，成因就是"过分依赖犯罪嫌疑人、被告人口供，刑讯逼供问题比较严重。"[1]支持的学术观点有"从体制内的成因观察，刑讯逼供可能是导致中国冤案高发的首要原因。"[2] 刑讯逼供的口供或证人证言是形成冤假错案的直接原因。[3]并伴有实证统计数据予以论证：在汪建成教授实证统计的16起案件中百分之百地都存在"采用刑讯等非法方法获取口供"的具体情形展示。[4] 在陈永生教授的两篇实证研究论文中则指出"在20起冤案中，有多达19起案件，也即95%的案件存在刑讯逼供"[5]，"在这14起案件中，主要依靠口供定案的有11起，占全部案件的55%。"[6] 还有从实践经验角度论证："在我国司法实践中，凶杀案往往被侦查机关列为办案中的'重中之重'，在'命案必破'的压力下，侦查机关在凶杀等暴力犯罪案件中使用刑讯方法的概率反而会高于其他案件，无辜者因刑讯逼供被迫认罪后，因诉讼体制内的各种原因，遭受有罪误判的概率亦很高。"[7] 并有域外经验佐证：在美国西北大学法学院"错判中心"

---

[1] 陈永生：《论刑事错案的成因》，《中外法学》2015年第3期。
[2] 林莉红、赵清林、黄启辉：《刑讯逼供社会认知状况调查报告》，《法学评论》2006年第4期。转引自刘磊《案外因素对催生刑事错案的作用力分析——以美国1188件冤案的结构性分布与案外成因为参鉴》，《现代法学》2014年3月第36卷第2期。
[3] 田文昌：《冤假错案的五大成因》，《中外法学》2015年第3期。
[4] 汪建成：《论证据裁判主义与错案预防——基于16起刑事错案的分析》，《中外法学》2015年第3期。
[5] 陈永生：《我国刑事误判问题透析》，《中国法学》2007年第3期。
[6] 陈永生：《刑事误判问题透析》，《中国法学》2007年第3期。
[7] 刘磊：《案外因素对催生刑事错案的作用力分析——以美国1188件冤案的结构性分布与案外成因为参鉴》，《现代法学》2014年3月第36卷第2期。

代理的 37 个案件中，有 16 个案件中存在"逼假供"（Coerced false confessions）的问题。[①] 并有以个案探析方式证明，比如，赵作海案件存在严重的刑讯逼供以获得口供，制造假供，暴力取证，制造冤案发生的问题。[②] 而且诸如呼格吉勒图案、云南杜培武案等更以听到隔壁的痛苦叫声[③]和法庭上的血衣[④]而为大家熟知。

2. 归因于隐瞒、伪造证据，甚至阻止证人作证的主动司法造假行为

除了证据本身易于产生错误外，因取证人员的造假行为导致证据虚假也是学界们总结的冤假错案发生的重要原因，比如陈永生教授对此总结为：违法取证，隐瞒、伪造证据，甚至阻止证人作证的现象屡屡出现，并通过实证数据进行统计论证：在 20 起冤案中，有多达 11 起案件（高达 55%）存在警察违法取证，隐瞒、伪造证据，甚至阻止证人作证的现象……其中，暴力等手段取得证人伪证占比 25%，伪造物证、证言占比 25%，阻止证人作证占比 15%，贿赂、诱导证人作不利被告证言占比 5%；隐匿有利被告证据占比 5%；辨认时对被害人进行暗示和诱导的现象占比 5%。[⑤] 来自个案的例证如，"在李化伟杀妻案中，由于作案凶器上留下的指纹和现场足迹均与李化伟对不上号，办案人员隐匿属于重大破案线索的指纹、足迹；为解决犯罪嫌疑人没有作案时间的问题，将原来的法医现场勘验结论推倒重量，作案时间被大幅度提前到中午 12 时许；"[⑥] 以"给犯罪分子作证，是包庇罪"威胁欲为李化伟作证的人，迫使其改变证言。[⑦] 更为严重的是对证人采取非法关押、暴力取证行为，逼迫证人作伪证，比如赵作海杀妻案中，犯罪嫌疑人的妻子和怀疑与其有暧昧关系的证人被采取非法关押、暴力取证。[⑧] 根据睢县检察院《起诉意见书》的指控："丁

[①] Northwestern Law, the Center on Wrongful Convictions.
[②] 陈永生：《冤案的成因与制度防范——以赵作海案件为样本的分析》，《政法论坛》2011 年 11 月第 29 卷第 6 期。
[③] "呼格吉勒图冤案，为何看不到另外一名重要证人闫峰的证词？"来自天涯社区，2014-11-05 15：48：0，http://bbs.tianya.cn/post-worldlook-1305213-1.shtml，最后访问时间 2016 月 12 月 8 日。
[④] 参见王达人、曾粤兴《正义的诉求：美国辛普森案与中国杜培武案的比较（修订版）》，北京大学出版社 2012 年版，第 79 页。
[⑤] 陈永生：《刑事误判问题透析》，《中国法学》2007 年第 3 期。
[⑥] 陈光中、于增尊：《严防冤案若干问题思考》，《法学家》2014 年第 1 期。
[⑦] 参见郭国松《一起离奇杀妻案的真相》，《南方周末》2001 年 2 月 23 日。
[⑧] 参见陈永生《冤案的成因与制度防范——以赵作海案件为样本的分析》，《政法论坛》2011 年第 6 期。

秋身为主抓刑侦的副局长，……同意将杜金慧、赵晓起长时间违法关押，客观上为刑讯逼供提供了可能和方便，直至造成赵作海错案的发生。"①

3. 归因于忽视对犯罪现场勘验

犯罪现场往往是存储犯罪证据的黄金宝库，是获取侦查线索、犯罪证据的重要源泉，因此历来受到侦查机关的重视，现场勘验也就成为收集证据的重要举措。但对冤假错案的实证研究表明，一些冤假错案存在忽视犯罪现场勘验。比如陈永生教授在对赵作海案的个案实证研究证实，侦查员没有对机井埋尸现场进行充分挖掘，导致错失挖掘被害人尸首其他重要部分的机会，致使冤案发生。冤案曝光后证明：警方经再次挖掘，很快就挖出了无名尸的其他部分：头颅和四肢，并据此一个月内就查清了犯罪事实，将真凶缉拿归案。② 现场虽然历来受到侦查工作的重视，但工作不细，勘验质量不高一直是侦查工作的痼疾之一。在死刑冤案中，虽然忽视犯罪现场勘验的占比不高，却是现场勘验质量不足的重要表现，不能不说令人痛心。

4. 归因于忽视无罪证据

我国的公安机关、检察院作为国家的追诉机关，在承担追诉犯罪的基本职能外还应该承担客观公正的义务，既要重视对有罪证据的收集也要重视无罪证据的发现提取，以保证客观、准确地追诉犯罪，而作为司法裁判机关，法院应该充分重视无罪证据，以免错判有罪、冤枉无辜。但在冤假错案的实证研究中却发现普遍存在忽视无罪证据的情形，比如李杰等故意杀人案，证人黄大明能够证明李杰在案发当天与其一同在医院看望病人，并没有作案时间，但公、检、法机关对此都置之不理。③ 同样的，汪建成教授通过图表罗列的方式向学界展示了其进行实证研究发现的 16 起案件中有 14 起案件存在"偏听偏信，只采纳不利于被告人的证据，对有利于被告人的证据视而不见"的情形。④ 陈永生教授的实证研究也表明"在 20 起案件中，有多达 15 起（占比 75%）案件证明被告人无罪的证据没有

---

① 牛亚皓：《冤枉赵作海的公安局副局长被起诉了》，《成都商报》2010 年 7 月 14 日。
② 陈永生：《冤案的成因与制度防范——以赵作海案件为样本的分析》，《政法论坛》2011 年第 6 期。
③ 参见刘志明《疑罪与死罪》，《凤凰周刊》2005 年第 19 期。
④ 汪建成：《论证据裁判主义与错案预防——基于 16 起刑事错案的分析》，《中外法学》2015 年第 3 期。

被推翻或得到合理解释，法官就作出了有罪裁判。在这 15 起案件中，有 10 起（66.7%）案件存在证明被告人没有作案时间或不在犯罪现场的证据。"①

5. 归因于忽视对证据的审查核实

冤假错案中发现的众多证据矛盾、虚假的情形表明司法实务中存在忽视证据审查核实的问题。以赵作海案为例，陈永生教授指出了三个有明显疑点的证据没有通过证据的审查核实予以发现，导致存疑证据非常轻松地被法庭认定：压在被害尸体上的三个石碌非一人能力所及、尸体未腐烂证明死者死亡时间和赵作海作案的时间严重不符、死者不能死后还给他人还钱。② 此外，赵作海多次口供中交代的对无名尸体其他部分的去向矛盾重重，侦查人员在赵作海家而不是实际存在于抛尸机井现场随意找到的虚假作案工具都没有通过证据审查核实予以确认，最终导致冤案发生。③

6. 归因于鉴定意见的低级错误，司法盲目崇信或者忽视其应用的问题

在众多学者的错案原因的分析中都不乏鉴定意见的错误问题，④ 以陈永生教授的研究为例，"在 20 起冤案中，有 15 起案件，即 75% 的案件在鉴定方面存在问题……，其中，有 7 起案件（占 35%）本来能够，也应当做 DNA 鉴定，但由于种种原因，办案人员都没有进行鉴定……有 3 起案件（占 15%）本应进行足迹、指纹等物证鉴定，但由于种种原因，办案人员都没有进行鉴定；有 7 起案件办案人员虽然进行了鉴定，但因在程序鉴定、鉴定结论的审查和运用等方面存在问题，最终还是导致案件被错判。"⑤ 鉴定意见出现错误的情形，在法治发达国家的错案问题研究中也得到了证实，并在国内众多学者研究中

---

① 陈永生：《刑事误判问题透析》，《中国法学》2007 年第 3 期。
② 具体参见陈永生《冤案的成因与制度防范——以赵作海案件为样本的分析》，《政法论坛》2011 年第 6 期。
③ 同上。
④ 参见黄士元《刑事错案形成的心理原因》，《法学研究》2014 年第 3 期；刘磊《案外因素对催生刑事冤案的作用力分析——以美国 1188 件冤案的结构性分布与案外成因为借鉴》，《现代法学》2014 年 3 月第 2 期；陈永生《论刑事错案的成因》，《中外法学》2015 年第 3 期；胡常龙《论检察机关视角下的冤假错案防范》，《法学论坛》2014 年第 3 期等。
⑤ 陈永生：《刑事误判问题透析》，《中国法学》2007 年第 3 期。

得以引证证明。① 在学者研究美国1188起错案中因专家错误鉴定而导致冤案的数量为265件,② 为此美国科学院2009年发布的关于科学证据的研究报告指出,包括指纹鉴定、笔迹鉴定、枪弹痕迹鉴定、文书鉴定等在内的多种科学证据都存在内在缺陷,证明力不宜评价过高。③

7. 归因于证明责任不当履行或者不当转移

依据我国诉讼法规范以及一贯的刑事证明基本规则,侦查机关和检察院具有客观公正的义务,既有证明有罪的证明责任,也有证明无罪法定的客观义务,而犯罪嫌疑人、被告人并没有证明自己无罪的责任,这也是"人民法院统一定罪权原则"所具有的无罪推定原则的基本精神要求。在对冤假错案的实证研究中,却发生了很多悖逆刑事诉讼证明责任分配基础规律的可笑做法,比如在汪建成教授实证统计的16起案件中有7起案件存在"证明责任的不履行或不当转移"的具体情形展示。其中佘祥林杀妻案中,佘祥林家人曾主动寻找张在玉,并开具了张在玉出走的有关证明,但是办案民警却说:"你们这种事情我们见得多了,有本事你们自己把张在玉找回来再说。"在杜培武案中,庭审针对杜培武出示的伤情照片,审判长却要求杜培武拿出证明自己无罪的证据。④

8. 归因于无视法定证明标准,许多案件证据严重不足仍认定有罪

法定的证明标准是规范裁判者事实认定的准据,虽然我国传统的"证据确实、充分"的证明标准具有规范主观理解上的不确定性,但仍不失为一个指导司法裁判准确性的一个指导性规范。对冤假错案的研究中发

---

① C. Ronald Huff. Wrongful conviction: Causes and Public Policy Issues [J]. Criminal Justice, 2003-2004, (18): 16. 转引自刘磊《案外因素对催生刑事冤案的作用力分析——以美国1188件冤案的结构性分布与案外成因为借鉴》,《现代法学》2014年第2期;"冤案在全美每一个月都见得到,理由千奇百怪但也如出一辙——办案不力、垃圾科学、目击证人指正错误、辩护律师功夫太差、检方太懒、检方骄慢……"参见约翰·葛立逊《无辜之人》,宋伟航译,台湾地区远流出版事业股份有限公司2007年版,第407页。

② 刘磊:《案外因素对催生刑事冤案的作用力分析——以美国1188件冤案的结构性分布与案外成因为借鉴》,《现代法学》2014年第2期。

③ See Committee on Identifying the Needs of the Forensic Science Community & National Research Council, Strengthening Forensic Science in the United States: A Path forward, Washington, D. C.: The National Academies Press, 2009.

④ 参见汪建成《论证据裁判主义与错案预防——基于16起刑事错案的分析》,《中外法学》2015年第3期。

现许多案件存在无视法定证明标准，在证据严重不足的情况下仍认定有罪的现象。[1] 比如口供定案需要证据补强，但在陈永生教授统计研究的"20起冤案中，有14起案件有罪证据显然不足，比率高达70%。"[2] 而其中的14起案件中，主要依据，甚至完全依据口供定案的有11起。[3] 在汪建成教授实证统计的16起冤假错案中百分之百地存在"合理怀疑未排除"的具体情形。[4] 同样的，在金泽刚教授实证调研的19起案中，也可以明显体现到法官对于事实认定能力的欠缺，其中15起案件都存在明显的证据瑕疵，但法官却没有根据疑罪从无的精神对案件进行无罪判决。[5] 对此，有学界研究认为由于我国《刑事诉讼法》规定的"证据确实，充分"这类原则性的词语让原本就没有接受过事实认定实务教育的法官难以判断案件的证据，难辨证人陈述的真假。[6] 对于排除合理怀疑的标准，事实上也难以细化为显而易见的规则，还是得取决于法官对于证据的"阅读"能力。在采取自由心证原则对证据进行"阅读"时，一旦法官出现前面的多方面的问题，更难以避免证据认定方面的随意性，直至向错误的方向发展。[7] 更多的学界研究认为我国冤假错案是因为严打期间提出的"基本事实清楚、基本证据确实充分"理解失当，成为了减轻证明标准要求的法律依据，导致"疑罪从有""疑罪从轻"地发生冤假错案。[8]

9. 归因于辩护不充分，排斥辩护意见

"偏听则暗，兼听则明。""历史和现实一再证明，律师辩护是实现司法公正不可或缺的必要环节。但是至今为止，中国律师仍然没有在主流社会争得一席之地，甚至被贬低为社会的异己力量，而被排斥于法律职业共

---

[1] 陈永生：《论刑事错案的成因》，《中外法学》2015年第3期。
[2] 陈永生：《刑事误判问题透析》，《中国法学》2007年第3期。
[3] 陈永生：《论刑事错案的成因》，《中外法学》2015年第3期。
[4] 汪建成：《论证据裁判主义与错案预防——基于16起刑事错案的分析》，《中外法学》2015年第3期。
[5] 参见金泽刚《法官错判的原因与防治——基于19起刑事错案的样本分析》，《法学评论》2015年第2期。
[6] 参见张保生《刑事错案及其纠错制度的证据分析》，《中国法学》2013年第1期。
[7] 参见金泽刚《法官错判的原因与防治——基于19起刑事错案的样本分析》，《法学评论》2015年第2期。
[8] 参见陈兴良《忻元龙绑架案：死刑案件的证据认定——高检指导性案例的个案研究》，《法学评论》2014年第5期（总第187期）；陈永生《冤案的成因与制度防范——以赵作海案件为样本的分析》，《政法论坛》2011年第29卷第6期等。

同体之外，个别地方甚至形成公、检、法三家联手与律师对抗的态势。这种现状，无疑是冤假错案生成的重要原因之一。"① 陈永生教授对冤假错案的实证研究认为："从本文研究的 20 起冤案来看，我国侦查、起诉和审判机关都非常轻视律师辩护，对辩护律师的合理意见经常不予采纳。"② 同样的，在滕兴善案中，辩护律师曾找到警方，把疑点一一列出，警察却回答："这个不由你说了算，政府肯定没错。"③ 而在死刑复核这一攸关生死的最后防线，律师的参与程度、辩护空间依然有限。据中国政法大学刑事法律援助研究中心研究员张亮统计，2014 年至 2016 年，中国裁判文书网上公布的 255 个死刑复核案例中，有辩护律师参与的仅 22 例，占比 8.63%。④

10. 归因于"设证式证明"

对此，刘磊博士在《案外因素对催生刑事冤案的作用力分析》一文中进行了精彩论述，其文中指出刑事诉讼中的设证式证明方法（proof of abduction），是相对归纳（induction）与演绎（deduction）证明而言，亦被译为猜想性"推断"⑤，是指裁判者将有罪与无罪作的先验性假定视为相互竞争关系的猜想，何者假定能够令人信服地解释法庭中的已有证据，则作出何种判定。司法实践中这种证明方式不是"先证据，再裁判"的"正推定"思维，而是"逆推理"或"反向推定"的一个思维推理过程。刑事冤案的产生，往往与逆向推定的证明思维有关。当有罪推定与无罪推定处于竞争关系时，有罪推定表现为被庭审证据所证明的大概率表象，相对小概率发生的无罪推定的证据发生情形则易于被最终判断有罪，因此错判有罪的情形发生。⑥ 可以说刘磊博士从概率统计学和法官的逻辑推理思维实践提出了冤假错案发生的证明方式原因，是冤假错案发生的司法证明特征的又一揭示。

---

① 田文昌：《冤假错案的五大成因》，《中外法学》2015 年第 3 期。
② 陈永生：《刑事误判问题透析》，《中国法学》2007 年第 3 期。
③ 汪建成：《论证据裁判主义与错案预防——基于 16 起刑事错案的分析》，《中外法学》2015 年第 3 期。
④ 《死刑复核上收十年：律师能为死刑犯做什么》，南方周末微信电子版，2016-09-16 09：19：56，http：//www.infzm.com/content/119670。
⑤ 参见黄维幸《法律推理：推断的方学方法》，《月旦法学杂志》2009 年第 12 期。
⑥ 刘磊：《案外因素对催生刑事错案的作用力分析——以美国 1188 件冤案的结构性分布与案外成因为参鉴》，《现代法学》2014 年第 36 卷第 2 期。

二 促使事实认定错误的间接原因

除上述学界研究得出的事实认定的直接原因外,还有引发事实认定错误背后的、带有根本性的、内在的原因,一般会以"内在原因""根本原因""本质原因"等来称谓。为了区别于直接原因,并在表述上的形式相应,这里以"间接原因"来称谓。对学界主要研究成果的梳理,可探究总结如下导致冤假错案事实认定错误的间接原因。

1. 归因于违背刑事法治规律,奉行错误刑事政策

学者研究认为刑事司法活动也有其规律,主张刑事政策应符合刑事法治规律。谢望原教授认为"一段时期以来,我国刑事法治领域之所以出现诸多错得离谱的死刑错案,首先就因为我们违背了刑事法治规律,奉行了错误的刑事政策。比如说,在犯罪侦查方面,刑侦主管部门推行'有奖破案''限期破案''命案必破'等完全不符合刑事侦查规律的政策,势必导致办案人员为了'破案获奖',或者为了'如期破案'或者'百分百命案侦破率',在处理涉案的犯罪嫌疑人时无所不用其极,这就必然造成冤假错案。"[①] 根据学者的统计研究表明,当今世界,刑事案件的破案率通常不超过50%,大多数国家和地区只有40%左右,因此,要求达到100%的破案率是不可能的。[②] 谢望原教授同时认为"从20世纪80年代以来一直推行'严打''从重从快'的刑事政策,虽然从表面上看这样的刑事政策似乎有效遏制了当时的某些严重犯罪,但事实上这样的刑事政策却导致了严重后果——一方面并没有真正有效防止犯罪,而是引起某些严重犯罪反弹;另一方面,这样的刑事政策在某种程度上也间接促成了一些冤假错案的发生,佘祥林案和呼格案等正是片面强调'严打''从重从快'导致的具体恶果。"[③] 此种"运动式"执法和"命案必破"的口号是导致冤假错案的重要因素的观点也得到了司法高层的承认[④]:"运动式"执法破坏了法律自身的衡平、稳定,表现为设定指标,必须完成任务,只求目的,不计较方式,甚至出现"拔高凑数",赶上了就严判,躲过了就轻判,这个过程中是容易导致错案的;而"命案必破"的主观愿望虽然是

---

① 谢望原:《死刑错案主要成因与防范》,《中外法学》2015年第3期。
② 参见陈永生《论刑事错案的成因》,《中外法学》2015年第3期。
③ 谢望原:《死刑错案主要成因与防范》,《中外法学》2015年第3期。
④ 参见孙谦《关于冤假错案的两点思考》,中国法律评论网,2016年10月11日,微信公众号:chinalawreview。

好的,但缺乏实事求是的工作精神,给公安工作造成了极大的压力,"重压之下,必有造假",无论如何都得找出一个犯罪嫌疑人来,冤假错案就这样产生了。

2. 归因于刑事法治工具化,司法体制外不当干涉

刑事冤假错案的发生固然有刑事司法自身的问题,但来自司法体制外的不当干涉也难辞其咎。对此,学界研究认为刑事法治被过分"工具主义化"。毋庸讳言,及至现代,刑事法治在我国从来都是作为政治统治工具而存在的……由于受到片面强调专政、稳定压倒一切等政治意识形态、治安控制方略的影响,导致司法机关与司法工作人员的中立性或公正性就会荡然无存,① 这种基于"维稳"的政治需要导致公检法作为违反法律规定的裁判等,也往往是造成冤错案件的深层原因。② 具体表现为地方党政部门干涉现象普遍,司法独立性难以保障。比如陈永生教授实证调研发现,在我国司法实践中,许多地方都存在"三长会"的做法,即由地方政法委组织公检法三机关负责人就疑难、复杂、重大案件进行讨论、协调。由于其并未亲自办案、审查证据,仅是基于"维稳"的政治需要,往往倾向于认定犯罪嫌疑人、被告人有罪,因而很容易导致冤案。实证调研的 20 起案件中,有多达 9 起案件存在地方党政部门的干涉,比例高达 45%。③ 而在赵作海案件中,在检察院二次退回补充侦查,仍然在无名尸体的身份无法查清的情况下,商丘市政法委协调,要求检察机关在 20 日内起诉到法院,法院"快审快判",检察机关、法院只得遵照执行,以致发生错案。④ 我国著名刑辩律师田文昌认为,这种行政权力干预司法是我国司法行政化的体现,也是我国法治环境不完备的突出问题,并已形成一种惯性、一种怪圈:人人都在反对权力干预,同时又都在寻求权力干预,无论是基于正义感和责任感而做出的善意干预还是出于个别人或部分人的私利的恶意干预都是对司法独立和司法公正的严重破坏,也是导致冤假错案的重要原因。⑤

---

① 参见谢望原《死刑错案主要成因与防范》,《中外法学》2015 年第 3 期。
② 参见王敏远《死刑错案的类型、原因与防治》,《中外法学》2015 年第 3 期。
③ 参见陈永生《论刑事错案的成因》,《中外法学》2015 年第 3 期。
④ 参见刘刚《检讨赵作海案》,《中国新闻周刊》2010 年第 20 期。
⑤ 参见田文昌《冤假错案的五大成因》,《中外法学》2015 年第 3 期。

3. 归因于对案件的处理过分迁就社会舆论、过分屈从被害人（方）压力的做法

如果说地方党政机关的外部干涉是行政权力对司法独立性的公力侵犯，那么来自社会舆论和被害人（方）压力则是对司法独立性的民意侵蚀，这也是造成冤假错案发生的又一原因。对此，陈永生教授进行了实证研究并予以了深刻的揭示与总结：① 首先，关注社会舆论一直是我国对刑事案件处理的重要关注点，"民愤"是法官量刑的重要情节。并且，民意舆情被写入了2009年最高院颁布的《关于进一步加强民意沟通工作的意见》中，明确要求，各级法院、法官应当"广泛深入地倾听民意、了解民情、关注民生，以实际行动尊重群众意见，发扬司法民主，充分体现中国特色社会主义司法制度的人民性优势"。其次，从实证研究的20起案件中，有3起案件的司法处理受到了社会舆论，包括被害人的强烈影响。比如杜培武案件中，警察群体作为被害警察的一方，坐满旁听席，现场一片喊杀声；② 佘祥林案中，被害方组织220名群众签名上书，要求对"杀人犯"佘祥林从速处决。③ 在赵作海案中，村民们启动的"民间审判系统"，普遍深信不疑地认为赵作海杀死了赵振裳，"对于赵作海，当地人皆曰可杀"，④ 甚至与赵作海和赵振裳存在"暧昧关系"的杜金慧成为了村民们眼里的荡妇，赵作海案被戏称为"一个女人引发的血案"。⑤ 如此强大的社会舆论压力下，做出两次退侦的检察官在赵作海案曝光后坦陈：

---

① 具体参见陈永生《论刑事错案的成因》，《中外法学》2015年第3期；陈永生《我国刑事误判问题透析》，《中国法学》2007年第3期；陈永生《冤案的成因与制度防范——以赵作海案件为样本的分析》，《政法论坛》2011年11月第29卷第6期。

② 殷红：《无罪辩护》，《中国青年报》2001年9月12日。转引自陈永生《冤案的成因与制度防范——以赵作海案件为样本的分析》，《政法论坛》2011年11月第29卷第6期。

③ 唐卫彬、黎昌政：《就这样，佘祥林把妻子杀了11年》，《新华每日电讯》2005年4月8日。转引自陈永生《冤案的成因与制度防范——以赵作海案件为样本的分析》，《政法论坛》2011年11月第29卷第6期。

④ 刘刚："检讨赵作海案"，《中国新闻周刊》2010年第20期。转引自陈永生《冤案的成因与制度防范——以赵作海案件为样本的分析》，《政法论坛》2011年11月第29卷第6期。

⑤ 王建平：《一个女人引发的血案?》，《新快报》2010年5月12日。转引自陈永生《冤案的成因与制度防范——以赵作海案件为样本的分析》，《政法论坛》2011年11月第29卷第6期。

"如果当时释放赵作海,社会效果无法估计,放大了讲,关着他就是政治需要。"① 为此,陈教授指出社会舆论具有四个方面的弱点,导致其必然成为造成冤假错案发生的又一原因:其一,社会舆论是感性而非理性的。受情感的驱使,社会舆论可能罔顾法律、规则,陷入恣意妄为。其二,社会舆论是飘忽不定的,随着情势的变迁可能不断波动,即所谓"民意如流水"。目睹被害人痛苦万分,可能认为犯罪人罪该万死;而一旦得知犯罪行为的实施是因为被害人的恶行(如与犯罪人配偶通奸)所引起,又可能认为犯罪人情有可原。其三,社会舆论经常漠视少数人的意见,导致牺牲弱势群体的利益,② 出现所谓"多数人的暴政",而这是现代宪政坚决反对的。其四,就刑事司法活动而言,相对于亲自审理案件的裁判者,公众对案件的了解往往并不全面,因而社会舆论经常容易陷入偏颇。

4. 归因于公检法重配合、轻制约的诉讼体制和侦查中心主义的诉讼特征

虽然我国刑事诉讼相关立法规定公安机关依法侦查犯罪,检察院依法审查起诉,法院依法独立审判的诉讼职责分工,体现互相制约、层层过滤的程序制约机制,互相配合共同承担着打击犯罪以维护社会安全的职责,但在司法实践中三机关往往制约不足、配合有余。学者们的实证研究表明,公、检、法机关过分重视相互配合而轻视相互制约是导致发生错案的体制根源。③ 在汪建成教授研究的 16 起错案,金泽刚教授研究的 19 起错案以及陈永生教授实证研究的 20 起冤错案件,从总体态势上表明这些错案在诉讼程序过滤与制约上已经失效。在陈教授研究的 20 起案件中,有 9 起存在不同阶段的补充侦查,其中有 2 起曾被 3 次退回补充侦查,有 1 起曾被 4 次退回补充侦查,尤其是李化伟案,除被 4 次退回补充侦查外,还经历了 5 次合议庭讨论、3 次审判委员会讨论、3 次向上级法院请示,但是这些案件最终还是都被作出了有罪裁判。④ 对此,王敏远教授认为起诉、审判均告失守,表明两道防线均失效,而补充侦查、发回重审都不能避免冤假错案的发生,则说明从证据制度、辩护制度、强制措施等方面寻找错案产生的原因并没有找到根本,我国刑事诉讼中的侦查中心主义特征

---

① 参见陈永生《冤案的成因与制度防范——以赵作海案件为样本的分析》,《政法论坛》2011 年 11 月第 29 卷第 6 期。
② 参见张泽涛《"议行合一"对司法权的负面影响》,《法学》2003 年第 10 期。
③ 参见陈永生《我国刑事误判问题透析》,《中国法学》2007 年第 3 期。
④ 参见陈永生《论刑事错案的成因》,《中外法学》2015 年第 3 期。

才是问题的关键。① 对刑事诉讼机制错案形成的特征描述，卞建林教授进行了精彩论述："由于职权配置、运行机制、程序设置等方面存在不足，使我国的刑事诉讼呈现以'侦查为中心'的实践样态。侦查机关满足于破案抓人，不能全面客观及时地收集证据，给后续的审查起诉和审判工作造成很大困扰。检察机关对侦查监督乏力，法院对审前程序无所作为。检察机关的审查起诉和法院的法庭审判，主要依据侦查收集的证据和形成的卷宗，实际成为对侦查结论的确认和维护。既造成审查和庭审走过场，流于形式，也难以防范和纠正冤错案件，出现'起点错、跟着错、错到底'的奇特现象。"②

5. 归因于对公安司法机关办案经费投入不足

办案经费投入与刑事错案之间的关系也得到了学界研究的重视，有研究认为对公安司法机关办案经费投入不足是导致误判的经济根源。③ 对此，陈永生教授从四个方面进行了论证。④ 其一，由于司法经费不足，导致科技手段应用受限，因而刑讯逼供现象丛生，形成口供为主的侦查模式，易于产生冤假错案。其二，司法经费不足，再加上物证收集与鉴定成本过高，从物证展开侦查难度大，导致办案机关不得不从其他与案件事实并无直接联系的因素出发，导致与被害人有亲近或冤仇关系的人成为犯罪嫌疑人，直至最终导致误判冤案。在陈教授实证研究的20起冤假错案中有12起案件犯罪嫌疑人与被害人有某种关系，其中犯罪嫌疑人与被害人是夫妻关系的有5起，表现明显。其三，司法经费地区差异影响到了冤假错案的分布。对比论证认为东北和中部地区与社会转型与经济发展迅速的东部沿海地区几乎同步，因而社会控制能力减弱、流动人口增加、犯罪率攀升，但东北和中部地区经济增速比东部沿海慢，导致经费不能增长，甚至可能减少，双重因素导致案均经费减少，案件质量通常随之降低。其四，实证研究的20起冤案表明，被告人全部属于社会地位较低的阶层，不能得到重视，在经费紧张的情况下，司法经费投入会因社会阶层差异而不同，必然导致被冤枉的被告人往往是社会底层的人。虽然对冤错案件与司法经费之间关系的论证并不一定完美，但司法经费不足早已不是一个新

---

① 参见王敏远：《死刑错案的类型、原因与防治》，《中外法学》2015年第3期。
② 卞建林：《扎实推进以审判为中心的刑事诉讼制度改革》，《人民法院报》2016年10月11日，第3版。
③ 参见陈永生：《论刑事错案的成因》，《中外法学》2015年第3期。
④ 参见陈永生：《我国刑事误判问题透析》，《中国法学》2007年第3期。

生问题，而是司法工作长期存在的问题。经费不足，必然导致工作动力和工作保障性不足，确实会整体上影响办案质量，这确实是不言自明的。

6. 归因于利益驱动

有研究认为"办案机关基于利益驱动而破坏公平甚至不惜制造冤假错案，是中国司法实践当前存在的一个十分严重的特殊问题"① 对此，田文昌大律师从两个方面论述了利益驱动的理由。一是办案机关与利益相关人的权力寻租。此即利益相关人与办案机关进行权钱交易，攫取经济利益，比如借助公权力插手经济纠纷，从中获取利益、好处。二是截留涉案资金作为办案经费的利益驱动。即为了解决办案经费不足以及某些单位或个人的私欲，将涉案财产、资金进行截留使用，为达到目的，因而更倾向于有罪追诉，妨碍法院作出无罪判决。利益驱动下的司法办案必然带来的是为了经济利益，无论是基于单位获利还是个人私欲，都将影响办案的公正，导致有罪追诉与有罪裁判，冤假错案必然相伴而生。"因办案机关利益驱动而妨碍司法公正导致冤假错案，其原因与监督机制有关，更与涉案资金提留的政策有关。这是我国目前所特有的、严重的，也是亟待解决的问题。"②

7. 归因于有罪推定思想严重

有罪推定思想一直是学界广泛诟病的一个司法实践问题。在死刑冤假错案问题研究中，这也成为了学界探究错案根源的一个诘问点。具体表现就是疑罪从轻的处理，只采纳有罪证据，忽视无罪证据，偏听偏信等，比如汪建成教授统计的 16 起案件中全部存在"多次口供，只采纳不利于被告人口供"详细情形，其中 14 起案件存在"偏听偏信，只采纳不利于被告人的证据，对有利于被告人的证据视而不见"的具体情形。③ 而在具体个案实证研究中，陈永生教授专门从赵作海冤案的诉讼环节中论说了公、检、法人员的有罪推定的做法。④ 比如赵作海案，拓城县公安机关在无名尸的身份无法确定、其他许多证据相互矛盾、不具备移送审查起诉条件下起诉，甚至在检察院退回补充侦查两次仍存在严重证据问题的情况下，不

---

① 田文昌：《冤假错案的五大成因》，《中外法学》2015 年第 3 期。
② 同上。
③ 汪建成：《论证据裁判主义与错案预防——基于 16 起刑事错案的分析》，《中外法学》2015 年第 3 期。
④ 以下赵作海案有罪推定做法参见陈永生《冤案的成因与制度防范——以赵作海案件为样本的分析》，《政法论坛》2011 年 11 月第 29 卷第 6 期。

仅坚决要求检察院提起公诉,而且请求商丘市政法委介入协调,强迫商丘市检察院提起公诉,属于典型的有罪推定的做法。检察机关在补充侦查后、证据存疑状态下仍不做疑罪不起诉的决定而一再要求公安机关继续侦查的潜台词是:检察机关也相信赵作海是有罪的,只是证据不足而已,这是一种有罪推定的思想和观念。在审判过程中商丘市中院对赵作海案没有做无罪判决而判处了死刑缓期执行则属于疑罪从轻的典型表现。商丘中院刑一庭庭长杨松挺在赵作海冤案曝光后坦陈:"这个案件当时判死缓,就是合议庭在审理这个案件的时候,认为这个案件存在疑点,是一个疑难案件,也是一个存疑案件,那么应当留有余地地进行判决,不适宜判处死刑立即执行,所以这个案件最后拿出一个死缓的意见。"① 更为严重的是念斌案、石东玉案等在最高院或者省高院通过死刑复核或者二审程序作出不予核准死刑或者撤销原判的裁定后,仍会在没有新证据的情况下再次作出死刑裁判。

8. 归因于矛盾冲突的理念误区与主观偏见的诉讼认识

作为冤假错案的深层次原因分析,诉讼改革过程中处于转型中的诉讼理念冲突以及体现诉讼认识主观性偏差的认识观念也引起了学界的关注。对此,田文昌大律师有过精彩的论述:② 其一,存在以"实事求是"目标来否定"无罪推定"原则的,理由是我们既不要无罪推定也不要有罪推定,而是实事求是。存在实事求是的认识哲学与无罪推定的诉讼价值原则的认识分歧与误区。其二,存在"既不冤枉一个好人,也不放过一个坏人"的政治口号与"疑罪从无"原则的冲突问题。"不枉不纵"的主张是一种理想的境界追求,但在具体实践中却是一个逻辑冲突的命题。因为,当具体案件因证据不足而面临"宁可错放"和"宁可错判"的冲突时,只能是要么选择疑罪从无,要么选择疑罪从有,而并无中间道路可走。其三,客观真实论、法律真实论的认识论争论导致司法认识与裁判无从选择,会导致"并重"论调的双重标准和偏重选择的话语权威和主观适用随意。其四,"打击犯罪"和"保障人权"并重的诉讼目标追求会因其具体司法适用上的矛盾冲突而无所适从——两者只能选其一,或者忽左忽右。对此,田大律师总结道:以"实事求是论"否定无罪推定原则,以"不枉不纵论"否定疑罪从无原则,以及"客观真实与法律真实并重论"和"打击犯罪与保障人权并重论",不仅暴露出其认识自身的逻辑冲突,

---

① 石玉:《赵作海讲述被刑讯逼供细节》,《南方都市报》2010年5月12日。
② 诉讼理念的冲突论述参见田文昌《冤假错案的五大成因》,《中外法学》2015年第3期。

而且还反映出证据标准和诉讼理念的不确定性。更重要的是，正是由于这些理念上的误区，使人们难以摆脱有罪推定、疑罪从有、客观真实论和重打击而轻人权的滞后观念。而这些滞后观念则是铸成冤假错案和阻碍纠错的深层原因。① 此外，还有学者从人所具有的各种心理偏差，如"隧道视野"（Tunnel Vision）、"证实偏差"（Confirmation Bias）、"信念坚持"（Belief Perseverance，Belief Persistence）、"重申效果"（Reiteration Effect）、"后见偏差"（Hindsight Bias，"Know-it-all-along Effect"）、"结果偏差"（Outcome Bias）、"正当事业腐败"（Noble Cause Corruption）、"情感附着"（Emotional Attachment）、"动机偏差"（Motivational Bias）、"目标追求"（Goal Pursuit）等方面论说了冤假错案发生的主观认识的深层原因。②

第四节 我国死刑冤案证据问题反思

面对学界广泛而深入的死刑冤假错案问题的分析与研究，不得不承认我国司法证明的证据制度存在诸多的漏洞与不足，学界的批驳鞭辟入里，入木三分。但批评过后，我们又不能不静心反思，在死刑冤案的证据问题研究中，我们的研究立场是否足够客观，研究的方法是否真正科学，研究的结论是否对症治病，伴随而来的制度完善是否会陷入"钱穆制度陷阱"。③ 因此，必要的反思有助于反躬自省，正本清源，多些审慎，少些盲目，多些冷静，少些激进，抓住根本，防止逐末。

一 真凶再现、亡者归来——死刑冤案纠错并非主动为之，而是被动展开

我国死刑冤案的再审启动难成了冤错案件纠正的制度障碍，"有新的证据证明原判认定事实确有错误"的启动条件要求虽然实现了裁判的即决效力，具有稳定司法裁判的效果，但也成为冤案难以纠正的司法桎梏。

---

① 田文昌：《冤假错案的五大成因》，《中外法学》2015年第3期。
② 具体论证参见黄士元《刑事错案形成的心理原因》，《法学研究》2014年第3期。
③ 参见王永杰《易发生、难纠正：我国错案运行机制的社会学考察》，《犯罪研究》2010年第6期。

由此引发了近些年对再审启动难问题的研究热潮。① "真凶再现""亡者归来"以一种近乎彻底的原判实质错误的形式，以一种司法被动、不得不予以纠错的方式成为冤案平反的主要动因，让司法自主纠错机制打上了大大的问号。对此笔者的实证研究表明，19 起死刑冤案中，真凶再现和亡者归来的情形占比达到 73.7%，申诉、自查占比 26.3%（参见本章后附表）。而在陈永生教授进行的实证研究表明：② 20 起冤案得以纠正的原因都极其偶然，没有一起是因检察机关或者法院主动启动救济程序予以纠正，所有案件都是因出现真凶或故意杀人案件中被害人"复活"而得以纠正。不仅如此，20 起案件中，除 2 起因收集到的资料不足无法查清当事人及其亲属是否提出申诉外，其他 18 起案件当事人或其亲属都提出了申诉，但有关机关都不予理会，20 起冤案中没有 1 起是由当事人提出申诉而启动救济程序的。不仅如此，有些办案机关还以种种借口将提出申诉的犯罪嫌疑人、被告人的近亲属予以关押。在本文研究的 20 起冤案中，有 3 起案件（佘祥林案，黄亚全、黄圣育案，丁志权案）办案机关都是因为犯罪嫌疑人、被告人的近亲属提出申诉而将其关押。在佘祥林案中，佘祥林的母亲杨五香因不断上访被关押 9 个多月，在看守所被打得耳聋眼瞎，不能行走，释放后 3 个月死亡；哥哥佘锁林也因不断上访被关押 41 天，担任的治保主任、预备党员也被撤职和开除。这不能不让人对我国刑事司法制度的纠错能力感到忧虑。难怪有学者撰文惊呼："如果没有发现真凶怎么办？"③ 这固然有再审纠错功能有问题外，还应有更深刻的反思：我们的司法证明不仅生产冤案，而且司法证明过程也无法完全过滤掉所有冤案，更没有有效的自省性的司法纠错机制，纵使死刑这样如此严重的案件也不能幸免。因此，如何从"错案发生——被动应对"转向"错案未发——积极防治"，力求在悲剧发生前就先做好"体检"。④ 从结果性惩治向过程性预防和司法性救济转变是必然的改革路径。而在这一改革思路中，除了发现司法证明中的证据问题及其成因外，是否更应该反思为什么

---

① 具体参见何家弘《刑事错判证明标准的名案解析》，《中国法学》2012 年第 1 期；张保生《刑事错案及其纠错制度的证据分析》，《中国法学》2013 年第 1 期；陈永生《我国刑事误判问题透视》，《中国法学》2007 年第 3 期；李奋飞《刑事误判纠正依赖"偶然"之分析》，《中外法学》2015 年第 3 期；郭欣阳《冤案是如何发现的》，《中国刑事法杂志》2007 年第 6 期等。
② 参见陈永生《我国刑事误判问题透视》，《中国法学》2007 年第 3 期。
③ 如龙宗智《如果没有发现真凶》，《中国青年报》2001 年 12 月 3 日。
④ 王守安、董坤：《美国错案防治的多重机制》，《法学》2014 年第 4 期。

司法证明程序制度不能够及早发现和过滤掉这些证据问题？纠错机制为什么不能有更多的主动机制，能从司法证明的规范要求而不是被动地实质性错误去纠正错误的司法证明呢？这些更深层次的问题也许才是研究死刑冤错案件的根本价值所在。

二 死刑冤案证据问题具有普遍性而非特殊性

前述对冤假错案的证据问题研究所得出的刑讯逼供、暴力取证、鉴定存疑、辨认错误、缺乏关键证据等证据问题以及排斥辩护、忽视无罪证据、盲目崇信鉴定意见、过度依赖口供等原因，尤其是行政干涉、理念误区、错误刑事政策、利益驱动、经费不足、屈从社会舆论、互相配合的诉讼构造等深层原因具有一定的合理性，不能不说这些是造成死刑冤案的证据问题。但是这些证据问题及其成因是否是死刑冤案以及冤假错案所独有的问题呢？这不能不引起我们的反思：这些证据问题及其制度、政策的背景原因是学界一直诟病的问题，也是制度改革需要进一步梳理与完善之处，而并不一定就是死刑冤案，甚或冤假错案的独有问题。而且，所有的这些证据问题研究都具有一个共同特点，如同真凶再现、亡者归来引发的再审程序一样，学术研究是在出现冤案后的事后诸葛亮式的研究，所发现的证据问题是学界与司法实务界一直诟病的普遍性问题而非死刑冤案所具有的特殊性问题。因此，揭露的证据问题并不一定是死刑冤案所具有的特殊病因，而是一般性病因。

三 研究立场是否足够客观与中立，偏颇求疵研究是否合理

对死刑冤案和冤假错案的证据问题研究，学界还有一个特点就是普遍性的、扫网式的、吹毛求疵式的研究。只要能与产生司法错误有关的任何细节、关联原因、甚至是报纸、新闻等的言论都作为支撑性材料，这种明显地带着"找病"的方式进行的研究，具有了立场上的偏颇型，而少了一种客观和冷静，深思与审慎。由于是带着"找病"的立场进行研究，无论是理论思辨性的研究，还是实证性研究，都具有一种"鸡蛋里挑骨头"式的研究，缺少了死刑冤案和冤假错案中的证据问题与司法大环境中的证据问题的对比性分析。比如，刑讯逼供的取证方式，在所有案件中的占比和在死刑案件中的占比以及死刑冤案中的占比的对比性分析，这种对比性分析，可以更清楚地说明刑讯取证在司法证明真实发现上的功能利弊分析，也能更深刻地揭示刑讯产生错误供述的细节性原因。因为，刑讯取证被诟病，并不是真实发现的问题，更多的是人权保障的问题，警戒警

察违法的原因。因此，从死刑冤案角度认为是刑讯取证的原因，有偏颇之嫌，有欲加其罪何患无辞的感觉。其他的，诸如忽视无罪证据问题、辨认错误问题、鉴定存疑问题等都不尽然就是冤假错案发生的特殊性原因、根本性原因；至于有罪推定思想、行政干涉、社会舆论等深层原因、间接原因更是如此了，这些问题不能说仅仅是死刑冤案、冤假错案的成因问题，而是整个司法制度乃至制度环境的普遍性问题。这种带着立场的研究方式，所得出的研究结论的说服力并不是很强的，也不具有真正的"对症下药"的西医治疗方式，而可能是我国传统的全面调理的"中医疗法"。固然中医疗法具有全面性、治本的好处，但治标所要求的真正病因却无法在学术研究中真正呈现，这不能不说是学术研究的一大憾事。

四 苛求司法证明中的每一个证据都是"纯真"是否现实与可行

在冤假错案的证据问题研究中，学界将错案的发生无疑地都会归于具体的一个个证据错误或者存疑上面。比如前述的刑讯取得的虚假口供，证人的不实证言，错误的辨认，存疑的鉴定意见等。从整体的、最终的事实认定上，错误在很大程度上是由于采信了不实的证据所致，比如佘祥林案中错误辨认导致错误认定被害人，最终酿成错案；呼格吉勒图案中过度相信刑讯取得的虚假口供导致错杀无辜等。那么错案的发生真的应该归咎于这一单一的不实证据吗？是否所有搜集的证据都必须要绝对真实吗？因此，有必要反思：真假是永恒矛盾的概念范畴，证据必然是真假共存的客观事物，即虚假证据产生具有不可避免性。比如犯罪嫌疑人、被告人会主动弄虚作假，进行抵抗狡辩，证人会因为认知、感知、记忆上的缺陷导致证言不实，辨认客体的特征变化也会让辨认失真；鉴定认知能力水平以及各种取证手法上的缺陷、疏忽、污染等导致证据失真，这都是不能完全绝对避免的，因此，将错案归咎于存在单个证据的不真实，这未免让单个证据所承载的责任过大。其次，还存在人为的主观造假现象发生，比如刑讯逼取的口供、暴力取得证人证言、引诱进行的辨认等，这也说明证据存在虚假是不可避免的。再次，证据事实的认知就是一个概率性问题，概率并不是百分之百的绝对真实，以 DNA 鉴定意见为例，这也仅仅是一种高概率的认知行为，而并不能绝对地说 DNA 鉴定意见是绝对准确的。如此，那些靠人平常感官、语言、客观环境多变影响的物证信息来证明，怎可保证极高概率的准确性呢？既然证据虚假具有不可避免性，是否就可以为证据虚假开脱呢？问题的关键不是一个个证据是否绝对真实的问题，而是司法证明的过程在过滤虚假证据，体系性司法证明上存在根本缺陷，才致使收集的虚假证据通过了司法审查，成为定案的根据，冤案也就因而发生。

五　过分归罪证据收集工作，突出强调证明标准设置与运行错误是否合理

从前述我国死刑冤假错案中的证据问题成因分析，不难发现一个特点，究问证据问题的根源最终都会落到侦查机关收集证据上的错误与疏漏，违法甚至主动制造虚假证据的起因问题上，因而提出是"侦查中心主义"的诉讼观念所致。针对最终的错案判定，往往归咎于死刑冤错案件证明标准问题上，归因于疑罪从有错误观念所致。甚至，在死刑冤错案件的再审救济程序问题研究上，也多是围绕"证明标准"问题而展开，阐述再审启动的证明标准过高导致死刑冤错案件救济难。[①] 对这些研究认识，不能不说其研究结论不是正确的，但是，这里似乎还有一些疑问值得思考。首先，在承认侦查取证有导致虚假错误证据产生的前提下，是否应该考虑为什么检察审查证据，庭审质证、认证各个环节没有发现这些错误？而简单地以证明标准的把控问题来脱责？其次，证明标准问题的长期研究表明，虽然它不是"乌托邦"式的不可触及的虚幻理念，但它并不是如同"标尺""秤砣"可以准确定量权衡的测量仪。它永远发挥的是一般意义上的，观念上的，定性指引。尤其是个体观念、经验、理性、道德的差异上，必然会有证明标准认知上的不确定性。因此，究问"证明标准"的错误，以其为背负责任承担的理由，未免有"脱责"之嫌。再次，在死刑冤错案件证据问题的研究上，研究者的目光更多地集中于寻找证据错误及错误的成因，以及错误救济两个方面，并且陷入了不断的错误改正、救济制度完善的循环怪圈——"钱穆制度"陷阱。是否应该将目光引向到如何实时发现证据错误的方向上来，通过制度设计将容易产生错误的证据及时发现、过滤，以更少发生错案。一味地归咎于努力工作的侦查取证人员，会给人以一种"谁干活，谁有责任，不干活也就无责任"的认知怪圈上来。无论是"重配合、轻制约"的诉讼制度运行现实，还是三机关联合办案，政法委统一协调办案，都不能是错案发生的直接性原因，仅是司法证明诉讼制度本身不完善而致错误制度得以畅行的间接制度障碍。完善司法证明的程序制度设计，构建错误证据及时发现的审查机制，是所有证据完善举措中最为重要的方面，也是根本的方面，因为这是

---

① 参见何家弘《刑事错判证明标准的名案解析》，《中国法学》2012年第1期。

证据适用的现实路径。

第五节　死刑冤错案件的证据控制方略

基于学界对死刑冤错案件证据问题的研究成果，辅以笔者对 19 起死刑冤错案件的实证研究以及对学界研究成果的反思，不无俗套地提出死刑冤错案件的证据控制方略。

一　完善证据规则体系

无论证据真实的保障，还是人权价值的考量，都需要对证据及其司法证明活动进行规则规范；不论是域外成熟证据制度的引进，还是域内证据制度运行的实践经验都表明我国证据制度规范需要进一步充实与完善；不仅是死刑冤错案件令人痛心的证据问题，还是众多的司法实践中证据错案实例都表明完善证据的收集规则、审查规则以及司法证明的程序规则都是必然的趋势。相较于域外，尤其是英美繁杂的证据规则体系，我国证据规则的完善应立足我国司法实践中的证据运用的突出问题开始构建。在具体规则构建中应该充分借鉴域外成熟的规则体系。比如非法证据排除规则就是学界充分研究域外非法证据排除规则的理论、制度、规范并结合我国司法实践中长期存在的刑讯逼供的侵权取证行为而创设的体现我国特色的证据规则：其从非法刑讯口供和暴力、威胁取得证人证言排除，到收集程序违法，可能严重影响司法公正的物证、书证的排除规则体系构建呈现一个渐进的发展路径，进一步完善内容将是对瑕疵证据中的情形逐步纳入非法证据范畴，而不是更多地采取瑕疵补正的方式来处理，以实现证据规则规范的刚性要求，更合理的规制取证行为。在已有的意见证据规则、原始证据优先规则、口供以及利害关系人，生理上、精神上有缺陷人的补强证据规则，品格证据规则、传闻证据规则等的雏形基础上需要进一步丰富与完善外，还需要构建实物证据的鉴真规则[①]，更准确地说应该是借助科学技术手段的司法鉴定活动构建实物证据与案件关联关系的规则。还应该构建证据保管链规则，确保证据从来源到运送、存储、庭审应用等各个环节的证据真实性、一致性，比如不能通过鉴定、辨认以及证据保管链证明证据来源的，证据不可采用。有必要构建的证据规则还有：重特大案件生物检

[①] 参见陈瑞华《实物证据的鉴真问题》，《法学研究》2011 年第 5 期。

材 DNA 鉴定必要性规则，如前文第四章所述通过 DNA 鉴定技术构建更丰富、准确的证据锁链关系；录音、录像固定证据规则，借助先进的电子与视频科技，对司法证明的各项活动进行动态的、全景式的、完整的备份固定，是实现司法证明准确、复查、验证的重要规则制度；无名被害人身份必须通过指纹、DNA 鉴定确认规则，以避免以往通过视觉辨认导致冤错案件发生的教训再度发生[①]。证据规则的丰富与完善，既是证据理论研究的结果，也是司法实践经验的总结，还有域外证据规则规范的借鉴与发展，这是我国证据制度发展的必然趋势，是实现司法证明文明化、人权保障性、司法公正目的必然要求，更是准确惩罚犯罪，避免冤假错案发生的必然规则规范要求。

二 构建死刑案件证据收集指引规范

在普遍性的证据规则规范的基础上，为实现诸如死刑案件的司法证明的准确性、充分性，有必要因应我国"审判为中心"的诉讼制度改革需要，以庭审证据证明要求为基本规范指引，提升死刑案件证据收集质量。从证明对象角度分析，首先，细化定罪证明的对象范畴，除以犯罪构成规范事实为核心证明要素外，要对犯罪主体资格要素（比如有无刑事责任能力等）、犯罪起因、被害人过错有无等进行明确，以此来指引应该收集的具体的证据内容；其次，细化量刑证明的对象范畴，除了法定的量刑情节外，需要对酌定量刑情节进行细化，其中有关适用死刑的量刑情节事实必须成为证明对象。从证据种类角度分析，要结合细化的证明对象梳理需要收集的证据类型，实现证据内容与证明对象的对应关系。从证据资格角度分析，要以证据规则规范要求为依据，确保取证行为的合法性。从司法证明的充分与准确角度分析，证据规范收集指引要体现出证据内容的真实性，证据种类的多样性，证据内容上的互相补充印证性。更具体的，要结合死刑案件的不同犯罪类型，构建类型化的死刑案件证据收集指引。对此，除了以刑法规范的不同犯罪类行进行一般规范指引外，更应该以具体某类罪名进行证据收集规范指引，如杀人类案件的死刑案件证据收集指引；爆炸类案件的死刑案件证据收集指引；投毒类案件的死刑案件证据收集指引；武装叛乱、暴乱罪的死刑案件证据收集指引；劫持航空器罪的死刑案件证据收集指引；等等。证据收集的规范指引需要以法院定罪量刑的证据要求为准据，可构建由五部委联合发文的形式进行规则规范指引，并

---

① 比如前述佘祥林案中对死者人身的辨认错误。

形成长效的工作机制，不断地修正与完善死刑案件的证据收集规范指引制度。

三 完善而充分的证据开示制度

我国法律注重强调公安机关、检察院的客观义务，指出其不仅仅具有追诉犯罪的法定职能，更有客观、全面收集证据，以确保准确查明案件事实的义务，真正做到不枉不纵。但从司法实践的现实状态，尤其是已经发生的众多冤假错案来看，双重冲突义务导致公、检机关具有"精神分裂"的可能，因此，常态的公安、检察院多是以追诉犯罪为基本职能的，表现在证据移送上，基本是移送不利于犯罪嫌疑人、被告人的证据，留存或者销毁有利被告人的证据。再加上辩护权保障上的不足，辩护方取证能力受限，无法形成有效的制约，因此偏颇型的证明态势成为庭审的基本形态，庭审有罪判决率几近百分之百。为形成有效的庭审证据质证效果，实现庭审司法证明的实质化，我国 2012 年刑诉法及其相关司法解释，尤其是"推进以审判为中心的诉讼制度改革"，已经极大地推进了我国诉讼证明制度的完善。基此，应该继续贯彻、完善的改革举措有如下要点：一是构建公安机关、检察院全案移送全部案件证据制度，即对侦查与审查起诉过程中收集的所有证据都应该移送，可依托电子信息网络系统，电子卷宗等制度实现移送的充分性、便捷性、效率性。这样，可为后续阶段的查证与证明提供客观而全面的证据资料，有利于更真实地揭示司法证明的真实全貌。二是审查起诉阶段、庭前会议阶段的阅卷制度要继续贯彻落实。阅卷的范围应该是全部移送过来的所有证据材料，既包括不利于犯罪嫌疑人，更主要包括有利于犯罪嫌疑人的证据。其中对非律师辩护人，可因为国家秘密、商业秘密、个人隐私等不予公开，但此类不公开不应适用于律师辩护人。在充分保障辩护人辩护权利的基础上，辩方也应该有公示证据的义务，实现双向的证据开示。其中属于无罪证据、不负刑事责任类的证据应该是必须公开的证据，以体现司法效率，避免冤枉无辜。证据开示不仅应在审查起诉阶段来进行，在庭前会议阶段也应该进行，因为随着诉讼的进行，到开庭前会有新的证据出现，因此，庭前会议阶段的证据开示显得更为重要。除了明确双方的争议焦点，确定庭审质证的实质内容，通过庭前会议阶段的证据开示可让双方对争议证据与争议焦点有更充分的认识，避免庭审诉讼突袭，不利于庭审证明的有效开展，不利于实质真实的发现。也就是说，不能构建那种以诉讼技巧破坏真实发现的庭审证明机制。我们的司法证明制度应该以实现最大限度的真实发现为第一要务，构建充分的证据开示制度是实现辩护权对取证权的矫正目的，发现事实查明上的疏漏与错误，在对抗式的正反证明机制下，最大限度地实现实质真实发现目的。

四 搭建充分、切实的质证程序制度

庭审质证作为证据资格审查的最后环节，作为控辩双方直接正面交锋的主战场对确保证据资格切实实现具有一锤定音的作用。因此，庭审质证的实质化，庭审质证的充分性具有极为重要的意义。在"推进以审判为中心的诉讼制度改革"的大趋势下，庭审证明实质化将是必然。为了实现庭审证明的实质化，关键在于实现控辩有效对抗和当庭质证，实现"事实证据调查在法庭、定罪量刑辩论在法庭、裁判结果形成于法庭"的局面。为此在2012年新刑事诉讼法及其相关解释、规定以及《关于推进以审判为中心的刑事诉讼制度改革的意见》的规范制度基础上，需要进一步地制度完善与拓展构建。

一是完善证人、鉴定人出庭作证制度。建议取消"法院认为有必要"的制约因素，而以控辩双方的争议是否存在与合理为判断基准，切实维护庭审被告人对证人的对质权，这也是两权公约的权利保障精神；对于重特大案件尤其死刑案件应该构建对案情有重要影响的证人均要出庭作证制度，实现证人证言证据真实性的有效实现；应该探索建立（远程）视频作证、遮蔽容貌、不公开作证等证人出庭作证新形式，构建充分有效的审判前后的证人保护制度；在经济补偿制度方面应该废除以证人工作有无来确定补偿标准的立法，构建证人经济补偿平等制度，针对辩方证人不愿出庭、害怕出庭等现实，建议可建立辩方证人出庭作证补偿标准高于控方证人的补偿制度，以促进辩方证人的出庭作证意愿；明确规定不出庭证人的范围，以规范指导证人出庭的范围；立法取消应当出庭而不出庭作证证人证言笔录的证据资格，将与此相悖的证言笔录等证据合法性的规范取消，构建唯有出庭作证，并经质证的证言证据资格效力；鉴定人出庭作证以及侦查人员出庭作证制度同步跟进，同样在出庭情形、不出庭范围、专家辅助证明等方面进行具体化规范。

二是构建与完善合理有效的庭审质证程序规则制度。质证顺序、质证规则（比如禁止诱导规则、主反询问范围等）、质证内容关联性等基本规则上进行构建完善；针对鉴定意见进行的专家辅助证明程序规则构建（比如专家辅助人出庭规则、质证顺序、鉴定人回应、控辩双方以及法官的明确异议等方面）；针对特殊情形采取的庭外调查核实程序以及不公开的质证程序构建（比如针对人身保护等考虑的技术侦查证据的庭外核实程序规则，针对不公开质证的证据质证规则等）。

三是构建定罪与量刑证明分离质证的程序规则制度。在基本的定罪质证规则制度基础上，构建量刑证明的质证程序，针对需要单独进行质证的量刑证据，以及需要在量刑证明方面需要重新质证的定罪与量刑关涉证据的质证，实现量刑证据质证的特殊要求。这在诸如死刑的严重犯罪案件中显得尤为重要，因为量刑证据有其证据资格、证明效力等方面的特殊性，需要单独规范与质证证明。

四是完善非法证据排除规则程序制度。因为被排除证据的污染性，建议在庭前会议解决非法证据排除问题，或者构建非法证据排除单行程序（比如由非审判法官主持进行的非法证据排除程序，解决非法证据的资格问题）。在非法证据排除程序中需要规范解决控方举证证明的方式与规则，解决司法实践中存在的警察出庭作证走过场、书面情况说明、宣誓保证等不当做法。

五是构建瑕疵证据不得补正规则。由于我国 2012 年刑事诉讼法及其相关司法解释规范了一些可以进行补正证明的瑕疵证据，因其迎合司法实践长期存在的不断补正完善的做法，并不能收到很好的治愈违法取证的现象，因此，建议瑕疵补正程序规则应该在审前程序运行，构建庭审瑕疵证据不得补正的刚性规则，是否采证由控辩双方质证，通过双方协议或者法官裁量方式来进行证据认定。以此，反促审前取证行为的合法性和合规性。

五　构建司法证明充分而完备的辩护制度

辩护权保障是确保司法证明全面、客观、准确的重要支撑，缺其一脚，司法证明的事实大厦将地基不稳，必将有倾覆危险——冤错案件发生。因为司法证明不仅是证据裁判原则的应用，更是控辩双方平等武装、查疑去惑、去伪存真的证明过程。辩护是实现司法证明角力平衡的重要一方，缺少辩护或者辩护不充分，必然形成偏听偏信的单向证明局面，必然会影响司法真实镜像的呈现，也是对程序平等价值的违背。2012 年新刑事诉讼法已经让我国的辩护制度前进了一大步，最为集中地体现在侦查阶段的辩护权，比如侦查阶段的法律帮助权变成了真正意义上的律师辩护权，并且在会见权、通信权和知情权等方面予以了立法规范。基于此，还需要进一步地完善我国的辩护制度，以实现最大限度地发现真实，防止冤枉无辜。首先，律师调查取证的多种形式（比如直接调查取证、申请检察院、法院调查取证、申请调取证据等）需要向侦查阶段延伸。因为调查取证权才是律师职能充分发挥的重要基础，而取证的及时性需要律师取证权尽早地实现，以从有利被告取证角度制衡追诉犯罪的侦查取证。现行法律对律师是否有侦查阶段的调查取证权语焉不详，仅规范对"三无"证据（不在犯罪现场、未达刑事责任年龄、属于依法不负刑事责任的精神病人的证据）的及时告知义务，① 无法确知其是否有侦查阶段的调查取证权。对侦查阶段律师调查取证最大的担忧是怕辩护律师的取证行为影响侦查机关查明案情、追诉犯罪的目的。笔者认为，无论是侦查取证还是辩护取证，都有查明案情的目的，两者具有目的上的殊途同归。而且，多向度和对立的角度审视案情才能更全面地揭示案件的真实面目。特别强调侦查机关的追诉犯罪职能易于产生有罪推定思想，为追诉而查证的态势，不利于真实发现。虽然，律师有服务于被追诉人的主观倾向，但法律职业人所应该具有的"以事实为根据，以法律为准绳"的基本准则使然，其应该有追求事实真貌，还委托人以清白，依法维权的责任。因此，应该发挥辩护取证对侦查取证的矫正与反促功能，尽快地确立侦查阶段律师辩护取证权。对此有可能带来的负面影响，需要通过辩护取证的对象、范围、形式和方法以及检察监督、取证见证制度等跟进规范，通过法律规范实现辩护取证的合法运行，否则，侦查阶段的"三无"证据如何取得？辩护如何与侦查、控诉实现在真实发现上的真正制衡与对抗？在侦查取证已经全部结束，案情的单方证明已经定局的状态下，妄想从侦查取证的结果里吹毛求疵、"鸡蛋里挑骨头"式的反驳控诉证据体系，实难实现真正有效的辩护，更准确的发现真实。其次，更合理地规范律师伪证罪及其管辖制度。律师伪证罪是一把悬在律师头上的"达摩克利斯之剑"，虽然有警戒律师辩护取证行为合法性的目的，但也有被侦查机关随意切断"马鬃"以任意斩杀律师的风险。因此，除了更合理地规范"伪证罪"罪名的规范，使其更为合理外，更关键的是应该通过程序规范律师辩护权的合法行使。即不是以"结果"来打击而应是通过"过程"来约束。目前，笔者不建议取消该罪名，至少应该在该罪的管辖上进行合理规范使其更为合理可行，由检察院来进行追诉更为合理。律师作为国家的法律职业人员，虽

---

① 《中华人民共和国刑事诉讼法》（根据2012年3月14日第十一届全国人民代表大会第五次会议《关于修改〈中华人民共和国刑事诉讼法〉的决定》第二次修正）第四十条："辩护人收集的有关犯罪嫌疑人不在犯罪现场、未达到刑事责任年龄、属于依法不负刑事责任的精神病人的证据，应当及时告知公安机关、人民检察院。"

然形式上不具有"公职"性，但其职业内容却是实实在在的国家司法活动，共同的职业资格规范要求，理应受到法律监督权的监督；并且，由检察院对"伪证罪"进行侦查，可在一定程度上避免侦查机关打击报复辩护取证的可能性，其法律监督机关的法律地位让其有更客观、公正纠正违法行为的合理性。再次，继续充实与完善辩护制度。审前程序，需要从阅卷权的及时与全面，会见、通信的充分性，辩护意见的合理听取，调查取证权的全面实现等方面予以完善。尤其是对有利犯罪嫌疑人、被告人的证据收集、调取、展示上应该更加完善。庭审阶段在前述质证权的完善基础上，还需要明晰庭外调查核实，不公开质证的参与范围与程度以及具体规则等。当然，辩护权的实现，离不开国家专门机关的保障制度建设，需要在辩护权的告知、通知、传达、组织实施、机会提供、权利救济等方面予以完善。最后，切实实现"有效辩护"。目前，学界和司法实务界都认识到，徒有辩护权利的法律形式规范不足以实现辩护权实施效果的充分性，因此，需要在进一步规范辩护制度的同时，从制度实现角度研究辩护的有效性问题。从制度实施角度，需要制定有效辩护实现的内容与具体标准，既需要考量辩护权充分性的法律规范形式要求，更需要考量有效辩护予以量化的可行性与可能性，从辩护服务方面、服务内容、达到的各种程度效果等方面进行设计。同时，对不达辩护效果，或者缺失辩护服务法定内容的程序应该有程序制裁制度予以保障，比如对应该听取辩护律师意见而没有听取的，视为程序违法，产生诸如结果无效或者补正证明甚至重新取证的制裁措施等。

六 构建"疑罪从无""疑刑为轻"的定案裁判原则

保障无辜居于实体正义的核心地位，是正义的底线，失去这一基本价值，正义从根本上无从谈起。[1] 无论刑事诉讼目的是惩罚犯罪还是保障人权，但其更根本的价值追求将是保障无辜，因为无辜不能保障刑事司法将面临惩罚犯罪与保障人权的双重灾难。这已经是当今学界达成共识的理论认知。近些年在世界各国，尤其是我国司法实践中揭示出的冤假错案无疑是对无辜者权益的极大践踏，是刑事司法活动无法抹去的耻辱。固然，如前文所述冤假错案发生的原因多样，但在定罪与量刑证明标准不达，司法裁判存疑时的价值选择无疑是确保无辜不被惩罚的关键结点。因此，"疑罪从无""疑刑为轻"的定案裁判原则理应成为确保无辜不受惩罚的关键

---

[1] 参见宋英辉主编《刑事诉讼原理》（第二版），法律出版社 2007 年版，第 20 页。

原则。"疑罪从无"是"无罪推定"基本诉讼原则的保障性规则，为确保不会对无辜者定罪，在证据不能达到证明标准要求时应该作出"从无"处理而不是"从轻"处理。"疑刑为轻"是学界几乎没有提出过的一种量刑原则提法，但在司法实践中以及学界研究中都会有这种精神体现，也即"有利被告"原则。在定罪无疑义，也即罪名裁判可以确定之时，如果量刑刑罚存疑时，则不宜判处重刑。这点在死刑司法裁判中尤为关键，因为死刑裁判的适用对被追诉者而言将是生死两重天的境遇，将面临司法无法挽回错误的可能，死刑适用存疑时则不宜作出死刑裁判。因此，应该突出死刑量刑裁判的司法证明标准化构建，在死刑量刑证明体系构建上予以充分完善。首先，明确死刑案件定罪与量刑证明标准的统一性、规范性。对此，学界的研究论文众多，但更多的是理论性的探讨，集中于定罪证明标准与量刑证明标准的关系研究，或者统一论，或者分层论等观点。如何实现死刑案件定罪证明标准与死刑适用证明标准的统一性需要更多的努力。除了程序制度意义上裁判主体的一体化，定罪与死刑裁判表决的全体一致性以及死刑复核程序诉讼化构造的程序规制外，更应在定罪与死刑适用上对司法证明的对象予以具体化，构建更为充分的证明对象体系，实现事实情节在细节证明上的相互印证与补正功能，以此实现证明标准在证明对象上的充分性与完整性要求，实现证明标准适用范畴上的广泛性；在证明标准的认识程度要求上，定罪证明标准应该与一般犯罪证明标准一致，但在死刑量刑适用上应该采取更为严格、审慎的认识程度要求，对应该适用死刑的量刑情节事实必须达到等同甚至高于定罪证明标准的要求，对适用死刑的价值判断，要采取更为谨慎的态度，实行"克减"原则精神，尽量不用死刑，对此，可从裁判主体数量增多至9人甚至12人，以及吸收专家陪审员参与的死刑裁判组织模式，采取全体一致通过的裁判方式来实现。其次，制作翔实的证据收集规范指引（前已述及，此处再次强调）。在前述死刑案件证明对象内容全面性规范的基础上，针对各类不同的死刑罪名确立各自的证明对象内容体系，据此确定细化的证据种类、内容的收集规范指引。其中死刑量刑证明对象的细化与规范化是重要内容。对此，不仅要规范传统的罪名证明"七何要素"，而且要拓展犯罪起因、成长经历、被害人过错、罪后表现、损失赔偿等影响量刑适用的要素与情节的证明规范。此外，还要对具体的"可以"和"应当"收集证据种类和类型进行具体化规范，用于指导具体的司法实践。再次，贯彻严格的证据不足应当作出无罪裁判的原则。修改现行刑事诉讼法有关二审和死刑复核过程中可以在"事实不清、证据不足"的情况下作出"撤销原判、发回重审"

的裁判处理方式，构建"证据不足判决宣告无罪"的裁判处理规范。切实遵从"无罪从无"精神，实现"疑罪从无"的裁判原则。[①] 对"死刑"的适用，因其犯罪的罪行成立，所以在死刑适用存疑时，从有利被告的人权保障精神以及防止错杀无辜的现象发生，可以作出"从轻甚至减轻"的刑罚决定，为无辜保障、错案防范构建一个可以回旋与挽救的机会。

附表　　　　启动再审的原因以及再审改判理由分析

	真凶出现	亡者归来	申诉或自查
1. 陈琴琴投毒杀人案			√
2. 徐辉强奸杀人案			√
3. 宋庆芳运输毒品案	√		
4. 魏清安强奸案	√		
5. 王本余强奸杀人案	√		
6. 滕兴善杀人案		√	
7. 念斌投毒杀人案			√
8. 陈满杀人放火案			√
9. 萧山5人抢劫杀人案	√		
10. 张绍友强奸杀人案	√		
11. 呼格强奸杀人案	√		
12. 覃俊虎抢劫杀人案	√		
13. 黄亚全、黄圣育故意杀人案	√		
14. 郝金安抢劫杀人案	√		
15. 张辉强奸杀人案	√		
16. 杜培武杀人案	√		
17. 赵作海杀人案		√	
18. 孙万刚杀人案	√		
19. 陈世江杀人案			√
案件数量	12	2	5
所占比例	63.2%	10.5%	26.3%
改判理由	撤销原判，以事实不清、证据不足宣告无罪		

[①] 参见《中华人民共和国刑事诉讼法》（根据2012年3月14日第十一届全国人民代表大会第五次会议《关于修改〈中华人民共和国刑事诉讼法〉的决定》第二次修正）第225条和《最高人民法院关于适用〈中华人民共和国刑事诉讼法〉的解释》（法释〔2012〕21号）第349、350条。

结　语

　　历经两个半世纪的争论，限制、减少死刑乃至废除死刑已成为世界性的潮流与趋势。社会文明的发展、国家法治的进步，逐步的废除死刑已经成为我国刑事法治发展的重要目标。立足于现实司法环境，兼顾于社会心理，需要稳步地推进死刑司法改革。目前，死刑的限制与控制已经成为当前司法改革的热点话题。在传统实体与程序二元论的法律观下，死刑控制问题的研究是从实体与程序两个维度展开的，并取得了令人瞩目的成就。随着证据法学研究的兴起，证据之独立于实体与程序的属性逐渐显露出来，两高三部《办理死刑案件证据规定》的出台，是刑事证据立法的破冰之举，更是刑事证据法独立、肇始发展的标志。这为摆脱死刑控制实体与程序二元划分之思想桎梏提供了契机，构建死刑控制的证据维度成为当务之急。本书通过考察死刑证据控制的历史演进脉络，探寻立法、司法的发展规律；立足传统真实论、方法论、价值论，从证据图景理论、沉没证据理论、证据完整性理论、证据人文理论等新兴理论构建死刑控制的证据理论体系；在基础理论的指引下，创建包括证据规则与证明规则的大证据规则体系；梳理反思学界观点，得出死刑定罪证明标准同一、死刑量刑积极消极标准分层建构的结论；发展证明责任的分配理论，构建包括"谁主张、谁举证""客观、公正义务"以及"证据协力义务"等内容的多元证明责任体系；在反思《办理死刑案件证据规定》证明程序规范基础上，围绕界定合理解释或说明、法庭质证与听取意见、证人保护、录音录像制度、辩护律师获取证据制度等环节进行问题分析与制度完善。总之，以死刑控制为目的，以构建系统的证据理论、规则体系为纲，全面、系统地研究死刑案件的证据控制问题，丰富与完善我国的证据法律制度。但必须冷静地看到，死刑证据控制的具体制度构建还有很多不足，还需要后续努力进行细化，这将是一项涵盖理论与实践、立法与司法的全面性工作，任重而道远。本书试图通过死刑证据控制理论、制度的构建，使得死刑的证据控制与实体、程序控制形成鼎足互补之势，从而成就死刑控制的"实体—程序—证据"的三维框架,更期望能够借助证据法在死刑控制方面的兴起推动我国整个证据法及证据法学的崛起与大发展,从而提升司法乃至法治建设的科学化程度。在这样的宏大视野下,死刑证据控制的研究还仅仅是一个开始。

参考文献

一 中文文献

（一）专著

1. 《邓小平文选》（第 2 卷），人民出版社 1994 年版。
2. 毕玉谦：《证据法要义》，法律出版社 2003 年版。
3. 陈光中：《〈中华人民共和国刑事诉讼法〉修改条文释义与点评》，人民法院出版社 2012 年版。
4. 陈光中：《证据法学》，法律出版社 2011 年版。
5. 陈光中：《中华人民共和国刑事证据法专家拟制稿》，中国法制出版社 2004 年版。
6. 陈朴生：《刑事证据法》，台北三民书局 1984 年版，
7. 陈瑞华：《量刑程序中的理论问题》，北京大学出版社 2011 年版。
8. 陈卫东：《刑事诉讼基础理论十四讲》，中国法制出版社 2011 年版。
9. 陈兴良：《刑法适用总论》，法律出版社 1999 年版。
10. 陈泽宪：《死刑案件的辩护》，中国社会科学出版社 2006 年版。
11. 樊崇义等：《刑事证据法原理与适用》，中国人民公安大学出版社 2003 年版。
12. 樊崇义：《2012 年刑事诉讼法的解读与适用》，法律出版社 2012 年版。
13. 范忠信：《中西法文化的暗合与差异》，中国政法大学出版社 2001 年版。
14. 房保国：《刑事证据规则实证研究》，中国人民大学出版社 2010 年版。
15. 高铭暄、赵秉志：《新中国刑法立法文献资料总览》，中国人民公安大学出版社 1998 年版。

16. 顾永忠：《中国疑难刑事名案程序与证据问题研究》，北京大学出版社 2008 年版。
17. 郭志嫒：《刑事证据可采性研究》，中国人民公安大学出版社 2004 年版。
18. 何家弘、刘品新：《证据法学》，法律出版社 2004 年版。
19. 何家弘：《从应然到实然——证据法学探究》，中国法制出版社 2008 年版。
20. 何家弘：《证据的审查认定规制——示例与释》，人民法院出版社 2009 年版。
21. 冀祥德：《中国刑事诉讼法学新发展——最新刑事诉讼法释评》，中国政法大学出版社 2012 年版。
22. 郎胜：《中华人民共和国刑事诉讼法释义（最新修正版）》，法律出版社 2012 年版。
23. 李步云：《人权法学》，高等教育出版社 2005 年版。
24. 李静：《证据裁判原则初论——以刑事诉讼为视角》，中国人民公安大学出版社 2008 年版，
25. 李玉华等：《诉讼证明标准研究》，中国政法大学出版社 2010 年版。
26. 李玉萍：《程序正义视野中的量刑活动研究》，中国法制出版社 2010 年版。
27. 林辉煌：《论证据排除——美国法之理论与实务》，北京大学出版社 2006 年版。
28. 林钰雄：《严格证明与刑事证据》，学林文化 2002 年版。
29. 刘根菊：《刑事司法创新论》，北京大学出版社 2006 年版。
30. 刘广三：《刑事证据法学》，中国人民大学出版社 2007 年版。
31. 刘玫：《传闻证据规则及其在中国刑事诉讼中的运用》，中国人民公安大学出版社 2007 年版。
32. 龙宗智：《相对合理主义》，中国政法大学出版社 1999 年版。
33. 吕泽华：《DNA 鉴定技术在刑事司法中的运用和规制》，中国人民公安大学出版社 2011 年版。
34. 马松建：《死刑司法控制研究》，法律出版社 2006 年版。
35. 彭海青：《刑事裁判共识论》，法律出版社 2012 年版。
36. 齐树洁：《英国证据法》，厦门大学出版社 2002 年版。
37. 全国人大常委会法制工作委员会刑法室：《〈关于修改中华人民共

和国刑事诉讼法的决定〉条文说明、立法理由及相关规定》，北京大学出版社 2012 年版。

38. 沈达明：《英美证据法》，中信出版社 1996 年版。

39. 宋英辉、汤维建等：《证据法学研究述评》，中国人民公安大学出版社 2006 年版。

40. 孙谦主编：《〈人民检察院刑事诉讼规则（试行）〉理解与适用》，中国检察出版社 2012 年版。

41. 童建明：《新刑事诉讼法的理解与适用》，中国检察出版社 2012 年版。

42. 汪建成：《冲突与平衡——刑事程序理论的新视角》，北京大学出版社 2006 年版。

43. 王超：《警察作证制度研究》，中国人民公安大学出版社 2006 年版。

44. 王敏远：《公法》第 4 卷，法律出版社 2003 年版。

45. 王敏远：《刑事证据法中的权利保护》，中国人民大学出版社 2006 年版。

46. 王尚新、李寿伟主编：《〈关于修改刑事诉讼法的决定〉释解与适用》，人民法院出版社 2012 年版。

47. 谢佑平、万毅：《刑事诉讼法原则：程序正义的基石》，法律出版社 2002 年版。

48. 杨文革：《死刑程序控制研究》，中国人民公安大学出版社 2009 年版。

49. 杨宇冠：《死刑案件的程序控制》，中国人民公安大学出版社 2010 年版。

50. 占善刚：《证据协力义务之比较法研究》，中国社会科学出版社 2009 年版。

51. 张保生、常林主编：《中国证据法治发展报告（2009）》，中国政法大学出版社 2011 年版。

52. 张保生、常林：《中国证据法治发展报告（1978—2008）》，中国政法大学出版社 2011 年版。

53. 张保生、常林：《中国证据法治发展报告（2010）》，中国政法大学出版社 2011 年版。

54. 张建伟：《证据法要义》，北京大学出版社 2009 年版。

55. 张军、江必新主编：《新刑事诉讼法及司法解释适用解答》，人民法院出版社 2013 年版。

56. 张军主编，最高人民法院研究室、最高人民法院"刑法、刑事诉讼法"修改小组办公室编著：《〈中华人民共和国刑事诉讼法〉适用问答》，人民法院出版社 2012 年版。

57. 张军：《刑事证据规则理解与适用》，法律出版社 2010 年版。

58. 赵秉志、[加] 威廉·夏巴斯：《死刑立法改革专题研究》，中国法制出版社 2009 年版。

59. 赵秉志、邱兴隆：《死刑正当程序之探讨》，中国人民公安大学出版社 2004 年版。

60. 赵秉志：《暴力犯罪死刑适用标准研究》，北京师范大学出版社 2012 年版。

61. 赵秉志：《死刑改革研究报告》，法律出版社 2007 年版。

62. 赵中立、许良英：《纪念爱因斯坦译文集》上海科学技术出版社 1979 年版。

63. 甄贞：《中国刑事诉讼一审程序改革研究》，法律出版社 2007 年版。

64. 郑旭：《非法证据排除规则》，中国法制出版社 2009 年版。

65. 中国人民大学法学院：《2006—2007 年度中国法学研究报告》，中国人民大学出版社 2009 年版。

66. 中国人民大学法学院：《2008 年度中国法学研究报告》，中国人民大学出版社 2010 年版。

（二）译著

1. [希腊] 亚里士多德：《政治学》，商务印书馆 1965 年版。

2. [美] 罗纳德·艾伦等：《证据法：文本、问题和案例》，张保生等译，高等教育出版社 2006 年版。

3. [美] 罗斯科·庞德：《普通法的精神》，唐前宏、廖湘文、高雪原译，法律出版社 2001 年版。

4. [美] 米尔伊安·R.达玛斯卡：《比较法视野中的证据制度》，吴红耀等译，中国人民公安大学出版社 2006 年版。

5. [美] 诺曼·嘉兰等：《执法人员刑事证据教程》，但彦铮等译，中国检察出版社 2007 年版。

6. [美] 乔恩·R.华尔兹：《刑事证据大全》，何家弘译，中国人民公安大学出版社 2004 年版。

7. [美] 威廉·奇泽姆等：《犯罪重建》，刘静坤译，中国人民公安大学出版社 2010 年版。

8. ［美］约翰·斯特龙等：《麦考密克论证据》，汤维建等译，中国政法大学出版社 2003 年版。

9. ［日］田口守一：《刑事诉讼法》，刘迪等译，法律出版社 2000 年版。

10. ［意］贝卡利亚：《论犯罪与刑罚》，黄风译，中国大百科全书出版社 2005 年版。

11. ［英］哈特：《法律的概念》，张文显等译，中国大百科全书出版社 1996 年版。

12. ［英］史蒂芬·霍金、列纳德·蒙洛迪诺：《大设计》，吴忠超译，湖南科学技术出版社 2011 年版。

13. ［德］汉斯·普维庭：《现代证明责任问题》，吴越译，法律出版社 2000 年版。

14. ［美］Ian W. Evett Bruce S. Weir：《DNA 证据的解释》，黄代新等译，中国人民公安大学出版社 2009 年版。

15. ［美］John M. Butler：《法医 DNA 分型——STR 遗传标记的生物学、方法学及遗传学》（Forensic DNA Typing——Biology, Technology, and Genetics of STR Markers），侯一平、刘雅诚主译，科学出版社 2007 年版。

16. ［美］John M. Butler：《法医 DNA 分型——STR 遗传标记的生物学、方法学及遗传学》，侯一平，刘雅诚译，科学出版社 2007 年版。

17. ［美］爱伦·豪切斯泰勒·斯黛丽（Ellen Hochstedler Steury）、南希·弗兰克（Nancy Frank）：《美国刑事法院诉讼程序》，陈卫东、徐美君译，中国人民公安大学出版社 2002 年版。

18. ［美］布莱恩·福斯特：《司法错误论——性质、来源和救济》，刘静坤译，邹明理审校，中国人民大学出版社 2007 年版。

19. ［美］霍华德·科曼（Howard Coleman）、艾利克·史威森（Eric Swenson）：《法庭上的 DNA（DNA in the Courtroom—A Trial Watcher' Guide)》，何美莹译，商业周刊出版股份有限公司出版，城邦文化事业股份有限公司发行 2000 年版。

20. ［美］考夫曼：《法律哲学》，刘幸义等译，法律出版社 2004 年版。

（三）论文

1. 赵秉志：《中美两国死刑制度之立法原因比较》，《现代法学》2008 年第 3 期。

2. ［法］德里达：《全球化与死刑》，转引自张宁：《考论死刑》，载赵汀阳：《年度学术 2004》，中国人民大学出版社 2004 年版。

3. 陈光中、吕泽华：《我国刑事司法鉴定制度的新发展与新展望》，《中国司法鉴定》2012 年第 2 期。

4. 陈光中：《"结论唯一"之解读》，《证据科学》2010 年第 5 期。

5. 陈光中：《论刑事诉讼中的证据裁判原则。——兼谈〈刑事诉讼法〉修改中的若干问题》，《法学》2011 年第 9 期。

6. 陈瑞华：《定罪与量刑的程序关系模式》，《法律适用》2008 年第 4 期。

7. 陈瑞华：《法律程序构建的基本逻辑》，《中国法学》2012 年第 1 期。

8. 陈瑞华：《非法证据排除规则的实施现状分析》，《中国改革》2011 年第 9 期。

9. 陈瑞华：《非法证据排除规则的中国模式》，《中国法学》2010 年第 6 期。

10. 陈瑞华：《量刑程序中的证据规则》，《吉林大学社会科学学报》2011 年第 1 期。

11. 陈瑞华：《论量刑程序的独立性——一种以量刑控制为中心的程序理论》，《中国法学》2009 年第 1 期。

12. 陈瑞华：《论证据相互印证规则》，《法商研究》2012 年第 1 期。

13. 陈瑞华：《实物证据的鉴真问题》，《法学研究》2011 年第 5 期。

14. 陈瑞华：《通过行政方式实现司法正义？——对最高人民法院死刑复核程序的初步考察》，《法商研究》2007 年第 4 期。

15. 陈瑞华：《制度变革中的立法推动主义——以律师法实施问题为范例的分析》，《政法论坛》2010 年第 1 期。

16. 陈卫东、李训虎：《分而治之——一种完善死刑案件证明标准的思路》，《人民检察》2007 年第 8 期。

17. 陈卫东、张佳华：《量刑程序改革语境中的量刑证据初探》，《证据科学》2009 年第 17 卷。

18. 陈学权：《中国科技证据立法基本问题研究》，《证据科学》2007 年第 1、2 期。

19. 陈增宝：《构建量刑程序的理性思考》，《法治研究》2008 年第 1 期。

20. 顾培东：《也论中国法学向何处去》，《中国法学》2009 年第

1 期。

21. 何家弘、何然：《刑事错案中的证据问题——实证研究与经济分析》，《政法论坛》2008 年第 2 期。

22. 何家弘：《"事实"断想》，载《证据法学论坛》（第 1 卷），中国检察出版社 2000 年版。

23. 何家弘：《论推定规则的适用》，《人民司法》2008 年第 8 期。

24. 何家弘：《证据的采纳和采信》，《法学研究》2011 年第 3 期。

25. 何家弘：《证据法功能之探讨——兼与陈瑞华教授商榷》，《法商研究》2008 年第 2 期。

26. 胡志斌：《关于 DNA 证据价值的理性思考》，《科技与法律》2008 年第 71 期。

27. 黄芳：《死刑适用的国际标准与国内法协调》，《法学评论》2003 年第 6 期。

28. 简乐伟：《论量刑程序证明模式的选择》，《证据科学》2010 年第 4 期。

29. 李玉萍：《量刑事实证明初论》，《证据科学》2009 年第 1 期。

30. 刘广三、吕泽华：《证明责任的分离与融合》，《人民检察》2011 年第 15 期。

31. 刘静坤：《证据动态变化与侦查阶段证据保管机制之构建》，《山东警察学院学报》2011 年第 115 期。

32. 龙宗智：《印证与自由心证——我国刑事诉讼证明模式》，《法学研究》2004 年第 2 期。

33. 吕泽华：《DNA 难堪"证据之王"之责》，《中国社会科学报》2010 年 10 月 19 日第 6 版。

34. 吕泽华：《死刑案件证明标准的反思与规范建构》，《学术交流》2012 年第 5 期。

35. 闵春雷：《论量刑证明》，《吉林大学社会科学学报》2011 年第 1 期。

36. 彭海青：《我国刑事司法改革的推进之路》，《法学评论》2011 年第 3 期。

37. 宋英辉、李哲：《直接、言词原则与传闻证据规则之比较》，《比较法研究》2003 年第 5 期。

38. 宋志军：《我国刑事人身检查制度探析》，《政法学刊》2007 年第 2 期。

39. 熊秋红：《对刑事证明标准的思考——以刑事证明中的可能性和确定性为视角》，《法商研究》2003年第1期。

40. 杨晓娜：《对非法证据排除规则的法哲学思考》，《中国检察官》2011年第4期。

41. 杨宇冠、孙军：《构建中国特色的非法证据排除规则——〈关于办理刑事案件非法证据排除若干问题的规定〉解读》，《国家检察官学院学报》2010年第4期。

42. 杨宇冠、杨恪：《〈非法证据排除规定〉实施后续问题研究》，《政治与法律》2011年第6期。

43. 袁丽：《论DNA鉴定结论的证据效力研究》，《中国司法鉴定》2008年第3期。

44. 张国均：《亲属容隐的合法性与合理性》，《伦理学研究》2005年第2期。

45. 张君周：《美国定罪后DNA检测立法评析》，《环球法律评论》2008年第5期。

46. 张卫平：《证据标准建构的乌托邦》，《法学研究》2003年第4期。

47. 赵秉志：《关于中国现阶段慎用死刑的思考》，《中国法学》2011年第6期。

48. 赵秉志：《论全球化时代的中国死刑制度改革——面临的挑战与对策》，《吉林大学社会科学学报》2010年第2期。

49. 赵信会：《论补强证据规则的程序地位——以英美法为视角的分析》，《中国刑事法杂志》2010年第5期。

50. 赵兴春等：《法医DNA鉴定实验室质量控制和质量保证》，《中国法医学杂志》2002年第1期。

51. 左宁：《量刑证据的界定与调查初探》，《云南大学学报法学版》2010年第4期。

二　外文文献

（一）著作

Graham C. Lilly, *An Introduction to the law of Evidence*, West Publishing Co. 1978.

Robert I. Donigan, Edward C. Fisher, Robert. H. Reader, Richard N. Williams, *The Evidence Handbook*, Published by the Traffic Institute, Northwesten University, 1975.

Wigmore, *Evidence*, 2d. sex. 2032. 1923.

William Paley, *The Priciples of Moral and Political Philosophy*, 1785.

(二) 论文

Kimpton C. Gill P. D' Aloja E, et al. Report on the second EDNAP collaborative STR exercise. Forensic Sci Int. 1995.

Andersen J. Martin P. Carraeedo A. et al. Report on the third EDNAP collaborative STR exercise. Forensic Sci Int. 1996.

Gill P. Brinkmann B. D' Aloja E. et al. Considerations from the European DNA profiling group (EDNAP) concerning STR nomenelature [J]. Forensic Sci Int 1997.

Ju lie A. Singer, M onica K. Miller, Meera Adya: "The Impact of DNA and other Technology on The Criminal Justice System", 17*Albany Law Joumal of Science and Technollogy*, 2007.

Professor Carlos M Romeo—Casabona, Professor Aitziber Emaldi—Cirion, Amelia Martin Uranga and Pilar Nicolas-Jimenez. Spain [A], Don Chalmers, Genetic Testing And The Criminal Law [C], first published in Great Britain by UCL Press, 2005.

后　　记

　　从证据角度研究死刑的控制问题，得益于我在北京师范大学刑事法律科学研究院做博士后期间参与了由赵秉志教授主持的司法部重点课题《暴力犯罪死刑适用的实体标准和程序标准》。在该课题的调研写作过程中我获得了些许灵感，发现在实体、程序二元控制维度外，可以将联系实体与程序的证据作为死刑控制的第三维。

　　犯罪事实的不可回溯性，制约着犯罪事实的真实认定；死刑适用的不可挽回性，无以承受司法错案的毁灭性。作为司法裁判的基石——证据将在死刑的控制中发挥更为重要的作用。无论实体法事实的规范还是程序上的限制，都离不开证据的司法支撑。因为，在法律上，没有事实，只有证据，因此，从证据角度控制死刑不可忽视。本书引入自然科学领域的"依赖模型实在论""可择历史理论""不确定性原理"，创设了司法真实论上的"证据图景理论"；从伦理观、经济学角度探析证据理论上的价值观和效益论，以此指导死刑的证据控制。从证据原则、证据规则进行了死刑案件控制的特殊性研究，提出了诸如定罪、量刑分离证明原则，DNA强制鉴定规则和口供必要性规则等新颖观点。从严格适用死刑考虑，本书提出了证明标准分层、分类证明思想，并提出了死刑适用的多元证明责任制度。此外，本书还注重突出实效，从实务调研中发现与总结问题，做到研究的有的放矢。因此本书围绕死刑案件，多角度、多层次、全方位地进行了证据问题剖析与证据理论体系构建，开创了死刑证据控制的新维度，丰富了证据法学的理论内涵，从而夯实了死刑控制的实体、程序与证据的三足鼎势。

　　本书系在博士后研究报告修改完善基础上形成的，因而其大量研究工作得到了北京师范大学刑事法律科学研究院诸位名师的指导，在此诚挚地表示感谢！衷心感谢刑事法律科学研究院院长赵秉志教授赐予参与课题的良机，使我在进站伊始即明确了死刑证据控制这一研究方向，进而奠定了本书的思想基础。衷心感谢我的博士后合作导师北京师范大学刑事法律科学研究院证据法学研究所所长刘广三教授为本研究报告的出炉所提供的便利与帮助,刘老师严谨的治学态度与渊博的学识将使我终身受益。衷心感谢宋英辉教授、陈瑞华教授、甄贞检察长、刘根菊教授、刘广三教授、樊学勇教授等在研究报告评阅、答辩时给予"全优"的高度评价,帮助我树立起莫大的学术信心与探索勇气!更要感激各位专家对本研究报告所提出的中肯修改建议,这些建议对本书的完善乃至我学术研究水平的提升都具有重要的指导意义,已经作为重要参考被我吸纳进书稿之中。

由衷感谢我的博士导师中国人民大学法学院证据法学研究所所长何家弘教授。承蒙何老师厚爱,不嫌愚钝,将我收入门下。何老师循循善诱,引领我步入证据法学的殿堂,教导我证据法学的理论与方法,并带领我深入司法实践,实现理论与实践的结合。本书中的许多内容直接得益于这些知识与经验,本书中也不乏何老师的学术思想。何老师的高尚师德与精深学术造诣,令学生高山仰止,并将成为学生今后的努力方向。

在研究工作中,还得到了诸位同门的无私帮助。北京师范大学刑事法律科学研究院的廖明副教授、黄晓亮副教授以及最高人民法院刑事审判五庭法官任能能博士等为我提供了许多颇有价值的研究素材。在此,对他们浓浓的同门情谊表示感谢。

我必须要感谢我的父母、亲人,他们给予了我生活的温情与奋斗的力量,是我工作、生活的精神支柱与快乐之源!特别感谢我的爱妻北京理工大学法学院诉讼法学研究所所长彭海青副教授,感谢上天赐予我这样一位可敬又可爱的生活伴侣。因专业相同,日常生活中我们家常会出现别家所少见的景观——柔情蜜意的生活情趣与紧张激烈的学术"冲突"并存,从中我体味到了别样的人生、爱情与事业感触!海青活跃的学术思维与火热的学术热情激励我不断奋发进取。本书的结构调整、内容充实、资料收集与整理,乃至修改定稿工作都蕴含了她的智慧与汗水。在此,谨向我心爱的妻子表示真挚的谢意。

2013年11月我应邀到牛津大学法学院进行为期半年的学术访问。浸润于素有"英伦雅典"之称的牛津城的浓浓学术气息中,得益于Bodleian图书馆的藏书、世界顶尖教授们的面授以及与优秀学生们的切磋,我对死刑证据控制这一课题又有了新的思考。2016年1月我又应邀到德国法兰克福大学访学,在这个认为"法学首先是真正的哲学"的国度与这所位于美丽的莱茵河畔的研究型大学里,德国具有深厚哲学底蕴的法学路径令我慨叹,我又重新对死刑的证据控制进行了理论反思。因而在牛津和法兰克福,我对本书稿进行了最后的修改。

最后，衷心感谢中国社会科学出版社对本书的出版发行所给予的大力支持。任明主任、许琳编辑等对本书稿的审校、刊行付出了艰辛而细致的工作，几易其稿，历时良久，给我留下了深刻的印象，在此诚挚地表达我的谢意！

然而，毋庸讳言，囿于时间、水平和精力，本书自感对"死刑的证据控制"这一开拓性研究课题尚未充分切入精髓，更深入的研究还有待未来进一步展开。殷切期望得到理论界、实务界的回应，一方面鞭策本人未尽研究的推进，另一方面更为携手开创证据法学研究的理论视野、完善我国证据立法、缓解证据法实务中的难题，促动证据法学学科建设，从而为构筑中国证据法与证据法学的独立品格贡献力量！

吕泽华

2018 年 1 月于青岛